現代日本の社会学史

The History of Japanese Sociology

飯田 哲也

学 文 社

はしがき

本書の執筆を構想し始めたのは二〇〇四年であり、いつのまにか十年が経過している。この年に、富永健一氏の『戦後日本の社会学』が出版され、当時、私が軸になっていた関西での研究会に、執筆者である富永氏にも参加していただいて合評の論議を行った。この時の話題提供者が私であり、単に批評するだけでなく、私ならばこのように書くであろうという簡単なメモを示したことが本書執筆の後押し的な契機になっている。

本書執筆の契機はむろんそれだけではない。理論、現実認識、学史の三部門が社会学の体系化において必要であることについては折に触れて表明しているが、二〇〇四年に理論をまとめ、二〇〇八年に現実認識をまとめたので、次には社会学史をまとめる必要があるというのが大きな契機であるとともに長い間の私の課題であり続けていた。しかし、二十世紀後半の世界の社会学の進展は質量ともに多様なので、一人の社会学徒ではまとめることが至難であり、社会学史研究における専門分化が進むなかで、複数の執筆者による社会学史への取り組みを若干は試みたが、諸般の事情で果たせなかった。そこで、日本に限定すれば試論としてまとめることができるのではないかということ、および現代日本の社会学史がまだないという事情を考慮して本書を執筆しようと思うに到った。

考えてみると、日本における学史は主に欧米の学史であり、日本における研究史＝学史が乏しいのは社会学だけではない。例えば、日本経済史や日本政治史があっても、日本経済学史や日本政治学史がないのではないだろうか。寡聞ではあるが、私は日本思想史の存在しか知らない。したがって、本書の密かな狙いとして、社会学だけでなく他の社会諸科学でも日本における研究史（＝学史）が現れることを願っていることを言っておいてもよいのではないかと思っている。付け加えると、他の社会諸科学の成果を活用する場合、専門外の文献を探るのにいつも苦労するのである。

本格的な取り組みを始めたのは『現代日本社会論』を書き終えた二〇〇八年である。七十年近くの歴史を持つ現代日本社会学における研究は膨大という言葉でも表せないほど多いことは言うまでもないであろう。庄司興吉『日本社会学の挑戦』における二十年間の文献によってもその膨大さが肯けるであろう。具体的な作業はかつて読んだことのある文献を読み直すことから始めて、新たに検討する必要がある文献を整理することで二年余りが経過して、執筆を始めたのは二〇一〇年の中頃からであった。

執筆に当たっては、二〇一四年に書き終える予定にしたがってほぼ同じペースで書くために、定年退職後に始めた大人の私塾としての京都舩岡塾の機関誌『生涯研究』に連載することにした。この連載を読んでいる複数の友人からはある種の励ましを受けた。とりわけ「そうかな」と受け止めたのは、「飯田さんはしがらみなしに書けるだろう」ということであった。執筆中はほとんど意識しなかったが、本書の第一章で取り上げた諸見解では、本田喜代治先生のような直接的に面識のある方も若干いらっしゃるが、第二章以降で取り上げた諸見解には、直接的に面識・交流のある知人・友人が圧倒的に多い。言われみると、私はしがらみに関わりなしに書いたようである。

ところで、私自身もそうであるが、〈はしがき〉あるいは〈あとがき〉と〈目次〉しか見ない場合があるので、そのような人のために本書の特徴を記しておこうと思う。大きくは三つある。一つには、「継承」を重視したことであり、研究の発展にとって不可欠だと考えている。二つには、「現代日本社会の科学的自覚」を重視したことであり、現実科学としての社会学にとってはこれなしには空論に陥る危惧があると考えている。三つには、批判の仕方を重視したことである。本文でも述べているが、自論を可能なかぎり対置するのが批判のあり方であると常々考えており、〈中間論考〉を入れるという異例の構成はそのような考えによるものである。このようなことを思うと、本書は私の立場からの試論であり、今後、新たな日本社会学史が現れることを強く望んでいる。

ここで、現実科学としての社会学について一言付け加えておこう。本文でも若干は示唆しているが、社会学が現状分析あるいは現実の後追い的認識にとどまっていてよいのであろうかということであり、「予見せんがためにみる」とはやや違って、未来をどのように射程に入れるかが現在問われているのではないかと考えている。本文で若干触れたが、社会計画論や実践的提起が必要になっている段階ではないかと考えられる。私自身はこれまでは若干の展望や方向を示しているにすぎないが、実践的課題が提起されていることを強く意識している。したがって、著書を執筆し終えるといつもそうなのだが、新たな課題として〈政策論〉が突きつけられており、その執筆には少なくとも五年は必要であろう。ただし、年齢を考えると若い人との共著が望ましいのではないかと考えている。私の心身の健康問題によって果たせない場合には、共著者が果たすであろう。

さて、社会学史の執筆にとっては当然のことであるが、本文で取り上げている文献以外にも多くの文献を検討する必要があった。ある意味では、私が社会学徒として生きてきた五十年の学習・研究の歴史が含まれていると言えるかもしれない。その場合、必要と思われる文献が手元にないという困難もともなった。私が二十数年勤務していた大学の図書が、諸般の事情で自由に使えなかったので（諸般の事情については書かない方がよいであろう）、十年余り非常勤講師を依頼されていた佛教大学に勤務する友人には文献ではずいぶんお世話になった。ここに厚くお礼を申し上げたい。また、定年退職後に始めた京都船岡塾の若い会員の方々には、面倒な理論問題という私の話に付き合っていただき、この数人にも厚くお礼を申し上げたい。さらには、私の五十年の研究歴がつまっているという意味では、その間に私と研究交流していただいたすべての方々にもお礼申し上げたい。

最後に、いつものことながら、今回も学文社の田中千津子氏と編集部の方々にはお世話になり、お礼の言葉もないほど感謝しており、学文社の発展を祈念している。

高野川の櫻並木の満開を楽しめる四月上旬に

飯田　哲也

二〇一四年四月

中間論考　182

第二部　個別分野の展開　203

第一部　社会学の理論的展開

序章

社会学史の課題と視角

イントロダクション

一九四五年からはじまる現代日本の社会学をトータルに見るという本格的な試みはきわめて少ない。トータルに見ているかどうかはともかくとして、第二次世界大戦後の日本社会学の展開についてある程度整理して述べているものでは、やや古いものとしては、福武直「日本社会学」（『社会学講座』18 歴史と課題』東京大学出版会 一九七四年）を挙げることができる。相対的に新しいものとしては、厚東洋輔・高坂健次「総論 社会学の理論と方法」（『講座社会学1 理論と方法』東京大学出版会 一九九八年）、庄司興吉『日本社会学の挑戦』（有斐閣二〇〇二年 ただしこれは一九八〇年代からである）を挙げることができる。しかし、戦後日本社会学のトータルな論考の本格的な試みがはじめてなされたのは、富永健一『戦後日本の社会学』（東京大学出版会 二〇〇四年）である。なお、近代日本における社会学史的展開については、河村望『日本社会学史 上、下』（人間の科学社 一九七三、一九七五年）、秋元律郎『近代日本と社会学』（学文社 二〇〇四年）を挙げることができる。[1]

それらは、当然のことであるが、何らかの立場から叙述されているが、どのような立場であろうとも、それらの論考を一つの試論と受け止めて、現代日本の社会学の歴史的展開・評価、そしてそこから日本社会学の今後の行方（あるいは課題）を考えかつ論議することが、日本の社会学の発展にとって生産的であろう、と私は考える。上に挙げたいくつかの論考については、私はかならずしも同じ見方をしていないので、それぞれにたいして批判的見解を持っているが、ここでは様々な諸見解についてには、すぐ後で述べるように、私の「批判ということ」の意味づけにもとづいて、それぞれにたいする批判的論究を具体的には展開しないが、必要に応じて触れることになるであろう。

さて、本書の執筆の大きな契機となったのは、富永健一『戦後日本の社会学』である。私は富永健一とは理論的立場が異なるが、日本の社会学がなんらかの（社会学）原理にもとづいて発展することを願っていること、そのためには社会学の歴史的遺産をきちんと継承すること、社会的現実を視野に入れて自らの独自な理論的発展を志向することなどといった点では、共通のスタンスがあると考えている。詳しくは後で展開することになるが、私は富永見解に同意できない点をいくつか持っている。理論的立場の違いもあって、その結論部分では見解を大きく異にする。しかし、ここで富永見解を「日本的書評」のように批判してもほとんど無意味であろう。〈批判とは自論を対置することによってはじめて言葉の正しい意味での批判となる〉というのが、私の持論だからである。(2)

そのようなきっかけで構想したのが本書のスタートなので、ここでは、社会学における自分の立場を鮮明に打ち出すことからはじめようと思う。いや、きっかけがどうであろうと、社会学史としての論考では自らの理論的立場を鮮明にすることが要請される。これまた後で触れることになるが、これまでの「総括的論述」の多くは、「社会学」らしい整理という性格、あるいは自己の立場についての背後仮説として表面化していない性格のものが多いようである。やや皮肉っぽく言えば、「日本的書評」の性格に近いように思われる。その点では、富永見解は自らの立場を鮮明に打ち出しているという意味で珍しいのではないだろうか。富永見解の具体的展開はともかくとして、社会学史の叙述にたいするスタンスには「遅れて歩いている」社会学徒として賛意を表したい。

したがって社会学史の叙述では、「日本的書評」という性格とは異なる展開として、諸見解の特徴を紹介し、一般的な課題を提起するという叙述にとどまらないことが必要である。つまり、自己の立場にもとづいて方向づけをすることが大事である、と私は考えている。方向づけとしての富永見解を例とするならば、「……諸潮流は多様であっても、……（中略）……戦後日本の社会学は、かくしてパラダイムの収斂が軌道にのるようになってきている」と結論づけている。やや読み込み過ぎを承知で言えば、これは彼自身の方向づけとも受け止めることができる。すなわち、「富永社会学」の方向に収斂することが望ましいと暗に示唆するというかたちでの自己主張として受け止めることもできる。社会学における理論的論考においては、課題の設定、基本視角、そして展開の仕方が問われるのであり、私はそれらを曖昧にしないことが望ましいと考えている。

ところで本書の題名としては、日本社会学の〈進展〉・〈展開〉・〈発展〉・〈旋回〉などいろいろな表現を考えたが、単純に〈学史〉とした。日本の社会学が「全体としては」理論的発展の方向にはかならずしも進んでいないようにも思われるが、この見方については本書の叙述によって読者の判断に委ねたいと思う。私自身は、理論的発展の志向とりわけ発展的継承への志向がきわめて限られていると考えている。付け加えるならば、優れた先学の継承が当人に比較的近い存在でもやや乏しいのではないかということ、およびフェアな論争が乏しいという二つの面を指摘できる。今後の方向をいささか先取りして言えば、当面は複数の理論が共存的に発展することが望ましい、と私は考えている（ついでに言えば、この私見を富永氏にたいして数年前に直接話している。しかし、私自身の研究の未成熟のため、その時は単なる指摘にとどまっている）。そのような私の見解は本書の展開によって具体的に示されるであろう。

一、課題について

日本の社会学の特質をめぐって

日本の社会学の特質（問題性も含めて）を明らかにすることが大事な課題の一つである。この特質については最終的には本書の結論部分で述べることになるので、ここでは、その課題に迫るにはどのようなスタンスが必要であるかについて述べる。

一般に「日本的特質」というかたちでの論考に共通して認められる性格について簡単に言えば、ごく少数を除いては、自己の立場が曖昧であり、したがって自己主張が乏しいことを指摘することができる。これは社会学的論考だけでなく、日本人のあり方の特質かもしれない。日本の社会学にかぎらず、欧米の社会学を軸とする社会学史の展開でも、同じような性格のものが多いようである。

右で指摘した特質の捉え方の性格を明確にすることが大事な課題である。目次に示されている本書の構成によってある程度は示唆されているであろうが、日本の社会学には欧米の諸理論とのかかわりがいささか強く現れ過ぎていると思われる。具体的には第六章を含めて以下の展開で必要に応じて触れるが、若干先取り的に言えば、欧米の社会学からの受容から新たな独自の理論形成に踏み出すことに乏しいのではないだろうか。固有名詞に結びつかないかたちで二つばかり例示しておこう。私自身が出発点（あるいは理論的ベース）としているK・マルクスおよびV・I・レーニンの諸見解については、彼らの見解の文献解釈あるいは文献への依拠が大部分を占めており、理論的発展の志向がなかなか見えてこないことが圧倒的に多いのではないだろうか。もう一つの例としてE・デュルケームについて示そう。M・ヴェーバーと並んでデュルケームについての論考・研究が日本に多いことはほぼ周知のことであろう。そして彼のアノミー論や「聖・俗」論などが個別的には活用されており、また彼の全業績についてのまとまった研究書もあるが、自己の理論をどのように新たに構築（あるいは構想）するかという進展はほとんどなされていない(3)。

日本における社会学の独自な展開・発展は、どちらかと言えば領域社会学、具体的には家族研究や地域研究などに独自性をある程度は認められると言えよう。欧米とは異なる日本の社会的現実を考えるならば当然であるが、具体的現実認識にもとづく独自の理論的提起には、一般的な理論問題としても注目する必要があると考えられる。社会学における理論的展開としてもう一つ考慮する必要があるのは、社会学の性格によって展開するなんらかのテーマを軸とするものを指摘することができる。これまた日本の社会的現実との関連という意味で領域社会学とほぼ同じように、日本独自のテーマ研究がある。例えば、階級・階層研究や社会問題・病理研究などを挙げることができるであろう。

さらに付け加えると、理論やテーマよりもやや下位に位置づく視点についても若干考えておく必要がある。後で述べる「拡散状況」とも関連するのであるが、視点として位置づけられるものが理論あるいはテーマとして「論じられている」ことを指摘しておきたい。言葉だけはよく知られているジェンダーという視点が、「ジェンダー社会学」などというかたちでの論考であったり、はなはだしいものとしては「ジェンダー家族」という珍論すらもあり、理論的思惟のいい加減さという最近の特徴を典型的に示している。階級・階層に関連しては、「階級的視点」などという表現（思惟方法）も散見される(4)。

日本的特質についてはかならずしも好ましいとは言えないような指摘もまじえて触れたが、それらを受けて、そのような特質をやや詳しく整理してどのような発展の可能性があるかを探るという課題が挙げられる。ここでは、「日本的特質とは？」というかたちではなくて、本書の展開の仕方に日本的特質が見えることが目指されるであろう。

▼方向提示が焦眉の課題

社会学の史的展開あるいは学説研究においては、日本の社会学の発展方向を求めるという課題がある。当たり前のように思われるであろうが、最近の理論的論考のなかには発展方向が見えるものがきわめて少ない。発展とは言うまでもなく理論的発展を意味する。具体的な現実認識についての研究でも、理論的発展という点からは、新たな知見であると同時に個別的、一般的な理論の発展に資する研究が要請されるということを意味する。(5)

ところで二十世紀後半の日本では、「社会学史」についての本がかなりの数にのぼるが、それらについて必要なかぎりにおいて若干言及しておこう。社会学史と表現しなくても、社会学の史的展開については、一九六〇年頃まではいろいろなかたちで論じられていた（大抵の概説書でも社会学の史的展開が整理して述べられていた）。それらの論述の多くは、主として欧米の社会学の理論動向と戦前の日本の社会学についての叙述という性格が相対的に多かった。すべてではないにしても、これまた多くは主要と思われる学説・理論の紹介の域を大きく出るものではないように思われる。阿閉吉男・内藤莞爾編『社会学史概論』（勁草書房　一九五七年）を代表的な例として挙げることができるが、社会学徒にたいしては研究の導きの糸となるものとしての性格を持つという意義があると言えよう。この本にかぎらず、社会学史の論考は歴史的遺産をどのように継承するかがもっとも問われるのであり、継承に値する具体的提起を含めて考える素材を提供するものにほかならない。

しかしながら、一九七〇年代から八〇年代にかけては、社会学史の出版物がはなはだ乏しかった。多数で執筆されている教科書的な概説書にも、社会学史があまり重視されなかったようである。欧米の社会学史上の諸説についての個別的な論考はむろん継続してなされてはいたが、相対的に若い世代の論考では、「つまみ食い的」性格が濃いことを指摘することができよう。この「一時的中断」は、日本社会学の発展にとっては、「拡散状況」をもたらす大きな要因にもなっていると思われる。理論的見解にたいする「つまみ食い的」論考は知的遺産の継承を乏しくさせるとともに、背後に社会的現実がないことによって、領域社会学での活用の途をも閉ざすことになるであろう。領域社会学の展開については第四章で独自に取り上げるが、やや先取りして言えば、ここでもまた「事実」をつまみ食い的に取り上げれば事足りるという風潮が助長されているようである。

一九八〇年代後半に出版された『リーディングス　日本の社会学』全二十冊（東京大学出版会）を全体としてどのように評価するかはともかくとして、忘れ去られようとしている日本の社会学の知的遺産に注目する素材としては大きな意義があるものとして性格づけられる。そして一九九〇年代には再び社会学史の出版物が多くなっているとはいうものの、洪水のように出版される「社会学的」出版物のなかでは少ないことは否めない。

それら社会学史の中には一定の問題提起は認められるが、おおむね多数の執筆者が参加しており、叙述の性格がかならずしも一致していなく、したがって、個別的な課題提起が若干なされているに過ぎない場合が多い。おおむね大同小異の性格なので、二つの例について簡単に指摘しておこう。山岸健・船津衛編『社会学史の展開』（北樹出版　一九九三年）は読み物としては面白いという編者の特徴が出ており、読者を社会学に引き込むという意義を認めないわけではないが、右記の課題とりわけ方向提示はかならずしも見えてこないようである。詳細な論考が盛り込まれているにもかかわらず、社会学の発展方向がかならずしも見えてこない例としては、鈴木寿幸『新版　社会学史』（学文社　一九九五年）を挙げておこう。この本は領域社会学の史的展開に踏み込んでいる数少ない例であるが、その利点が全体としてはかならずしも生かされていないのではないだろうか。

社会学史の論考において現在求められていることとして強調したいのは、ここ二十年ばかりの社会学の「拡散状況」を打破する方向を提示することである。「拡散状況」については、私はこれまで機会があれば指摘しているが、相変わらず存続していると思われる。「拡散状況」には二つの特徴がある。一つは、いわゆる理論研究の動向であり、欧米の社会学の「新しい」理論的見解がかなり個別的に取り上げられており、それらの多くが社会学史上にきちんと位置づけられた論考とはかならずしも言い難い性格のようである。もう一つとしては、個別事象を取り上げた「社会学的」論考の多様な氾濫を指摘することができる。どのような理論的基礎づけによりどのような応用社会学として性格づけられるかが不明瞭なものが多い。それはかつての「連子符社会学」とは異なり、実態というよりは頭でつくりあげた対象についての「社会学的」論考として性格づけられるとも言えそうである(6)。

そのような「拡散状況」は、社会学の存在意義に関わる問題と言えよう。したがって、社会学の存在意義を鮮明にすることが方向提示にとって重要である。方向提示は自らの理論的立場にもとづいてある程度の具体性が要請される。社会学史的論考にかぎらず社会学的論考に多いのは課題提起である。課題提起にも一定の意義があるが、より一歩踏み込んだやや具体的な方向提示の必要性を私は主張したい。個別現象であろうと諸見解であろうと、単なる事実（資料）を示すことなどは論外である。それらがいかに整理されていようとも、個別現象そのものを提示するだけでは、インターネットの発展によって読者にとってはあまり意味がなくなっている。諸見解についてもまた同様であり、最近の若い世代ではそのような整理（＝一種のダイジェスト）をただ「知識」として、しかも紹介者の主観的な見方とは考えないで受け止めるという危惧がある。

現在の日本の社会学の多くのあり方について、ごく一般的に批判的な表明をしたが、社会学的研究においてはそのような弊害がかなり認められることへの自覚をうながしたいからである。理論的発展にとって好ましいとは思えない「拡散状況」を打破するという課題は、このような自覚と結びつくことによって方向づけられるであろう。したがって、理論的立場の相違を越えて、社会学の発展にとってあまり意味がない「研究」を排除する方向を示すことも付随的な課題になるであろう。

二、視角

▼基本視角

私は社会学的研究の発展には理論、現実、学史の三位一体が大事であることを（早川洋行とともに）かねがね表明しており、理論としては『社会学の理論的挑戦』（学文社　二〇〇四年）で表明し、現実については『現代日本社会論』（学文社　二〇〇八年）などで公表している。しかし、社会学史についてのこれまでの私の論考は、社会学史的論考（社会学史上の限られた論考）というかたちでのきわめて狭い論考にすぎなかった。一九六〇年以降についての世界の社会学の史的展開を考えてみると、知見としてのフォローはともかくとして、やや詳細に検討するというフォローは、個人ではすでにできないほどの様相を示している。本書は日本の社会学に限定した論考ではあるが、それでもかなり絞り込んだ論考にならざるを得ないであろう。

ともあれ、日本の社会学についてのトータルな論考を目指すものとして性格づけるならば、右記との関連で論考の一つの軸あるいは基本視角をあらかじめ示しておく必要があるだろう。一つは「日本社会の科学的自覚」つまり現実認識とどのようにかかわるかということ、もう一つは継承と断絶つまり歴史的位置づけ、を措定して論考しようと思う。ある意味では当たり前のことであるが、後の展開で示されるように、「社会学的」研究にはこの二つが欠落している例がかなり認められるのである。

私が重視する視角についてさらに付け加えておこう。社会学における理論・視角における「生成・発展・消滅」問題の重要性があまり気付かれていない現状がある。具体的に言えば、ある理論的潮流の生成にはかなり踏み込まれた論考があるが、その発展についての論考が他の潮流からは乏しく、またある時期に目立っていた潮流の衰退・

消滅問題などに触れられることはきわめて稀である。さらには理論的潮流だけでなく、「領域社会学」や「テーマ研究」においても、[7] 研究の史的展開についての論考はきわめて乏しい。あらゆるものは生成し、多少にかかわらず発展し、そしていつの日か消滅するか、かたちを新たにして立ち現れる。このような基本的見方は歴史認識にとっては不可欠な視角である。そのプロセスを具体的に明らかにすることも、理論問題にとっては大事な視角である。その場合、発展と存続については言うにおよばず、衰退の場合にも、継承に値するものを含んでいることに着目することが大事である。

とりわけ衰退にどのように着目するかが重要である。ある理論的潮流が消滅とまでいかなくともなぜ衰退したかについては、理論そのものの有する弱点（限界）、弱点の克服への対応、さらには新たな社会的現実との関連が問われる必要がある。そうすれば、新たな復活の可能性が見いだせることもあると思われる。そのような意味において、社会学史にかぎらず歴史認識においては、「衰退・消滅」問題はきわめて重要であると言えよう。そこで、この論考における私の基本視角について簡単にまとめておこう。

㈠　日本社会の科学的自覚とその時期の課題に関連させる。
㈡　継承問題を明確にする。基本的（原理的）継承か、ある視角・問題提起の継承か。
㈢　衰退問題を考える。理論そのものに含まれている弱点によるのか、社会的変化への対応の弱点によるのか。

方法について

方法は社会科学の生命であるが、ここでは方法そのものを具体的には展開しない。この論考全体において、私自身の方法が貫かれているはずである。ただしことわっておく、あるいは確認しておくことが一つだけある。私見では、方法が方法論として自立してあるのではなく、基本視角として右で挙げたように、「当該社会の科学的自覚」

と不可分にあるということである。理論・方法が当該社会の現実とはかかわりなしに一人歩きをしている場合が多いことを考えるならば、あらかじめぜひとも確認しておきたい。

そこで、私自身の社会学理論と社会学史の研究にたいするスタンスについて簡単に述べておくことにしよう。これまで述べたことによってもある程度は示唆されているが、前者については体系化を目指して、拙著『社会学の理論的挑戦』で表明している。後者につては、それ自体として鮮明に示したことはないが、拙著『テンニース研究』（ミネルヴァ書房　一九九一年）および編著『現代社会学のすすめ』（学文社　二〇〇六年）で部分的論考として展開している。すなわち、前者では当時のドイツ社会との関連で論考し、後者では逆に「古典的諸理論」にもとづくと、どのような現実認識が可能なのかということを軸にして各章が展開されている。

ほぼ周知のように、「社会学的見解」は多様性という言葉だけでは表現できないほどに多いので、そのような多様性をどのように整序するかが問われることになる。社会学史の論考には客観的な論考はあり得ないのであって、取り上げ方が主観的であることは当然であろう。この論考では、いわゆる視点（視角）だけの主張にとどまらない性格の理論（あるいは仮説）が比較的はっきりしている見解に絞り込むことになるであろう。独自と思われる視点がある程度まとまった理論あるいはその方向提示にまで至っていないものまで取り上げると、混乱を招きかねないであろう。

ともあれ、方法（Methode）についての理解と一定の合意の必要性をとりわけ強調したい。簡単に確認すると、方法（Methode）と手法（Verfahren）を区別することを、私はこれまで折りに触れて強調してきた。ここは社会学史の論考なので、これまでとは違って、手法そして場合によっては視点をも含意させる予定である。というのは、諸見解の検討にあたっては方法をどのように押さえるかも問われるからである。

諸見解の検討にあたってもう一つことわっておきたいのは、社会学の基本性格をどのように措定するかということである。「職業としての社会学者」が多くなっているが、社会学の基本性格についての合意があるかどうかはわからない状況が存続している。やや具体的に指摘するならば、「社会学的」研究（あるいは論考）とされていても、どうして社会学的なのかわからないケース、あるいは単に調査事実を整理しているだけのケースなどは、どのような基礎理論に依拠しているのかわからないことが多い。

この問題については、経済学史の論考とは違ってやや困難ではあるが、マルクスの『剰余価値学説史』（大内兵衛・細川嘉六監訳　マルクス・エンゲルス全集第二六巻三分冊　大月書店　一九六九年）を参考にして展開したいと思う。マルクスの場合には『資本論』（長谷部文雄訳　全五分冊　青木書店　一九五四年）で確認した経済学理論にもとづいて叙述されている。具体的には〈資本の循環〉と〈剰余価値の配分〉がどのように捉えられているかを軸にして諸説にたいする批判的見解が表明されている。しかもいわゆる古典経済学についての論考では、例えば不変資本、可変資本、固定資本・流動資本といった基本概念にもとづく資本の性格や循環といった検討が可能である。しかし社会学の場合には、そのような〈共通軸〉が存在しないだけでなく基本概念もまたかならずしもはっきりしているわけではない。やや具体的に指摘するならば、〈相互行為〉という概念が基本概念として採用されている場合が相対的に多いが、その意味についての合意がどの程度あるかははなはだ疑わしい。そこで、社会学的見解の多様性という現実のもとでは、古典経済学のような〈共通項〉にはならないことを承知で、私の社会学の性格づけを目安とし、基本概念についても私が措定しているものを目安としたい（これについては拙著『社会学の理論的挑戦』で展開している）。そうすれば今後の論議の発展にとってもなんらかの目安を提供することになるであろう。(8) もう一つは、社会的現実認識と理論との関連あるいは「応用社会学」の可能性について問うことが社会学史の論考にとっては不可欠であることを付け加えておこう。例えば、ひとりの研究者の理論的主張と社会的現実認識との関連もまた問われる必要があるということである。このことは、何らかの理論にもとづく現実認識がなくても、その射程があるかどうかを問うことを意味する。

三、展開について

▼多様な展開が可能である

はじめに簡単に挙げたように、福武直、厚東洋輔、庄司興吉、富永健一等の展開の仕方について考えてみると、それぞれが異なる展開になっている。日本の社会学ではなく、西欧の社会学を軸とした社会学史の叙述はさらに多様性に充ちている。安田三郎によれば、それまでの社会学史の性格が以下のように分類されている。(9)

㈠　社会学はいかにあるべきか、社会学の構成をどう考えるかに関する、諸学説の展開。
㈡　社会学の研究対象としての「社会」を諸学者がどう規定したかに関する歴史。
㈢　社会を規定する主要因、社会のメカニズムに関する歴史。
㈣　社会思想史としての社会学史。
㈤　社会史的社会学史。
㈥　社会学者の学説と人格と社会的背景をトータルに理解する試み。

このような諸見解に対置して、〈科学としての社会学〉とは、客観的妥当性、普遍的妥当性、知識の累積性を備えているもの、というのが安田の主張である。このような安田見解には首肯できる面もあるが、そのような社会学史の叙述は、社会学の史的展開の性格を色濃く反映している面が強い。すなわち、西欧そしてその影響下の近代日本の社会学では、社会認識、社会学の性格づけについての諸見解の多くが西欧の有力と思われる諸見解にほぼ依拠していると見なすことができるのであり、そのことが社会学史の叙述にも反映していることにほかならない。そこで、先に述べた課題と視角にもとづくならば、総花的に論考するとどうしても紹介の域をあまり越えないことになると考えられるので、当時としての存在意義と継承問題を軸にした大胆な取捨選択による代表的な見解に絞って展開することが日本の社会学の発展に資するのではないかと思う。そのような展開は社会学史叙述だけでなく理論構成や現実認識にも当てはまるのであり、その意味では社会学的研究についての私の基本スタンスと受け止めればよいであろう。

展開の仕方としては、河村、富永の展開と同じように、自らの理論的立場にもとづく展開が要請されると考えられる。ただし、ここでは自らの立場を絶対的な視点とするのではなく、結論を先取りして言うことになるが、〈複数の理論的立場〉の競争的共存が社会学の現状（おそらく近未来の行方も）であるならば、両者の論述の仕方とは若干異なることになるであろう。すなわち、一方では自らの立場をはっきりさせながらも、他方では異なる立場をどのように押さえるかが問われることにほかならない。

▼展開の道筋

この章の題を「社会学史研究の課題と視角」としたことには、本書の展開の性格にたいする私の意図が込められている。社会学的諸見解の「紹介」の域を大きく出ないといういわゆる「社会学説史」ではない。以下で、展開の道筋をおおよそ示すことによってこのことは了解されるのではないかと思う。

現代日本の社会学（一九四五年以降）の展開にあたっては、予備的考察として近代日本の社会学を具体的に取り上げるかどうかについては迷ったが、学説紹介的な論考は大抵の社会学史の本にあるので、屋上屋を重ねる必要がないであろうと考え、「継承」を軸にして必要最小限の叙述にとどめることにした。さて現代日本の社会学の史的展開については、大きくは三つの時期に分けることができるという見方から、まずは社会学理論を軸として以下のように展開することになる。

敗戦から一九六〇年頃までを〈民主化と近代化の狭間で〉という章題にあるような見方で展開する。この時期は、社会科学界（および大学）で市民権を得ようとする社会学という性格も持っており、戦前の社会学の断絶と継承という性格をも持っているが、より重要なことは、当時の日本社会に現実的に提起されていた「民主化」課題にどのように対応するかが論考の軸にならねばならないと考える。その対応の仕方によって日本社会のその後の方向にかかわる見解としての性格に迫るという課題を意味する。この時期の諸見解が最近では（とりわけ二十一世紀に入って）忘れられている傾向にあるので、継承について喚起したいという私の意図が込められている。

次に、一九八〇年頃まで、つまり一九六〇年代と一九七〇年代では、前の時期にはかならずしもはっきりしていなかった「立場」（理論的立場とイデオロギー的立場の両方を含む）の違いが、競合あるいは対立というかたちで鮮明になることが大きな特徴である。かならずしも適切な表現ではないかもしれないが、さしあたっては、「マルクス主義」と「非マルクス主義」あるいは「近代主義」との立場の対抗関係が比較的はっきりしている時期であると言ってもよいであろう。しかし前者にあっては、当時「社会学におけるマルクス主義」とも表現されていることに象徴されているように、「マルクス主義」のなかでもいくつかの異なる立場が認められる。[10] 詳しくは本論で展開するが、そのような表現での紹介的叙述でよいのか、さらには異なる立場があるにもかかわらず一括して捉えてよいのかという問題があり、私は当時の社会的現実との関連で捉えることが望ましいと考えている。

具体的に取り上げる最後の時期になるが、一九八〇年頃〜二〇〇〇年頃については整理することがきわめてむずかしいだけでなく、整理することにどれだけ意味があるか疑わしいと考えられるのである。〈社会学理論〉ではなくて、〈社会学的見方・視点〉あるいは〈社会学的研究〉や現実のある部分を取り上げた〈〇〇の社会学〉、その他も含めれば百花繚乱の様相が進行するのがこの時期であり、二十一世紀に入ってもほぼ同様の様相が存続しているようである。私はそのような様相を〈拡散状況〉とネーミングしており、整理して展開するにはかなり大胆な（場合によっては独断的な）取捨選択が要請される。別の表現を使うならば、「日本社会学の旋回」状況とも言えそうである。

二十一世紀に入っても、拡散をともなう旋回状況が存続している（これは「出口なし」とも見なされる日本社会の閉塞状況に照応しているのかもしれない）。その特徴と行方が定かでないと思われるので、〈拡散状況〉を打破し得るような今後の方向提示にとって必要と思われるかぎりにおいて触れることになるであろう。社会学理論にかぎっては、以上のように「三区分半」という時期区分によって、それぞれの時期における特徴的動向を明らかにすることが目指されるであろう。「拡散状況」の進展によって、継承に値するものが少なくなっている現在、ある意味では落ち葉拾いのような作業が必要なのである。

具体的に指摘すると、歴史、日本社会との関連の乏しさ、「自由な自己主張」、了解が困難な「研究」などである。理論あるいは思惟方法における共通の基盤がきわめて乏しいので、フェアな批判・反批判がなかなか成り立たない現状にある。したがって、大胆な取捨選択が必要であるとともに、批判の基盤についても慎重に考慮することが要請される。しかし、現状についてはかならずしも否定的・悲観的に考えているわけではない。相対的に若い世代の場合には、今後の理論的発展が期待できると考えられる。したがって、どのような原石を探すかが、学史を重視する世代に課せられた責務であろう。なお、このような論考においては、理論的論考であっても日本社会の現実との関連が問われることになるので、必要な限りにおいて社会的現実と課題についても言及したい。

以上のような「理論」における旋回の検討に加えて、三つの展開を取り上げる。一つには、主要な領域社会学についてである。二つには、社会学にとって重要視されている〈テーマ研究〉について、三つには、日本の社会学の大きな特徴として「欧米社会学の受容」についてである。第一の特徴はともかくとして、第二の絞り込みおよび第三については欧米における社会学史研究から学んだことを私流儀で展開するものとして性格づけられる。私と見解・立場についてはすでに挙げたように、理論としては『社会学の理論的挑戦』を、現実認識としては『現代日本社会論』を公表している。私の社会学に関する見解は、本書のような学史の展開によってほとんど示されることになるであろう。そして、最後に簡単な総括的言及と日本社会学の可能性を示唆して結ぼうと思うが、これまでの私のすべての研究を背後において、日本の社会学の発展の方向を求める自己主張という性格になるであろう。あらかじめ言っておくならば、自己了解していることは、すでに触れた複数の理論的潮流の競争的共存という方向である。そこには私自身の立場も含まれることは言うまでもない。

【注】

(1) 一人の著者で社会学史を書くということは、その著者の社会学の性格づけを示すことでもある。ここで挙げた三人の著書にはそれぞれの性格づけがなされている。なお、単著ではないが、安田三郎編『原典による　社会学の歩み』(講談社　一九七四年)では、「科学としての社会学」という表現で性格づけがなされており、一般に採用されていることが多いいわゆる前史、初期綜合社会学というかたちではじまるという構成にはなっていないく、いわゆる「第二世代」からはじまっている。

(2) 私の研究が十九世紀後半から二十世紀初頭のドイツ社会学の研究からスタートしたという個人的事情もあって、当時のドイツの社会科学雑誌の「アールヒーフ」や「シュモラー・ヤールブーフ」にかなり目を通しているが、個々の論文もさることながら、とりわけそこに掲載されている書評から批判のあり方を学んだ。そこでの書評には取り上げられている本の評価だけでなく、そのテーマについての自論が対置されていることが圧倒的に多いのである。そのような学習から、私自身も書評やその他の「批判」の表明においては自論を対置するスタンスを保持してきた。具体的には、本書の展開でもそのスタンスが貫かれるであろう。

(3) 後の章でやや詳細に述べるが、欧米の諸見解の受容については、どのように受容し、どのように発展させるかが問われるのではないだろうか。私見では、部分的な活用にとどまっていることが多いように思われる。

（4）そもそも「階級的視点」という言葉は曖昧さを含んだ表現である。階級的視点という言葉には、大きくは二つの異なる意味があると考えられる。一つはなんらかの階級（とりわけプロレタリア）の立場からの視点という意味であり、もう一つは「階級社会」という現実認識を組み込んだ視点という意味である。そもそも「階級」概念（そして「階層」概念も含めて）自体がかならずしも一様ではない。したがって、「階級的視点」という場合には、その意味内容を鮮明にしておく必要がある。ここでは中国の社会学（一応はマルクス主義社会学）を具体例として補足しよう。現在の中国社会には階級があるのかないのかは大問題のはずである。ところが、階層という言葉で一括している論考、表現は階層でも内容は階級である論考、階級と明言する論考などがある。つまり、具体的な内容が問われることになる。詳しくは、私の編著『現代中国の生活変動』（時潮社　二〇〇七年）にある「序章　現代中国の国民生活—一九九〇年代の生活変動を軸に」を参照。

（5）ここで強調したいのは、社会（科）学における螺旋的発展の必要性ということである。これについては、私はF・テンニースの研究の軌跡から学んだ。彼の社会学については、主著『ゲマインシャフトとゲゼルシャフト』はおおむね知られているが、純粋社会学、応用社会学、経験社会学という「体系」については、かならずしも充分には知られていない。私見では、前者が理論を主としたものであり、後二者は現実認識を主とするものである。彼の研究の軌跡からは、最初の主張と晩年の『社会学序説』までの理論的発展は現実認識との思惟の往復による螺旋的発展が認められる。詳しくは拙著『テンニース研究』（ミネルヴァ書房　一九九一年）を参照。

（6）二十一世紀に入ってから、社会学の現状については、「拡散状況」という見方をしばしば表明しているので、若干補足しておこう。かつては社会学の多様性とも言われていたが、私見では、社会学の性格づけをめぐる多様性であった。しかし最近の多様性とは性格が違っている。なんらかの社会的事実に着目してとにかく「社会学的」研究と称しているのであり、理論的原理が曖昧で、具体的研究対象についても、領域、視点、テーマなどが混同されていることが多く、したがって、これまでの研究経過とはほとんど無関係に、主観的にはどんな「新しい」研究も主張できるという状況が「拡散状況」を意味する。

（7）右でも指摘した理論、領域、テーマ、視点の違いについて若干補足説明を加えておこう。後の章でやや詳しく述べるが、これらをほとんど区別しないで論じるのは理論的ではない。例えば、領域とは社会学の理論構成（あるいは概念構成）が主要に依拠する現実の対象であり、理論的立場によって異なることになる。具体的に示すと、富永健一は家族や地域などの生活領域に加えて、政治や経済分野も領域として措定している。私は政治や経済分野を領域として措定しないで「外的条件」としている。テーマについては後の章で述べることにして、視点についての私見を言えば、ジェンダーが視点としては典型的かつ重要な例である。領域やテーマについて論じる場合には、ジェンダー視点を軸とする（あるいは重視する）ことはあり得るが、ジェンダー自体はなんらかの研究対象でもなければ、対象の性格でもない。このような理論的区別を曖昧にしていることが「拡散状況」に結び付くであろう。

（8） 社会学の基本概念として、有力な諸潮流では一般的には、行為、社会的行為、相互作用などが措定されている場合には、それらの概念を論理的には社会学理論の出発点とする思惟方法を転換して、人間の主体性を重視する立場から、活動（または生産活動）という基本概念を対置して措定するのが私の理論的見解である。この概念は社会学界ではまだ共通軸の一つにはなっていないが、右記の行為などを検討するための目安の一つにはなるであろう。

（9） 編集代表　安田三郎『原典による　社会学の歩み』（講談社　一九七四年）

（10） ある程度整理されているものとしては矢澤修次郎「現代社会学におけるマルクス主義」（総合労働研究所『季刊労働法6号　現代社会学』所収　一九八〇年）がある。そこでは「マルクス主義と社会学の対抗関係を主軸に考察を進め」（五一頁）るとされているが、「マルクス主義社会学の試み」という節もある。そうなると主題がやや曖昧になることは避けられない。「整理」はされているが「整備」はされていないと言えよう。矢澤の課題提起は意味のある提起であるにもかかわらず、その後は全く放置されたままである。この例にかぎらず、課題提起が放置されていることがままあるので、私自身は「整備」を追求したいと考えている。

第一章

民主化と近代化の狭間で
――戦後初期（一九六〇年頃まで）の社会学――

イントロダクション

「戦後復興期」として位置づけられるこの時期の日本社会の現実的課題は、経済復興、饑餓的貧困からの脱出、民主化であった。したがって、社会学の課題は、それらの現実的課題との関連で問われる必要があることをまずは確認しておこう。そして理論問題としては、そのような現実的課題に応え得るような方向が認められるかどうかが問われることになる。つまり、そのような現実的課題を提起している日本社会が自覚されていたかどうか（当該社会の科学的自覚）ということを意味する。その場合、敗戦による日本社会の激変と新たな方向の模索ということの時期には、社会的現実認識との関連で、戦前における社会学の継承と転換ということもまた当然問われることになるであろう。

そこで、この章の展開の仕方とその意味についてあらかじめ述べておこうと思う。第一には、継承と転換との関連では、予備的確認として戦前の社会学について、主に理論面に焦点を当てて簡単に触れることから始める。とりわけ継承という点で、若干の現実認識にも触れることになるであろう。理論面では代表的と考えられるいくつかの見解に絞るが、この時期には社会学理論としての独自の見解表明はそれほど多くはない。しかもいわゆる「天皇制」という社会的条件のもとでは、社会学の独自な発展はきわめて制約されていた。社会学だけでなく人文・社会諸科学すべてにわたってそうであり、時代が下るにしたがって国家権力による「転向」の強要が顕著になっていった。当時の「転向」への対応にはいくつかのタイプがあったが、どのタイプであっても国家権力による強力な制約があったことは否めないであろう。(1) そこで戦前・戦後にまたがる社会学者もいるが、そのような制約をも念頭において、私の判断でどちらかで主要に取り上げることになるであろう。

それぞれの社会学者の生まれた年によってもわかるように、戦前から戦後にかけてかなり長期にわたる仕事がある社会学者も認められるが、単なる影響ではなくて継承という点を重視して考えるというのが私の基本的なスタンスである。したがって、その後の影響については必要に応じて触れることになるであろう。

第二には、「民主化」課題への迫り方について独自に考えることになる。言うまでもなく、「民主化」課題がこの時期の日本社会の重要な課題であった。したがって、「民主化」課題との関連が大部分の論考に認められるが、その場合、「民主化」をどのように意味づけるかということは、この課題が現在でも継続しているという意味できわめて重要であり、現在の日本の民主主義の行方をめぐって考えるにあたっては、一つの基準をも提供するものとして性格づけられる。とりわけ重視したいのは、この章の題が示唆しているように「近代化」との関連であるが、この問題は二十一世紀の現在でも依然として存続している。

第三には、この時期には戦前の社会学の若干の継承があったとはいうものの、現代日本社会学の全体としての新たな出発点（あるいは原点）という位置を占めているという意味で『社会学大系』（一九五三年）および『講座社会学』（一九五八年）の二つの講座企画に言及する。いわゆる「講座」は刊行されたそれぞれの時期の社会学の支配的動向を示しており、以後の章で具体的に触れるいくつかの〈講座企画〉の性格あるいは変化を考えるにあたっては、不可欠な検討素材である。(2) このような展開にもとづいて、最後に、次の時期の新たな展開に結びつけるという意味で、この時期の日本の社会学の性格について若干の整備をすることになるであろう。

一、予備的確認

現代日本の社会学の展開（＝旋回）を考えるに先だって、予備的確認として戦前の社会学についてまずは簡単に触れておこうと思う。戦前の社会学についてはは大抵の社会学史の本で紹介の域を大きく出ないかたちで一定程度は取り上げられている。またまとまった本としては、河村望と秋元律郎（すでに指摘した）の著書を挙げることができる。私はそれらの優れた先学の仕事に屋上屋を重ねるつもりはないので、必要なかぎりにおいて述べよう。というのは、すでに述べたように、私にとっては知的遺産の継承を最重視しているからである。戦前の日本における社会学理論としては、一般的には外山正一、有賀長雄、建部遯吾などに言及されており、日本の社会学の「草分け」としての存在意義はあるが、ここではやや時代が下る何人かに絞って簡単に触れることにする。

予備的確認として異論があるかもしれないが、**米田庄太郎**（一八七三〜一九四五年）からはじめることにする。米田は、はじめはウォードの影響により綜合社会学を構想したが、のちにはドイツの形式社会学を紹介・導入したことでも知られている。彼は社会学理論研究だけでなく日本社会の現実にも多様な関心を寄せていた。米田については彼の研究のどこに焦点を置くかによって評価が分かれるであろうが、日本における理論研究の一つの典型として性格づけられると思われる。ほぼ周知のように、米田は一種の綜合社会学の構想を提示したが、それは欧米の多くの理論の検討を通して構想されたものである。行為論しかも心理的相互作用を重視した構想にたいして、欧米の諸説からの影響についてはいくつかの見方がある。学説研究として論議することにも一定の意味はあろうが、社会学理論におけるプリンシプルを鮮明に打ち出していること、そして日本社会の多岐にわたる現実研究がそれと関連していること、この二つが確認する必要がある知的遺産である。(3)

米田に含まれていたと思われる「形式社会学的思惟」についての方向を独自に発展させようとしたのが**高田保馬**（一八八三〜一九七二年）であった。形式社会学を背後におきながらも独自の理論を提示して社会学の性格を鮮明に打ち出すとともに、ほぼ周知のように、第三史観として人口に着目したことが特徴であるとされている。ある時期までの日本の社会学界では、高田社会学が戦前の日本における唯一の独自理論とされていたが果たしてどうであろうか。というのは、私の知る限りでは、北島滋が整理しているように、そして北島自身もそうであるが、ほぼ全面的な否定的評価が多かったからである。しかし、最近になって高田社会学の再評価がなされるようになってきている。ここでは相反するような評価を対置しての論考はしない。彼の最初のまとまった見解表明としての『社会学概論』（岩波書店　一九二二年）では、結社的（Verhanndliche）なるものを社会学における「社会」として措定する普遍化的文化科学であるとされている。彼の社会関係論、社会論、社会変動論などは、彼のこのような基本的原理から検討される必要がある、(4)とだけ言っておこう。

簡単に示した両者については、具体的な社会的現実認識に結びつけて米田と高田を対比して考えることに意味があると思われる。両者とも当時の日本社会にたいして活発に発言しているが、その立場には大きな違いがある。米田には日本社会にたいしてはやや批判的なスタンスがあるのにたいして、高田には肯定的あるいは当時の日本社会の支配的方向をさらに推し進めるというスタンスがある。したがって、「当該社会の科学的自覚」が理論的主張においで問われることの典型例として、理論と現実認識の関係を「理論的に」あるいは「社会学の社会学」として考える意味があるのではないだろうか。

岩崎卯一（一八九一～一九六〇年）は、一九五八年の有斐閣の『社会学辞典』には掲載されているが、その後の二つの『社会学辞典』からは彼の名前が消えている（有信堂の『現代社会学辞典』には掲載）。少なくとも最近では「忘れられた社会学者」の観があり、日本の社会学の史的展開の無視ないしは軽視の風潮を象徴しているように思われる。岩崎は、ドイツ社会学を豊富に紹介し批判的に検討するとともに、そのことを通して社会の「結合事実」としての社会学体系を構想した。しかし、岩崎について確認するとともに現在でも意義があると思われるのは、彼自身の言葉を借りるならば、「社会学の社会学」とも言い得る社会学論であろう。岩崎自身も述べているのだが、彼の社会学論的研究は、社会学批判論・社会学認識論・社会学史論・社会本質論というかたちで、社会学の理論分野のほぼ全体をカバーしている。彼の広義の社会学論では、時にはプラトンにまで遡った検討、必要に応じての哲学・歴史学（例えばディルタイ、トライチュケなど）にも及んでいる。岩崎における「社会学の社会学」とは、社会学に関する諸説の批判的検討を広範におこなうことによって社会学の学問的性格を追究することを意味する。(5)

新明正道（一八九八～一九八四年）は、彼の学術的活動を続けた期間によってもわかるように、戦前の社会学として収まりきらない面があり、戦後においてもかなり長期にわたって「現役」として研究活動が継続されている。彼の社会学の見解が一九六八年に『綜合社会学の構想』としてまとめられているとはいうものの、この書に収録されている論考のほとんどは戦前・戦後初期に発表されたものなので、この節で新明を取り上げることにする。行為連関に社会学理論の基本性格を求める新明の社会学的思惟は『社会学』（岩波書店　一九二九年）、『社会学の基礎問題』（弘文堂書房　一九三九年）、『社会本質論』（弘文堂書房　一九四二年）などでほぼ確立していると解されるのである。それらで表明されている新明の「綜合社会学的」とは、もっとも基本的には社会の全体的認識を目指すものとして性格づけられる。この立場は主として形式社会学的な立場にたいする批判（論争）を通して鮮明にされている。行為連関を理論的核に据えることによって、形式社会学に文化を単純に加えることにたいする批判的見解を表明し、形式と内容を綜合することが彼の社会学の基本的性格である。そのプリンシプルとしては、行為連関としての社会という本質的規定にもとづき、社会とはそのような関係が実質であるとされる。そして、人間的行為は関係的かつ意味的の両方から認識されること、社会学には社会静学と社会動学の両方を綜合した動学が必要であること、といった主張が彼の「綜合」の含意として受け止めることができよう。そのような立場から、戦後に新しく論議を呼び起こした理論やテーマについての批判的検討も多数なされており、一定の問題提起としての意義を認めることができよう。なお、新明についての大事なこととして一つだけ付け加えると、主に一九三〇年代であるが、活発な時事評論を展開しており、そこに彼の現実への関心と民主主義の立場を読み取ることができる(6)。

松本潤一郎（一八九三～一九四七年）については、『社会学原論』（一九三五年）、『集団社会学原理』（一九三八年）および『文化社会学原理』（一九四〇年　いずれも弘文堂書房）に彼の社会学的見解がほとんど示されていると言えるであろう。『社会学原論』は彼の総社会学の構想を示したものである。いささか総花的きらいがあるが、社会学の対象として、社会集団論、社会過程論、社会形象論を措定しているところにその特徴がある。ここで取り上げる『文化社会学原理』に彼の見解が比較的はっきりと示されていると思われる。松本については戦前の社会学の一つとして若干は紹介されているが、ここで取り上げた他の人たちと比べて早逝であったため、社会学についての基本的な見解にとどまっている。この時期の日本の社会学界はいわゆる形式社会学と文化社会学に二分されている観もあったが、松本はそのいずれにも与しないスタンスであった。社会学の対象として措定されたなかでも、彼の社会学の軸となっているのは社会形象論であり、そのような措定にもとづいて文化（社会学）をそこに組み込んでおり、あらゆる社会事象は「社会形象」概念によって捉えられることになる、とされている。彼の総社会学の構想が社会形象論を軸にして発展・整備されるとどうなるか、これは興味深い問題であろう。

蔵内数太（一八九六～一九八八年）もまた新明正道と同じように、戦前・戦後にわたって長く活躍した社会学者であるが、ここでは中期の『文化社会学』（一九四三年）を取り上げて論及することにしようと思う。推察の域を出ないが、日本社会にファシズムの嵐が吹き荒れていたこの時期の著作として、慎重に読み取ることが肝要であろう。松本についても指摘したが、蔵内の文化社会学は、いわゆる形式社会学の批判・否定としての（当時のヨーロッパに現れた）文化社会学の主張という性格にとどまるものではなかった。この書ではまだ萌芽的思惟にとどまっているが、彼の社会学にとってのキーワードは集団、文化、意味ではないかと思われる。とりわけこの時期に意味に着目したのは卓見であったと言えよう。彼の社会学の特徴はいわゆる「文化社会学」そのものではないかたちで文化を具体的に重視したところにある。詳述しないが、この書では日本の知的文化、宗教社会学、芸術社会学、教育社会学、文化交流といった文化についての各論にまで論述が及んでいることは、この時期では珍しく貴重な論考であると言えよう。ただし、戦後に出版された『社会学』（培風館　一九六三年）では、全体の構成が整備されているとはいえ、上記からの連続性ないしは理論的発展がかならずしも明瞭でないことを指摘しておこう。

知的遺産の継承というスタンスから、かなり絞り込んで論考したが、戦前の社会学がこれだけでないことは言うまでもない。ここで取り上げた諸見解からどのような知的遺産を継承するかが重要である。そうでないならば、「そんな諸説があった」という単純な確認になってしまい、取り上げること自体にあまり意味がないことになる。

それぞれの諸説にたいして賛否いずれにせよ、どのように継承するかについては個別的に多様であり得るが、予備的考察としてとりわけ継承という点から若干の確認をしておこう。理論的にはそれぞれが異なると受け止められる見解を表明しているが、ほぼ共通に確認できることとしては、一つには、異なる諸見解の検討あるいは目配りがきちんとなされていることである。二つには、社会学の史的展開における時代的課題でもあったが、社会学の性格と原理を鮮明にすることが目指されていることである。現在では、諸論考をこの時期と同じように展開する必要がかならずしもないであろうが、このスタンスは継承に値するものとして、ぜひとも確認しておく必要がある。

なお、考慮しておく必要があると思われることについて、若干の私見を加えておこう。これは次の時期にも若干持ち越されるとともに、やや固定的な観念があるきらいがあると思われる社会学の「史的展開」問題である。ごく一般的には、社会学は初期綜合社会学、形式社会学、文化社会学という史的展開が二十世紀前半までの流れとされている。それは社会学の性格づけについての展開であると言ってよいだろうが、私見では、そのように単純に見ない方がよいのではないかと考える。そのようなおおまかな流れがあったとしても、例えば、一般的には形式社会学として大きくくくられている「第二世代」の社会学について見ると、すべてを形式社会学として簡単には一括できないはずである。解釈の問題であるかもしれないが、なんらかの社会学にたいして、他者が〈〇〇社会学〉といったレッテルを貼ることによる理論的性格づけにはもっと慎重であってもよいと思う。最後に、欧米の社会学の「受容」にとって意味があると思われることについて、一言付け加えておこう。当時の日本の社会学には欧米とりわけドイツの社会学の影響が顕著に認められることは確かであるが、それらの諸説の単なる解説でもなければ、そのままの受容ではなく、そこから自らの方向を探るスタンスがあったことを確認しておきたい。

二、概観

▼社会的現実

すでに繰り返し述べているように、社会学が「当該社会の科学的自覚」を背後におくとするならば、諸見解の考察に先立って、この時期の日本社会の社会的現実がどのような課題を抱えていたかについて簡単に確認しておくことが要請される。これまでの社会学史の叙述に多く見られるのは、この面への目配りがかならずしも充分にはなされていなかったということである。この時期の日本社会の現実については、私は別の本ですでに展開しているので、

ここでは課題との関連で簡単に確認するだけでよいであろう。(7)

戦後復興期として位置づけられるこの時期の日本社会は、あらゆる社会分野において錯綜していた。一九四五年の敗戦と「民主化」政策は日本社会にとっては未曾有の激変であり、その激変にどのように対処するかが日本人全体に問われていた。大きくは二つに分けて考えると分かり易いのではないかと思う。そのような現実の見方そのものが私の社会学の理論的立場にもとづくことは言うまでもない。

まずは、物質的・客観的条件について簡単に確認しよう。敗戦およびアメリカ占領軍の「民主化指令」による変化がこの条件の基本にある。長期の戦争と敗戦による生産力の激減が経済的条件としてまず確認する必要がある。「民主化指令」は制度の激変ということに尽きるのであり、具体的にはいわゆる「民主的」改革として現れるが、「新しい憲法」に代表される諸法規の改革を意味する。この激変によってもう一つの意識的・主体的条件ともかかわって多様な現実的課題が提起されることになる。

次に、上記のような諸条件の下での意識的・主体的条件がどうであったかが問われることになるが、社会学的論考ではこちらの方がより重要である。私見では、人間の生産と関係の生産が社会学の性格にもっとも強くかかわっているからである。制度・政策においては一定の「民主化」の方向が目指されたとはいえ、それに照応して意識的・主体的条件が変わったであろうか。とりわけ民主主義をめぐる諸問題については、現在までもかたちを変えて存続しているという意味で、きちんと確認しておくことが大事である。おおざっぱに言えば、個人レベルでは価値観のある種の喪失、旧意識の残存、新意識の芽生えなどが、錯綜していることを指摘することができる。集団・組織の位層では、錯綜していると同時に旧意識としての権威主義的意識と新意識としての民主的あり方の模索とが対立していた。ここでは、私の言う意識的条件と思想・イデオロギーとを混同しないように注意をうながしたい。簡単に指摘しておくが、いわゆる「民主的」とみなされている政党、労働組合、その他の集団・組織が雨後のタケノコのように日本社会の前面に現れるなかで、タテマエは民主的な集団・組織であっても、メンバーの諸関係・諸活動のあり方もそうだとは言い切れないはずである。

このような社会的現実のもとでは、一方では、そのような現実の実態をいろいろな社会分野で具体的に認識し、他方では、そのような錯綜と混乱からどのような人間像・どのような関係のあり方を追求するか、そして日本社会の行方などが現実的課題として提起されていた。そうするとそのような課題に応えるか、あるいは直接応えないままでも応える可能性をもった思惟が要請されていたと言えよう。有名であるとともにしばしば言及されることとして、一九五六年の『経済白書』に「もはや戦後ではない」と表現されていることがある。その当否はともかくとして、経済的条件に限定して言えば、一九五五年はいわゆる高度経済成長が始まり、経済的生産力の回復という面ではそのように言えないこともないが、それが国民生活にまで及ぶのは数年以上後である。すなわち、格差の拡大と貧困の存続そして人々の新たな価値観の未確立といった状況では、「もはや戦後ではない」とは単純に言えないことを意味する。

▼理論的概況

右で簡単に確認したような社会的現実と社会学が理論的にいかに切り結んだかあるいは切り結ばなかったかが、まず最初に問われることになる。具体的な考察は次節以降で展開することにして、ここではおおまかな流れを確認しておこう。

「社会学者の数だけ社会学がある」と他の社会諸科学から言われていたことによってもわかるように、「社会学とは何か」といった社会学の性格問題は戦前の社会学から継続している課題であった。だから一九五〇年代前半までは、主として社会学の概論的著作で述べられているが、社会学の〈性格問題〉が継続して問われていた。事実としても、社会学の性格が不明瞭に思われていたことは否めないであろう。後で取り上げる講座的性格を持つ『社会学大系』（一九五三年）にそのことが典型的に示されている。他方では、経済的貧困問題と「民主化」課題への対応が若干現れるとはいえ、社会学の主要な研究動向としての位置を占めるまでには至らないままであった。このことは、「社会学の性格」問題が曖昧なままで、次に示す新たな動向が大きな流れになったためであろう。

戦前からのそのような継続問題を残しながらも、二つの新たな動向が現れる。一つはアメリカの社会学的研究とその考え方が流入してきたことであり、もう一つは、戦前の抑圧から解放されたマルクス主義に代表される「社会主義的」潮流が大きな流れとして参入してきたことである。両者は全く性格の違う「社会学的」潮流ではありながらも、戦前まではわずかにしか認められなかった〈社会的現実〉への着目の重視という点では共通している。前者は社会調査研究へ傾斜する性格であり、後者はマクロな社会的現実の矛盾への着目、そして社会変革を志向する性格である。この二つの新しい動向は、次の時期の対抗関係を萌芽的に準備するものであった。しかし、そのような傾向は、「社会学とは何か」というそれまでの「性格問題」に大きな課題を投げかける性格をも内蔵していた。

この時期には当初の課題とされていた「社会学とは何か」という問いにたいして、はっきりしたかたちで応えられたわけではないが、右の二つの新たな傾向がこの問いを押し流した、というのが私の見方である。すなわち、マルクス主義の潮流の多くは社会学をブルジョア科学（あるいはイデオロギー）として批判するものであり、マルクス主義社会科学という主張が支配的な傾向であった。したがって、この立場にあっては「社会学とは何か」という問いそのものが無意味となる。他方、アメリカ社会学の流入は別の意味でその問を同じように無意味にした。ドイツ社会学に代わってのアメリカ社会学の主要な性格は、社会調査（至上主義的性格）が大きな位置を占めており、「社会学とは何か」という問いそのものは無きに等しいと言ってよいであろう。加うるに、それまでは学界などでの「市民権」がかならずしも定かではなかったが、かなりの大学で社会学部、社会学科、社会学コースなどが新設され、大抵の大学で社会学という科目がカリキュラムに導入されたことによって、「社会学とは何か」という問いがほとんど意識されなくなるという事情をも指摘することができる。大学で社会学の講義が一般化することによって、いくつかの「社会学概論」書が出されるようになり、社会学とはおおむねどんな事柄を扱うかということが暗黙の了解にもなったようである。

以上のような概況について考えてみると、マルクス主義（あるいは社会主義的思惟）と非マルクス主義（あるいは「近代主義的」思惟）、社会学理論と社会調査、そして現実的課題（主として領域社会学）への対応という諸課題が、潮流（傾向）としても諸個人（研究者）としてもかならずしも定かでなく、どのようなかたちで整備されたかたちで展開（あるいは発展）していくかが問われていたという意味で、この時期は日本の社会学の〈第一の模索期〉として位置づくと言えよう。

三、「代表的」な社会学

戦後新たに出発した日本の社会学では、学問・思想にたいする抑圧から解放されて、概論的なもの、学史、そして領域やテーマ、さらには外国の社会学についての論考などが堰を切ったように出版され、主要なものだけでも数十冊を数えることができる。戦前とは比べものにならないほどの量と言えるであろう。しかし、概説的な本には大同小異のものもかなり認められるので、ここでは次の時代にかかわっていること、そしてどのように継承するかが問われること、という点から絞り込んで考えてみようと思う。(8)

アメリカ社会学が流入してきたとはいえ、理論的あるいは概説的に活用するまでにはいたっていないものが多く、領域社会学での紹介と若干の活用にとどまっていたと言ってよいであろう。なお、時期区分としては一応は一九六〇年頃までを想定しているが、日本の社会学の史的展開については截然と時期区分できないので、ここでは若干一九六〇年代にも踏み込んで考えることは言うまでもない。具体的には、清水幾太郎、本田喜代治と早瀬利雄、福武直についてやや詳しく検討し、さらに必要と考えられる諸見解を加えて、この時期の動向を性格づけ、継承問題に若干言及するであろう。

▼清水幾太郎

清水幾太郎（一九〇七〜一九八八年）の研究は、戦前は社会学史的な研究、戦後は社会学理論、社会心理学を軸とし、評論的活動や思想史的研究などきわめて多彩・多作であるが、社会学理論についてはその立場・方法がかならずしも一貫していないと言うことができる。彼の一〇〇冊以上に及ぶ著書は多岐にわたっているとともに、見解（あるいは立場）に大きな変化が認められる。それらを（変化も含めて）どのように整備して評価するかはきわめて難しい作業であろう。また、そのような文献学的考証は日本の社会学にとってはあまり生産的であるとは思えない。もし清水ついての「全体的な」評価をするとしたら、〈清水幾太郎論〉として、なんらかの独立した論考がおそらく要るであろうと思われるので、ここでは社会学史という点から大胆に絞って考えることにしよう。

戦前の主要な著作としては『社会学批判序説』（理想社　一九三三年）が、そして戦後初期の『社会と個人―社会学成立史―』（乾元社　一九四八年）がある。前者はマルクス主義＝史的唯物論の立場から、主としてコント社会学を軸として社会学批判が展開されており、社会学をブルジョア社会学＝ブルジョア・イデオロギーとして性格づけ、プロレタリアの立場（未来を担う存在）が表明されている。そしてコント以降の流れとして形式社会学からマンハイムにいたる諸説についても、ほぼ同じ視点から批判的見解が表明されている。後者は実際には戦前に執筆されたものであり、副題にあるように社会学の成立事情について「社会と個人」問題を社会学の中心問題に据えて、社会学および社会学史にたいして課題提起をしたものとして性格づけられる。

ここでは、社会学理論を考えるという意味で『社会学講義』（岩波書店　一九六〇年）を取り上げる。私見では、この書を右で述べたような清水自身の課題提起に応える試みとして見ることが生産的である。この書は特徴のある社会学理論の試みであるとともに、彼の社会学理論の性格が典型的に示されている。すなわち、社会学の史的展開にもとづく社会学の性格について論じる〈前編　社会学論〉、そして〈後編　社会集団論〉では社会学を集団の学とする立場から展開されている。社会学論では戦前に提起した課題に応えるかたちでの社会学の「史的展開」を整備し、社会学の性格を個別特殊科学としてのいわゆる「第二世代」に求めるが、いち早くアメリカ社会学を批判的に検討しており、マルクス主義を含むいくつかの「知的遺産」についても言及している。すなわち、アメリカ社会学の〈近代科学の方法〉、マルクスにおける〈近代社会の問題性の自覚〉、そして多様な〈社会集団の理論〉である。そのような思惟を活用して後編が展開される。

〈社会集団論〉は行動論から始まって、国家・階級にまでいたる社会的現実の把握という展開（理論構成）になっており、「集団の学としての社会学」の理論構成の試みとして性格づけられる。清水は行動が自然的基礎と社会的条件の下で展開されるとして、行動とは「この両者の複雑な結合と相互規定のうちに成立する」としている。そのような思惟からこの両者の具体的展開と矛盾の発生などについて述べられているが、行動が抽象的に措定されていない点に（優れた）特徴がある。集団論については、前近代的集団と近代的集団という二分法で展開されている。そしてマクロレベルとしては「社会的現実」と題して、具体的には国家、階級、政党がとりあげられている。

このような理論構成は社会学理論の一つのあり方を示したものであるが、方法論的な論点を挙げるならば、ミクロ—実存主義（的思惟）、ミッドル—プラグマティズム、マクロ—マルクス主義、というふうに理解されるので、レベルによって異なる思惟による理論構成でよいのか、あるいはそれらをいかに統一するかという論点が残ることになる。この論点についてこれまでの社会学で本格的に論じているものは少ないが、この論点については、私は〈ミクローマクロ〉リンク問題として注目することが大事であると考えている。(9)

▼本田喜代治と早瀬利雄

この項では、史的唯物論に依拠した社会学の見解を表明している2人を取り上げるが、両者に代表される潮流の一つとして考えることを意味する。

本田喜代治（一八九六～一九七二年）の研究は、戦前は主にフランス社会学および社会思想であったが、『社会学入門』（培風館　一九五八年）では史的唯物論にもとづく社会学が明瞭に主張されている。本田の評価はかならずしも定まっていなく、学史上の位置づけもほとんどなされていない。いくつかの〈社会学辞典〉ではおおむね簡単な紹介であり、『現代社会学辞典』（有斐閣　一九八四年）でも「その他大勢」という取り扱いである。本田の研究については二つの特徴を挙げることができる。一つは史的唯物論の基礎づけによる社会学の理論構成の試みである。もう一つは社会思想の研究である。後者については、彼の社会思想史が「思想の社会史」とも述べられていることによってもわかるように、〈社会史〉（＝社会的現実の歴史的展開）こそが彼にとって重要なのであり、理論や思想は社会（史）とのかかわりで追究することこそが大事である、という考えが背後にあると解される。

さて、本田の社会学理論は、史的唯物論の社会認識の方法を基礎理論として位置づけながら、社会学を「制度の学」として性格づけたところにその特徴がある。彼は、経済的社会構成体、生産様式の発展、社会発展の諸段階、上部構造とイデオロギーという順序で、史的唯物論的思惟方法を展開し、

文化　社会の成員として個人の習得したものの全体
　制度でないもの
　制度とイデオロギー（社会学の対象）
　上部構造に属さない、あるいは、それより広いもの
　上部構造（国家、私有財産、宗教、等々）

というかたちで社会学の性格づけを具体的に整理している。これについては様々な評価があり得るが、それまでは史的唯物論あるいはマルクス主義社会科学という見解が支配的であった学問状況の下で、マルクス主義社会学の主張としての性格・方向を明確に打ち出していることにこそ注目する必要があると考えられる。そして『社会学入門』では、家族、宗教、芸術などの具体的分野に歴史的検討も含めて踏み込んでいることも指摘できるが、新たな社会学の方向づけにとどまっており、どのように継承するかが問われると言えよう。継承の方向としては、基礎理論＝史的唯物論そのものという不充分さがあることをどのように豊かにしていくかということ、およびブハーリンやオシポフ（やや時代が下るが）といった社会主義諸国における社会学とは異なる具体的分野の理論化への踏み込みなどが考えられる。なお、本田の晩年には〈アジア的生産様式〉の研究に取り組んでいることに日本の社会的現実への認識の仕方を見て取ることができる。

次に、やや異なる見解の早瀬利雄（一九〇三～一九八四年）に簡単に触れておきたい。早瀬は本田と同じく史的唯物論の立場ではあるが、異なるかたちで社会学理論について展開している。彼の見解については『社会学批判』（研進社　一九四九年）および『現代社会学入門』（青春出版社　一九五九年）によっておおよそ知ることができる。彼の場合も史的唯物論そのものを社会学とするのではなく、それまでの社会学にたいする批判的検討にもとづいて、

科学的社会学という表現で展開されている。つまり、「社会学批判」という言葉に示されているように、言葉の正しい意味での批判として彼自身の社会学を対置しているところに特徴があると言えよう。彼によれば、社会学はその対象として社会生活の全体の仕組みとしての社会体制を全体として認識し、そこから社会生活の発展法則をつかむことを目的とする経験科学であるとされており、とりわけ社会変動論が重視されている。社会学の性格にはやや不明瞭なところがあるが、「社会学におけるマルクス主義」の一つの立場（あるいはスタンス）である社会学否定論（あるいはイデオロギー論）とは異なっている。彼もまた社会学のテーマという表現でいくつかの社会分野を措定しており、本田と同じように具体的な社会的現実への関心と歴史性の重視を指摘することができる。本田が当時の社会的諸問題にたいして「社会学では解けない問題である」として個別領域についての試論的展開をしているように、早瀬もまた個別領域・諸問題ついても言及している。(10)

▼福武直

福武直（一九一七〜一九八九年）の社会学の理論的性格をはっきりさせるのは、清水幾太郎とは異なる意味できわめて難しい。福武は（アメリカ社会学の流入の影響かどうか？）実証を重視し、日本の社会学に具体的な課題を提起するとともに、精力的に農村研究に取り組み続けた。また後年には『現代日本社会論』などに示されているように、日本社会のあらゆる分野にわたって論じている。しかも清水幾太郎とは異なる意味でいくつかの方向が認められるので、福武の場合は現代日本の社会学の一つの潮流の代表というよりは、いくつかの潮流に分かれる可能性を持った源流として位置づけた方がよいであろう。この意味については、以降のいくつかの展開で具体的に示されるであろう。したがって、清水幾太郎とはやはり異なる意味で〈福武直論〉として独立した論考を必要とすると思われるが、ここでは社会学理論史という狭い視点から福武見解の一部分に触れるにとどまる。

福武の社会学的見解が比較的はっきりと示されているものとしては、『社会学の現代的課題』（日本評論社　一九四八年）、『社会学の基本問題』（東京大学出版会　一九五二年）、『社会学』（光文社　一九五二年　日高六郎との共著）を挙げることができる。とりわけ『社会学の基本問題』は一九五七年に増補版が出版され、さらに一九七五年に『福武直著作集　第三巻』として新たな論文を加えて出版されており、「源流」的性格が濃厚であると言えよう。

福武は社会学の課題については、「日本社会の近代化の要請に従って、いわゆる封建的な社会を研究し、それからの脱却の道を示唆するところにある」という文に尽きると言ってよいであろう。そのような課題に応える社会学の性格については、社会学とは生活における人間の共同を研究するものであるとして、実証科学としての自己の確立、広範囲の研究対象が求められることから部門別の個別研究者による分業によって課題に応えていくこと、そして同時に他の社会諸科学との分業と協力を推し進めることを挙げている。社会学的研究にたいするそのようなスタンスから、福武がとりわけ強調したのは社会調査の重視と価値判断問題である。現在でこそ「社会調査」の「全盛時代」であるが、この時期に社会調査の方針を鮮明に打ち出していることは、社会学研究の方向を示しただけにとどまらず、そのあり方についての見解こそ継承に値する。すなわち、調査とは漫然と行うものではなく、明確な問題意識と作業仮説を持って行うこと、企画と方法が大事であること、しかも単に仮説を証明するためにおこなうのでなく、真理を見いだすことにこそ意義があることが強調されている。第三には、「価値判断問題」と苦闘していたことを挙げることができる。この問題については、福武がどのように明確な方向を持っていたか、断定し難いので、ここでは「苦闘」と表現した。いわゆる〈ヴェーバー的診断か、マルクス的治療か〉という問題は、社会科学の研究者として知的廉直であればあるほど苦闘せざるを得ない問題の一つである。日本社会の激変にともなう多様な問題性に充ちた当時にあっては、社会的現実にどのようなスタンスで立ち向かうかが問われており、福武の苦闘（苦悩?）は現在も存続している課題である。いささか簡単に示した福武の社会学的研究はこれに尽きるものではなく、農村研究、現代日本社会論的研究（これは社会領域・各種テーマなど多岐にわたっている）などを指摘することができる。さらに注意をうながしたいのは、福武がアジア社会とりわけ中国とインドにも強い関心を持っていたことである。中国研究についてはその後も継承されているが、インド研究についてはほとんど継承されていないようである。なお、いくつかの講座の企画（編集代表、監修など）については、後の章でも触れることになろう(11)。

ここで、先に指摘した「潮流」の意味について、若干の評価も含めて簡単に触れておくことにしたい。福武の基本的な考え方にもとづいて整備された『社会学』に「源流」としての性格がかなり示されている。社会学の構成はある意味ではオーソドックスな内容と言えるが、社会発展（あるいは進歩）について論じていることに注目してよいであろう。マルクスの見解に傾きながらも、本田や早瀬と違って史的唯物論的思惟を基本的に採用していないが、歴史の進展を社会主義的方向に求めている。しかし、革命についてはかすかな指摘があるすぎないが、人間主体の行動に着目することには触れられている。つまり、社会学の進む方向についての多様な要素（理論的思惟や研究スタンス）が含まれていると、受け止めることもできる。

多様な試み

これまでに「代表的」な見解として数人について論考してきたが、この時期には概説的とも考えられる見解が多様に現れることになる。そこで具体的に触れるに先立って「代表的」という意味についてことわっておこう。この章だけではないが、学史においては具体的には固有名詞に結びついて論考することにならざるを得ないが、大事なことは固有名詞を使ってなんらかの潮流の性格、そして当時の「日本社会の科学的自覚」の性格を考えるということである。そうでないと継承問題がきちんと押さえられないであろう。だから、潮流の性格と継承問題を考えるにあたっては、私は上のような選択をしたが、固有名詞として別の選択もあり得るであろう。その意味での「あり得る」であろう諸見解に簡単に言及する。この時期の社会学はこれまでに述べた諸見解に尽きるものではなく、後で触れる二つの「講座」に象徴されているように、社会学の行方はかならずしも定かではないが、考えるに値する見解は主に単著として発表されている。

尾高邦雄（一九〇八～一九九三年）は、産業社会学の草分け的存在として知られているとともに、戦後初期の論争でも知られているが、高田と新明とのいわゆる折衷的立場であるとはかならずしも言えない。『社会学の本質と課題（上）』（有斐閣　一九四九年）では、彼の「社会学とは何か」という考えがかなりはっきりと示されている。尾高によれば、ひとまずは社会学は綜合的性格を持つ専門科学であるとされる。そして、綜合点なき綜合をどのように考えるかが問われるのであるが、それは社会学的観点にあるとされ、具体的には主題と対象領域に求められる。主題とは人間の共同生活であり、これが綜合性に結び付くのであり、対象とは様々な社会領域を意味する。後者が専門性に結び付くのであるが、その場合には、社会的・歴史的現実の全範囲を取り込み得るところに綜合性があるとされる。彼の「綜合性」は一般的にはわかりにくいが、専門性をもつ領域社会学においてその「綜合性」を具体的に発揮すると受け止められるので、後の章で再び触れることにする。

細野武男（一九一二～一九九四年）の『社会学』（法律文化社　一九四九年）は、次章でやや詳しく触れるマルクス主義社会科学としての主張として性格づけられる。細野は社会学と唯物史観という二つの「社会理論」との対照を課題として展開している。具体的には、コント、ジンメル、マンハイムについて詳細な検討がなされ、「人間の立場」による社会理論として社会学を性格づけ、もっとも基本的には社会有機体説という共通の性格をもつとされる。細野はその他の社会学をも含めて「人間の立場」の社会学として総括し、「階級の立場」を対置する。社会は階級からできており、階級は人間からできているが、これらの統一において、人間という共通性ではなく現実的な差別性こそが決定的であるとされる。したがって、「社会学から唯物史観への飛躍」が細野の結論であるが、先に取り上げた本田喜代治や早瀬利雄のように、具体的な展開がないまま方向提示で終わっている。

樺俊雄（一九〇四〜一九八七年）の『歴史社会学の構想』（青也書店　一九四九年）は、書名にも示されているように、社会を歴史的社会として捉える見解が「構想」の域を大きくは出ていなく、そのためのいくつかの論点があるものとして性格づけられる。当時もまだ大事な論点であった「個別化か普遍化か」については二者択一に考えないこと、歴史的社会が本質的に動態であり、「社会的自然の自然必然性と人間集団の社会的必然性」とが相互媒介しあうこと、といった主張を挙げることができる。なお、かならずしも具体的に展開されていないので明言できないが、マルクス主義にたいする親近性をも指摘しておこう。

武田良三（一八九八〜一九八七年）の『社会学の構造』（前野書店）については、これまた明言できないが、樺とは違ってどちらかと言えばM・ヴェーバーにたいして親近性があるとも言えそうである。武田は彼の社会学を具体的に展開しており、社会的行為論、社会関係論、社会集団論、社会体制論という順序でミクロからマクロへという構成になっていることによってもわかるように、社会学とは行動を基軸とする社会体制の学であるとしているというのが彼の社会学の特徴であり、とりわけ社会体制論についての見解に彼の特徴があると言えよう。武田の社会体制論は構造的側面と動的基礎の二つから成り立っている。前者はV・パレートの「社会」概念から示唆を得ていると思われるが、社会体制の構成要素として集団をも含めることが主張されている。後者については、人間の行為の意味内容に着目されているが、その展開（あるいは説明）はやや曖昧である。

西村勝彦（一九一三〜一九七九年）の『理論社会学の根本問題』（誠信書房　一九五七年）にも簡単に触れておきたい。彼の場合は、アメリカ社会学にいち早く論及するとともに、社会構造論においては「社会システム論」についてこれまた日本では早期に論じているところに特徴がある。社会変動論においては革命について一章をあてていることも大きな特徴として指摘しておいてよいであろう。

この節では、前の項も含めてかなり絞り込んでしかも簡単に述べたが、私が注目する点あるいは特に押さえておいた方がよいと考える点として受け止めればよいであろう。この時期の社会学的見解はむろんこれだけに尽きるものではないが、その多くが最近ではほとんど忘れられている傾向にあるので、理論的関心に応じて文献（ここで触れなかった文献も含めて）に直接あたればよいと考えている(12)。

「民主化」課題への対応

戦前の社会学が時代的制約のため、日本社会の現実とかならずしも切り結んでいないことの反省に立って、現実との関連について、やや踏み込んで考える。その場合、当時の日本社会の重要な現実的課題の一つはいうまでもなく「民主化」課題であった。この課題についてはは具体的にどのように課題を設定して、どのように論じるかを考えることがきわめて大事である。「民主化」課題は当時の人文・社会科学者の大部分に意識されていたことは一九五〇年代までの文献におおよそ認められるところである。しかし、「民主化」課題が意識されていたこととどのように取り組んだかということとは、別の問題である。我田引水を承知で言えば、社会学に提起されていた意識的・主体的条件と「民主化」との関連は最重要課題であったと考える。なぜならば、制度・政策がある程度民主的であっても、それを現実化するにはまさに主体的条件の成熟度が問われるからである。他の社会科学ではおおむね社会体制をはじめとした制度・政策そして社会思想について論じられており、哲学などでは「主体性」という原理的あるいは抽象的レベルであったと言えそうである。ひるがえって、社会学ではどうであろうか。私見では、方法レベルも含んだ見解として、領域社会学に属する家族についての見解が取り上げるに値すると思う。これをめぐってはすでに簡単に対比したことがあるが、方法的思惟の違いを鮮明にするかたちで述べることにする。これは具体的な現実分析にも当てはまる一般性をもった方法的思惟である。

「民主化」課題に迫る一つの立場として、まずは法社会学の立場から家族についての見解を表明した川島武宜（一九〇九～一九九二年）を挙げることができる。川島は『日本社会の家族的構成』（日本評論社　一九五〇年）および『イデオロギーとしての家族制度』（岩波書店　一九五七年）において、家族生活における民主化課題をめぐってほぼ全面的に展開している。前者の中では「現在われわれ国民に課せられているもっとも大きな課題は、いうまでもなくわが国の『民主化』ということであるが、……（中略）……そのためには、われわれの生活のあらゆる領域に仮借なき反省批判が行われねばならぬ」という考えにもとづいて、「家族制度が民主主義の原理とどのような関係にたつか」(13)という課題設定をする。彼によれば「家族制度」は権威主義的な家族生活だけでなく、日本社会の人間関係のあり方とも結びつけて考えなければならないものである。そのような考えによれば、「民主化」課題に迫るとは、実際の家族生活を民主化することによって民主的人間像・民主的人間関係の形成を追究することとして考えることになる。そして後者では、戦前の天皇制国家の維持・強化策としての「家族制度」イデオロギーの詳細な分析がなされている。具体的には「家」制度の社会的意味と国民生活にたいする影響（作用）について論じられているが、詳細は省く。川島の見解で着目する必要がある大事なことは二つある。一つは、彼がとりわけ強調しているところの「生活の現実」（特に生活関係）が民主的であるかどうかという視点である。この意義を社会学的に一般化して言えば、家族生活においてどのような人間をつくり、どのような関係をつくるかという視角である。もう一つは、家族生活における主観的・意識的条件という問題を、国家のあり方を含む制度・政策などのあり方、つまり客観的・物質的条件とどのようにかかわらせるかという視角である。このような課題設定と現実認識の視角は現在でも理論的かつ実践的にその意義を失ってはいない。

日本の社会学の展開においてはほとんど周知のことであるが（ただし、二十世紀の文献をあまり読まなくなった若い世代では周知ではないかもしれない）、若干の重複を厭わずに、生活を捉える一つの立場として福武直を取り上げる。

福武の社会学的見解の性格については前の章ですでに「源流」として性格づけたが、民主主義をめぐる見解においてもやはり同様に源流的な性格が認められる。領域社会学の一つである農村社会学が主要な研究分野であった福武においては、当時の多くの研究がそうであったように、戦前のいわゆる「イエ・ムラ」論の延長線上に位置づけられる。「民主化」課題をめぐっては、福武が農村の民主化の推進を強く望んでいたこと、そしてそのことが日本社会の民主化の前進にとっては大きな意味があること、さらには当時の青年学生のいわゆる「帰郷運動」にたいして、農民の民主的前進に意義があることとして大きな期待を寄せていたことなどを挙げることができる。したがって、福武が研究と社会的活動において民主主義を推進しようとしていたことは疑問の余地のないところである。そのような確認を前提として、ひとつの理論問題を提起しておこうと思う。福武が民主化の前進について述べているなかで、「近代化」という表現が民主化と並んで使われていることが散見されるのである。彼自身はほとんど意識していなかったかもしれないが、概念的には〈民主化＝近代化〉ということを意味する。継承にあたってはこの点に注意をうながしたい。

次に、戦後の家族社会学の源流のひとりとして位置づけられる小山隆（一九〇〇〜一九八三年）に触れておこう。小山は、家族生活と民主化（あるいは民主主義）との関係という課題にたいしては、実態を重視するかたちで迫っている。つまり、後で取り上げる『社会学大系』でもそうであるが、「あるべき」姿よりも「現にある」姿の把握の方を重視するというスタンスを意味する。その特徴が鮮明に示されているのが、小山の共同研究にもとづく編著『現代家族の研究＝実態と調整』（弘文堂　一九六〇年）である。この共同研究は、山村である大丹波部落（東京）、都市近郊地としての狛江、都市地区である戸山アパート（新宿）の三標本地区を選んで、家族の形態、家の意識、家族関係などについて比較するかたちでの家族の「集団論的」実証研究である。方法的（あるいはスタンス）な基本性格は「民主化」政策による「家」制度の廃止を一つの与件として位置づけ、「伝統的」意識と「新」意識、その中間という想定をも含めて家族の内部分析を行ったものである。ここでもまた、家族の「近代化」という表現が散見されるが、近代化と民主化との関連は概念的にはかならずしもはっきりしていない。

追加的に述べる次の項でもほぼ同じであるが、当時の人文・社会科学では、民主主義あるいは民主化の進展はほとんど暗黙の前提であったと考えられる。しかも、それを阻む条件としての「封建遺制」という考え方もまた支配的であった。したがって、右で提起したような〈民主化＝近代化〉という概念的把握については、ほとんど問題にならなかったのであり、社会学以外の論述でも「民主化」と「近代化」が並記されていることが散見される。現時点だからこそ指摘できる問題であることをことわっておこう。(14)

▼他の社会科学について

一般化のために若干の補足的言及をしておこう。民主主義（あるいは民主化）については他のあらゆる人文・社会科学でも論じられており、社会学ではむしろわずかしか論じられていなかったと言えるかもしれない。では、他の科学ではどのように論じられていたのか。岩波書店の学術月刊誌『思想』の一九六〇年一一月号で、〈民主主義をささえる原理〉という特集が組まれている。日本社会で民主主義にたいする関心が乏しくなり始める直前と考えられる時期のものとして、このような特集が組まれたことにはかなり大きな意義があり、民主主義についてのこの時期の論議（あるいは問題意識）の性格を典型的に示している素材である、と言ってよい。加えて、民主主義にたいする思考におけるその後の継承・発展が問われ続けているなかで、大事な論点提起としての意味をも有する。当時の諸学界の第一戦で活躍していた執筆陣による十数本の論考すべてに詳しく触れるわけにはいかないので、いくつかを選んで簡単に述べるにとどめる。大塚久雄と隅谷三喜男は具体的に取り上げた対象は違っているが、「政治的」民主主義と経済的条件との関連について歴史的にマクロレベルで論じている。久野収は「浅沼委員長刺殺事件」について論じている。これらは社会学にとってはマクロな社会的条件を考えるにあたっての示唆に富んだ論考であるとだけ言っておこう。

民主主義を考えるにあたって社会学にとって重要だと考えられるのは、集団・組織における「関係」を論じているいくつかの論考である。市井三郎「民主主義における人間的リーダーシップ」では、リーダーシップが最広義の「支配」の意味を含んでいるが、どのような場合に対人的「支配」を含まない民主主義の理念と矛盾しないかという提起はきわめて重要である。「指導者」の歴史的分析の展開を経ての結論部分として、「民主的リーダーシップ」が極限的にはリーダーシップを不要とするという市井の主張については、いわゆる運動論も含めて広く集団・組織を考えるにあたっては現在まで存続している論点という意味で、理論的・思想的かつ実践的にどのように継承・発展させるかが問われる問題である。佐藤昇「反権力集団内部の民主主義」は、いわゆる「前衛政党」における「民主集中」のあり方について論じたきわめて興味深い論考である。その場合に問われるのは、「民主」と「集中」の現実的あり方である。佐藤はレーニンを援用しつつ述べている。いかなる集団・組織であろうとも少数意見と多数意見があることは当然であろう。佐藤によれば、実践についての決定は多数意見によるが、少数意見としての批判の自由が確保されていることが「民主」の意味である。「集中」は具体的な活動におけるものであり、具体的な活動の帰趨を決めるような時（場面）にだけ「批判の自由」は認められない。これまた単に前衛政党にかぎらず広く集団・組織のありかたとして、具体的かつ一般的に継承・発展させる必要がある論点の提起を意味する。

石田雄「諸組織の民主主義的指導性」は〈国民運動の組織論〉という副題が示唆しているように、その後五〇年間にわたって継続しているテーマであり、すぐれて現在的意義を持つ性格のものである。一九六〇年のいわゆる「安保改定反対運動」を背後におきながら、国民運動における組織と諸活動のあり方を論じたこの論考は、「国民運動」と政党との関係、労働組合のあり方についての論点などかなり具体的に述べられているが、目的に応じた規律のあり方の問題、同一人物の役割分化の問題（ある人間が複数の組織に関わっているケース）、何らかの目的にたいする運動の統一問題など国民運動をめぐる重要な論点が提起されている。現在、国民運動と言えるものが乏しいなかで、各種の市民運動が叢生している状況にある。ここで取り上げた論考は「民主主義をささえる原理」として再考する意味で注目（掘り起こす）する必要があると考える。(15)

四、『社会学大系』（石泉社　一九五三年）および『講座社会学』（東京大学出版会　一九五七年）をめぐって

すでに触れたように、講座的企画はその時期の社会学の動向・性格をかなり鮮明に示しているが、これまではあまり検討されてこなかったようである。日本の社会学におけるこの時期を〈第一の模索期〉としたが、二つの講座的企画にはそのことが現れているという意味で取り上げる。とりわけ『社会学大系』についてはその存在すらほとんど忘れられている（あるいは知られていない）という点でも取り上げる意味があると考える。

▼『社会学大系』

田辺寿利編のこの企画は全十五巻からなっており、煩雑かもしれないが全巻の書名を示すことからはじめよう。

一．家族、二．都市と村落、三．国家と階級、四．人口と民族、五．職業と組合、六．宗教と神話、
七．習俗と道徳、八．科学と技術、九．思想と言語、十．文学と芸術、十一．経済と交通、十二．輿論と政治、
十三．法律と犯罪、十四．教育、十五．補遺及総索引

このような内容のこの企画そのものには二つの性格が認められる。一つは、いわゆる社会学という範囲ではなく、

人文・社会科学全般にわたっていることである。執筆陣を見るならば、例えば法学者、経済学者、政治学者、文学者などがかなり参加しているが、このことによって田辺寿利の優れた組織能力をも推察することができる。もう一つは、〈一．家族〉と〈十四．教育〉を除いては、それぞれの巻では二つのテーマ（対象）がセットにされていることである。とりわけ社会学の主要な領域である二、三、四、五巻などのセットの仕方には注目する必要がある。具体的に指摘するならば、「国家と階級」あるいは「職業と組合」では両者が不可欠に関連しているという思考である。もっとも両者をかならずしも関連づけて論じられているわけではなく、例えば第三巻の「解題」で都市と農村の相互関係の究明という方向が示唆されている程度である。このような特徴をもつこの企画については、戦後日本の社会学の出発点としての位置を占めている。その意味では〈模索の社会学〉というこの時期の性格を象徴している企画であった。基本的にはこのような特徴をもつと考えられるこの企画の全十五巻すべてを取り上げる必要はないと思われるので、領域社会学の出発点という意味で、三つの巻について簡単に述べる。

〈一．家族〉は、戸田貞三「家族の構成と機能」、牧野巽「家族の類型」、有賀喜左衛門「日本古代家族」、小山隆「日本近代家族」、中川善之助「家族制度」の五つの論文から成っている。それぞれの具体的内容は領域社会学に属するので、ここではその性格あるいは意義について指摘しよう。〈解題〉で有賀が社会学研究は「かくある」所の現象の分析を目標にするものであり、「かくあるべき」所の理想論ではない、かくあるべき政策などの立案にはかくある現実の把握が必要である、と述べている。注目点を二つ指摘しておこう。一つは、「かくある」ということが総合的かつ歴史的に論じる方向が目指されていることである。もう一つは、中川論文へ注目してはどうかということである。先に述べた川島武宜の見解と似ており、旧い「家」制度への批判的立場から、改定された民法にも批判的に言及しながら、現実の家族生活における「家」について具体的な方向が示唆されており、これは先に触れた小山隆の見解に通じるところもある。したがって、この巻はその後の家族研究の一つの「原点」としての位置を占めている。
〈二：都市と村落〉は、今井登志貴「都市」、奥井復太朗「都市計画」、鈴木榮太郎「農村」、櫻田勝徳「漁村」、喜多野清一「農村問題」の五つの論文から成っている。この巻については、現在でも継承を考慮する必要があると考えられる特徴的思惟を若干指摘しておこうと思う。それぞれが独立論文ではあるが、都市にしろ村落にしろそれ単独にではなく相互の関連を考える必要があるという考え方を挙げることができる。とりわけ興味深いのは漁村が両者の関連を考えるには重要な位置を占めているという思惟である。漁村研究が乏しくなっている現在の状況を考えると、しかも漁業問題については、何か問題が起きるといろいろなかたちで断片的・時事的に語られている程度であるが、工業化・商業化の進展との関わりで新しく論じるに値するテーマではないかと考えられる。今井論文は欧米の都市を歴史的に論じたものであり、ここでもまた歴史的思惟が重視されていることを垣間見ることができる。奥井論文もまた今日の「都市づくり」について示唆を与える基本的な思惟が含まれている。喜多野論文では農地改革を契機とした農村の変化と諸問題について論じられており、これまた現在的に蘇らせる思惟方法が含まれている。
〈五：職業と組合〉は、尾高邦雄「職業」、桐原保見「職業指導」、大河内一男「失業問題」、沢村康「農村協同組合」、藤林敬三「労働組合」、という構成によってわかるように、どちらかと言えば経済学的論考という性格が濃厚な巻である。この巻については、現在は労働社会学あるいは産業社会学という領域社会学につながる性格を持っていると一応は言うことができる。しかし、あくまでも「一応はつながっている」に過ぎず、連続性がどの程度あるかははなはだ疑わしいようである。ここでは現代的に蘇らせる必要があるという意味で、「職業指導」に簡単に触れておこう。興味深いテーマとしては、職業人格の形成、選職及就職の相談、就職後の保護を挙げることができる。つまり、職業指導の具体的内容に言及したものであり、桐原が職業指導をトータルに論考する一つの方向を示しているということである。最近ではいわゆる「就活」問題や「キャリア教育」問題が盛んに論じられているが、きわめて簡単な展開に過ぎないとはいえ、この時期にこのような方向を示したことは一つの卓見と言えるであろう。

この『社会学大系』は、全体としてはほとんどの社会分野をほぼ含んでいるが、いわゆる講座ではないので、各論としての独立論文を集めたものとしての性格と言えよう。しかし、その後の社会学にとって整備・継承に値する論考が随所に認められる。具体的にどのように継承するかはひとによって違うと思われるので、一定の関心を持って文献に直接あたることが望ましい。右で取り上げなかったことも含めて若干補足しておこう。次の『講座社会学』もそうだが、社会生活の諸分野をそれ単独では捉えないで、他の分野と関連させていることを指摘できる。〈一．家族〉と〈教育〉を除いては、二つの分野あるいはテーマが「と」としてセットに考えられていることがそのことを示している。とりわけ一九八〇年以降の「拡散状況」と比較してみるならば、多くの社会分野について論じられているにもかかわらず、一定のまとまりをみせていることを指摘することができる。

『講座社会学』

『社会学大系』がかならずしも「社会学」に限定されていないのにたいして、この『講座社会学』は社会学における多様な立場が混在しているとはいうものの、この講座もまたその後の日本社会学の展開を考えるにあたっての出発点（あるいは原点）として性格づけられる。多様な立場については、全体としてもそうであるが、それぞれの巻においてもまたそうである。これが戦後日本の社会学を考える場合の出発点として位置づくということは、時々はこれに立ち返って考えることが必要であることを意味する。

これについてもまた他の講座的企画との比較の意味を込めて、煩雑ではあるが、全巻の書名を示すことにする。

一．個人と社会、二．集団と社会、三．社会と文化、四．家族・村落・都市、五．民族と国家、六．階級と組合、七．大衆社会、八．社会体制と社会変動、九．社会学の歴史と方法　別巻、隣接科学・用語解説・年表・総索引という構成になっている。ある意味では最初の社会学講座と言えるこの講座は、その後のいくつかの講座だけにとどまらず、もろもろの「社会学的」研究を考えるにあたっての一つの比較基準を提供するという意味できわめて重要な企画である。ここでもまたいくつかの巻に絞って簡単に言及する。

〈一．個人と社会〉、〈二．集団と社会〉、〈三．文化と社会〉の三つの巻は、第一章　行動の理論、第二章　パーソナリティの理論（以上が一．）、第三章　集団の理論（以上が二．）、第四章　文化の理論（以上が三．）という構成に認められるように、三つの巻がセットになって個人、集団、社会、文化という社会学の「基本構成」についての基礎理論として性格づけられ、四〜八までの各巻が各論としての位置を占めることになる。ここでは、一、二、三、七、八、の巻に絞って取り上げることにする。

まず〈一．個人と社会〉では、行動とパーソナリティについての理論として論じられている。この二つの理論は社会学における人間（＝個人）を取り上げるにあたっては不可欠な基礎理論としての位置を占めて現在に至っている。したがって、あらためてその内容に触れる必要はないであろう。この種の理論面での日本における出発点であるが、ここでは二つの点を指摘しておきたい。一つは、それまではドイツ社会学の流入が支配的であった日本の社会学理論において、アメリカ社会学における理論的思惟がかなり取り入れられていることである。T・パーソンズやM・J・Jr・レヴィへの言及にそのことが明瞭に認められるであろう。もう一つは、再三指摘していることだが、行動にしろパーソナリティにしろそれ単独で考えるのではなく、社会構造（あるいは社会体系）との関連において考えることである。〈二．集団と社会〉は、集団を捉えるに当たっての諸理論がやや総花的に取り上げられているきらいがある。それはともあれ、集団理論についてはドイツ的（テンニース）、フランス的（デュルケーム）、アメリカ的（マッキーバー）などの検討、そして相互作用体系として多面的に捉えることの必要性などに言及されている。集団の理論の場合もアメリカ社会学がかなり取り入れられていること、ミクロな個人（あるいは行動）やマクロな社会との関連が射程に入っており、ここでもまた集団を単独では考えないという思惟が確認できる。そこで展開されている集団理論にたいする評価はいろいろあるにしても、現在、具体的な集団分析において、一般的な集団の理論がどれだけ活用されているだろうか。

〈三．文化と社会〉についても、文化を個人（主としてパーソナリティ）や社会に関連づけるという点は前の二巻と同じである。ここで注意しておきたいのは「文化の諸形態」についての論考である。具体的には、言語、慣習、イデオロギー、教育、テクノロジーが取り上げられており、芸術、宗教がはいっていないという不充分性があるとはいえ、それらの現実的諸形態が文化として捉えられていることである。したがって、それらは文化として人間や社会に作用する（文化の機能とされている）ものとして性格づけられるのであり、現時点から見れば、具体的な展開が不充分であっても、文化の理論に基礎付けられるとともに文化研究として発展させる思考なのである。

〈七．大衆社会〉については、「結び」で日高六郎が述べているように、当時（一九五〇年代後半）の日本社会では高度経済成長にともなう大衆社会的状況がまさに出現しようとしていたのであり、日本における「大衆社会論」は未だしという段階であった。したがって、内容は主として外国の諸見解に依拠せざるを得ない性格であったと言えよう。大衆社会論が現代日本社会論として主要な潮流になるには次の時期を待たねばならなかった。

さて、『社会学大系』では社会学というよりは諸々の人文・社会科学が混在しており、各執筆者の独立論文という性格が濃厚であった。他方『講座社会学』では、基礎理論、領域社会学、そして主要なテーマという構成が示しているように、社会学の一つのあり方を示すという意味で、戦後社会学の源流として性格づけられる。そのような源流としての性格であるがゆえに、二つの特徴を指摘できると思う。一つは、社会学の性格と主要な領域が提示されていることであり、どのような理論や領域研究もそれ単独では捉えないという思惟および歴史的視点である。これは、前節で取り上げた諸潮流にも共通に認められるものである。現時点でそれらをどのように評価するにしても、この時期の重要な知的遺産として継承に値することを確認したい。もう一つは、あくまでも社会学の一つのあり方であり（別のあり方もあり得る）、どのような理論的立場（異なる立場であっても）によって精緻化し発展させるかが、その後の課題になっていることである。この意味でも、二つの講座的企画は、福武見解と同じように（後者は彼の企画であるが）、現代日本の社会学の源流として性格づけられるものであり、日本の社会学の行方が問われる時には、このような源流に立ち返って考えることに意味がある、と私は受け止めている。

五、まとめの論考と課題の整備

▼社会的現実と社会学

これまでに論考したことによってほぼ明らかであると思われるが、戦後十五年ばかりの日本の社会学は、多様な理論的（あるいはイデオロギー的）立場が混在しており、かならずしもすべてが明瞭ではないままに独自の自己主張がなされていた。戦前の社会学の大部分は、社会主義的な色彩をもつ思惟だけにとどまらず、自由主義的思想までが弾圧され、なんらかのかたちで「転向」を迫られるという社会状況下にあった。したがって、当該社会の科学的自覚が隠されている場合が圧倒的に多かったと言える。

戦後初期の日本の社会学では、そのような抑圧から解放されたことによって、社会学における社会的現実がかなり明瞭に認められる方向に変化した。したがって、それぞれの立場に応じた「日本社会の科学的自覚」が認められるのが戦前とは異なる一つの特徴と言ってよいであろう。どのような理論的立場であろうとも、日本社会のマクロな認識が射程に入っている、あるいは背後仮説であろうともなんらかの日本社会認識があったことが、このことを明瞭に物語っている。はじめに簡単に触れたように、「民主化」課題とそれとの関連での日本社会の行方は、当時の日本社会を考えるにあたっては避けて通れない問題であったが、前者についてはすでに触れた。後者については、貧困問題をかかえながら不徹底な「民主化」という状況のもとで、なんらかの意味で社会主義への方向を考えることが、かなり支配的な動向であった。『講座社会学』ではいわゆる「マルクス派」だけでなく、圧倒的多数の執筆者には社会主義的志向が文脈の中に認められる。しかしながら、日本の社会学の行方がかならずしもはっきりしていない下では、社会的現実の認識の仕方との関わりでは、大きくは三つの立場が未分化（あるいは潮流としても個人的スタンスにおいても混在）のままの状況にあった。全く同じというわけではないが、この動向はまた（源流としての）福武直の社会学におおむね認められえるといってもよいように思われる。

『講座社会学』は福武の企画であるだけに上記の性格がほぼ認められるのは当然と言えば当然であろう。しかし、社会学の行方については、この講座によってその方向がほぼ示されたのである。戦後最初期までのように、「社会学とは何か」について一般的に論じるのではなくて、いくつかの理論的立場が混在しているにしても、この企画の構成によって「社会学とは何か」が具体的に示されたのである。とりわけ社会的現実における社会学の領域と主要テーマが示されていること、しかもそれらがなんらかのかたちで全体社会と関わらせて捉えるという性格を確認することができる。これについては『講座社会学』にかぎらず、すでに取り上げた諸潮流においてもほぼ同様の確認をすることができる。

このように考えてみると、一般的な志向はともかくとして、社会的現実と切り結ぶにあたっては、そのための理論的彫琢が大きな課題であったことになるし、明言されているかどうかはともかくとして、大部分の社会学にはそのような課題が自覚されていたと言ってよいであろう。このことは欧米の社会学の新たな「受容」にほぼ同じことが言えそうである。この時期にはドイツやフランスの社会学に加えて、アメリカ社会学が（当時の日本社会にアメリカ的文化が入ってきたように）嵐のように新しく流入している。その「受容」もまた一応は健全な受け止め方であったと言えよう。とりわけそれまでの「受容」が社会学の性格あるいは理論構成の仕方にあったのにたいして、アメリカ社会学の新たな「受容」によって、ミクロ分析とそれに照応した実態調査への注目が顕著になりはじめたことを指摘することができる。このような動向を考えるならば、この〈模索期〉から導かれる課題について多くを語る必要はない。一つは、どのような立場であろうとも、理論的整備を前進させることであり、さらにはそれらの統合的発展の追求という課題である。もう一つは、現実科学として福武がつとに強調したように、理論との関連で実態調査を発展させることによって、日本社会の現実や問題性を明らかにしていくという課題である。そのような課題との関連で、最後に、継承について簡単に触れることにしよう。

▼継承をめぐって

以上のように考えるならば、この時期の社会学をどのように継承するかがきわめて重要である。これまでに述べてきた諸見解は半世紀以上も前のものであり、その後の日本社会は激変という言葉では表現できないほど変化している。戦前の社会学の継承については、異なる見解の検討・目配り、社会学の性格・原理の明確化という二点をすでに指摘している。前者についてはこの時期にもかなり継承されている。後者については前の項で指摘したように、戦前とは異なるかたちで社会学の性格が提示されているが、「原理あるいは原理論」の理論的整備・発展という課題は以後の追求として残されることになった。

そこで、この時期の社会学の継承あるいは課題について簡単に整理する。一つは原理論問題である。この理論面においては、今だから言えるのであるが、清水幾太郎に代表される〈マクロ＝ミクロ〉リンクという思惟をいかに統一した理論に練り上げていくかという課題を挙げることができる。すでに論及した諸見解では、社会学の理論構成としてミクロ、ミッドル、マクロの各次元についてはリンクする論理にはかならずしも至っていないと考えられる。もう一つは、具体的な現実分析における継承あるいは課題である。継承については、福武が強力に主張しかつ実行した社会調査のあり方に尽きる。この課題には単に現実認識を豊かにするだけでなくて、先の理論的発展にも資することが求められる。

最後に、次の時期の社会学の展開にとって大きな意味を持つと考えられる「マルクス主義の功罪」について簡単に触れておこう。「マルクス主義」であるかどうかはともかくとして、例えば、一九五七年の『講座社会学』の執筆者たちの中で、社会主義（の方向）とは全く無縁な論考が数人しかいないことは、そのような特徴を物語っていると考えられる。やや大胆に言えば、この時期の社会学では、少数を除いては「社会主義的意識」と「近代（主義）的意識」とが未分化のままに混在していたとも言えるのである。社会学だけでなく他の人文・社会科学においてもほぼ似たような状況にあったと言ってもそれほど言い過ぎではないであろう。すでに概観した社会的現実（日本だけでなく世界も）そのものが、ある意味では見事に反映されていたとも言えよう。

ところで、マルクス自身の諸著作に明瞭に認められるように、マルクスは社会主義社会あるいは共産主義社会への展望を持っていたが、その社会像とそこに至るプロセスについてはかならずしも具体的に描いていたわけではない。とりわけ注意する必要があるのは、現実に「社会主義革命」を実現した代表的存在としての旧ソ連と中国について考えてみればよいであろう。この時期には「社会主義国家」としての矛盾があったかもしれないが、時代的制約もあって現実的な矛盾や問題性は具体的にはほとんど明らかになっていなかった。問題性が多様に論じられるようになるのは、いわゆる「スターリン批判」以後であろう。したがって、多くの知識人においては、あたかも封建社会から資本主義社会へと歴史が進展したのと似たように、資本主義社会に替わる次の社会として社会主義社会が意識されていた。当時の世界史的現実という点から見るならば、そのような意識が全面的に誤りであったとは言えないであろう。しかし、民主主義・民主化の追求をそのように単純に方向づけるだけでは、社会（科学）学としては不充分であったことは、その後の歴史的現実と理論的現実の展開によって、おおむね明らかであろう。

この時期のマルクス主義のあり方については、時代を敏感に読み取るという時代的反映とともに、時代的制約の両面についてきちんと考えてみる必要がある。社会学（および人文・社会諸科学）の発展にとっては、いささか大胆に言えば、前者はプラスに作用し、後者にはマイナス的作用を及ぼしたのであり、私はそのことを「マルクス主義の功罪」と表現したのである。前者については、敗戦からの立ち直りが未だしの下での日本社会の社会的矛盾の解明、とりわけ資本主義経済が必然的に産み出す貧困を軸とした問題の解明に取り組んだことであり、マクロな「社会理論」をベースにして、その後の実態分析の一つの方向を示したことである。それは原理的には資本の支配と階級的視点による社会的諸問題を捉える一つの有力な視角を提供した。

しかし、他方では社会学にかぎらないのであるが、非マルクス系の社会学をブルジョア・イデオロギーとして全面的に排除することが支配的傾向であった。おそらく旧ソ連のマルクス主義からの影響が大きかったのであろう。逆に、その後の非マルクス系の社会学の多くにおいて若干ともマルクスの立場が認められる見解にたいしては、一種の対抗としてある種のイデオロギー批判としての性格が認められる。したがって、社会（科）学における理論的違いの多くがイデオロギー的立場の違いとして前面に出ていることによって、異なる立場とのフェアな論議を困難にした。後に両者の「不幸な関係」と表現されることもあったが、現代日本の社会学の理論的発展にとってはマイナスの作用を及ぼしたことは否めないであろう。そのような対立の負の面がはっきりと表面化するのは次の時期なので、具体的には次章で考えることにしよう。

〈コラム〉「尾高―安田」討論

いわゆる「新明―高田」論争はよく知られているが、ほとんど取り上げられないこの「討論」を紹介して注意を喚起したい。『社会学評論』七〇号（日本社会学会　一九六七年）誌上なので次の時期に属するが、この論議の性格はこの時期に属する。安田三郎が尾高論文「日本の中間階級―その位置づけに関する方法論的覚書」（日本労働協会雑誌　一九六一年一月号）にたいして、「階級帰属意識と階級意識」をめぐって批判的疑問を提起した。安田の批判と尾高の反論を詳しくは紹介しないが、調査にとってはきわめて重要な討論のポイントを指摘しておこう。安田の批判的提起には、尾高が答えたような五つの疑問点として整理することもできるが、基本的にはキー概念である階級（意識）や階層（意識）をめぐっての混乱さらには誤りもあるということである。とりわけ中間階級と中間階層についてはどのような指標によって規定するかという論点が提起されている。尾高は丁寧に整理して答えているが、ここではいずれが正しいかということではなく、尾高が調査対象である一般市民が階級（あるいは階層）帰属をどのように受け止めるかを考慮する必要性に言及していることを指摘しておきたい。したがって、意識調査の多い現在、この討論からは、調査に用いるキー概念を理論的にきちんとしておくこと、および調査対象者の受け止め方への配慮という二点に注意をうながしたい。

【注】

（1）今やほとんど読まれなくなったし、語られなくなったと思われる「思想の科学研究会」編『転向　上　中　下』の三冊（平凡社　一九五九、六〇、六二年）によれば、「転向」にはいくつかのタイプがあった。大部分が国家権力からの強要であったとはいえ、自発的とも見なされる転向、一つの「流れ」としての「集団型転向」、沈黙による「転向」などが認められる。ここで取り上げる人たちがどのタイプの転向であったかには触れないが、評価する場合にはそのような社会的背景を念頭におく必要があるだろう。

（2）富永健一『戦後日本の社会学』では簡単に指摘されているだけであるが、「講座」とネーミングされているような企画については、そのような存在を指摘するだけでは、社会学史の論考としてはきわめて不充分になる。社会学の講座にかぎらず、講座はその時その時の学問の水準を示す性格を持っている。その構成の仕方の変化に社会学の性格についての思惟の変化を読み取ることができるであろう。

（3）米田庄太郎については、中久郎『米田庄太郎と社会学』（いなほ書房　一九九八年）、中久郎『米田庄太郎』（東進堂　二〇〇二年）に詳細に紹介されている。米田の論考は社会分野全般にわたっているので、社会学の性格と方向そして多様な各論から何をどのように摂取するかは具体的には各人にゆだねられるであろう。

（4）他の諸説とのバランスの関係で、高田保馬についてはいささか簡単に述べすぎたかもしれない。高田について詳細に述べるとしたら、以下に挙げるようなそれぞれの文献の量が必要であろう。そこで補足として、高田にたいするいくつかの評価に簡単に触れておこう。北島滋『高田保馬』（東進堂　二〇〇二年）では、北島がかなり詳細に述べているように、ほぼ全面的な否定的評価がほとんどである。河村望『高田保馬の社会学』（いなほ書房　一九九二年）もほぼ似たような論述と言ってよいであろう。そのような評価には賛否両論があるだろうが、全面的否定ならば、日本の社会学史上に過去の一つの説として位置づけることはあっても、詳細に論考する意義があるかどうか疑問に思われる。他方では、金子勇によって『高田保馬・社会学セレクション１・２・３』『高田保馬　リカバリー』（いずれもミネルヴァ書房　二〇〇三年）として肯定的な蘇りの試みがなされている。これについては『社会学評論』（日本社会学会　Vol.56, No2 二〇〇五年）誌上に、早川洋行の書評と金子勇のリプライが掲載されている。早川はどちらかといえば否定的評価を展開しているが、とりわけ金子勇と富永健一における高田の応用（あるいは継承）について疑問を提示している。早川の書評はそれはそれとして一つの見方であると首肯できるものであるが、金子勇のリプライについても若干触れておきたい。討論にはありがちなことだが、早川書評とは切り結ばないかたちで肯定的評価が繰り返されている。次に継承問題については、金子の人口史観の継承については疑問を持たざるを得ない。金子は少子高齢化問題の研究に精力的に取り組んでいるが、人口あるいは人口構成に着目することが人口史観の継承であると言えるのであろうか。もう一つとして、富永健一における継承にも疑問を持たざるを得ない。富永は高田を高く評価しており、それはそれで彼の立場からの表明として一向に構わないが、社会学を特殊個別科学とする主張は高田だけの見解ではないし、またパーソンズのように「社会システム論」への射程が高田社会学にあるわけではない。したがって富永になにほどかの示唆を与えたかもしれないが、金子が指摘するような継承と言えるほどの影響ではないと考えられる。

（5）岩崎卯一の主要著作は、非売品として一九三七年に発行された『社会学の理論構成に於ける限界性』、『社会学論の

構造と聯関　上巻』、『社会学方法論に於ける二傾向』の三冊本であると言ってよいであろう。なお、戦後には『社会学批判論』（有斐閣　一九五三年）があるが、上の三冊本と大きく異なるものではない。

（6）戦後の新明正道の仕事は、すでに確立されている彼の理論的立場にもとづく多様な論考であり、多様な示唆を見いだすことができる性格として、私は受け止めている。ここでは彼の現実認識に直接結び付く二つの著作にも注目する必要があることを付け加えておこう。新明正道『ワイマール・ドイツの回想』（恒星社厚生閣　一九七四年）および山本鎮雄（編）『新明正道時評集』（日本評論社　二〇〇七年）である。

（7）それぞれの時期の日本の社会的現実の推移、特徴、問題性などについての詳しい展開は、飯田哲也『現代日本社会論』（学文社　二〇〇八年）ですでに行われているので、ここでは必要なかぎりでのエッセンスを示すにとどめる。以後の各章における社会的現実の概観でもほぼ同じような叙述ということになろう。

（8）ここで「代表的」としたのは、具体的に取り上げる諸個人の見解もさることながら、それらの個人的見解表明のなかになんらかの潮流としての特徴があると性格づけることが私の意図である。本文でも若干述べているが、例えば福武直にたいする批判的評価についても、福武個人への評価もさることながら、この時期の最重要な潮流の一つとしての継承面と弱点であると受け止めるというのが、私の基本的スタンスである。

（9）清水幾太郎を全体として論評することは不可能に近いであろう。その膨大な（しかも多方面にわたる）著作の全面的検討もさることながら、彼の理論的（あるいは思想的）立場が生涯にわたって何回か大きく変わっているからである。彼はマルクス主義の立場からの「社会学批判」から出発するが、戦後はマルクス主義から次第に離れてゆく。プラグマティズムの導入から実存主義（とりわけサルトル）へ傾斜するという変化があり、さらには一時期流行した「未来学」へと変わっていくことになる。したがって、私見では、彼の社会学理論の最良の部分と受け止められる『社会学講義』に限定した。

（10）本田喜代治と早瀬利雄がマルクスの史的唯物論にもとづく社会学のあり方を試論的に展開した最初の社会学者であることは、本文から読み取ることができるであろう。しかし、マルクス主義系のなかでは、この両者についてのそのような学史上の位置づけがはとんどなされていない。例えば、マルクス主義系としての性格を持つ杉之原寿一編『現代批判の社会学』（汐文社　一九六八年）にある「主要著作の年表」には、本文にある細野武男も含めて両者の著作は掲載されていない（このような継承の乏しさについては、次の章以降でも触れるであろう）。また、各種の〈社会学辞典〉には、早瀬利雄の名が掲載されていないことも言っておこう。つまり、賛否いずれにしても、両者の継承（および評価）がほとんどなされていないということである。

（11） 福武直についてもきわめて簡単に述べたが、全面的に論じたものとしては蓮見音彦『福武直　民主化と社会学の現実化の推進』（東進堂　二〇〇八年）があり、おおむね妥当な紹介・評価に屋上屋を重ねる必要はないであろう。蓮見以外にも福武について論じたものでも、やはり欠落している〈民主化・近代化〉問題は私だけの問題提起であるが、注（14）で簡単に提起するように、この問題は福武見解だけの問題ではなく、現在も存続している一般的な問題なのである。

（12） 本文ではいくつかの試みに絞って述べたが、類似の試みはこれに尽きるものではない。この時期の文献を若干挙げておこう。小松堅太郎『社会学新論』（関書院　一九四七年）、『社会変動論』（有斐閣　一九五三年）、戸田貞三『社会学概論』（有斐閣　一九五二年）、蔵内数太『社会学概論』（培風館　一九五三年）、などがある。更に追加すると、鈴木榮太郎の遺稿である『国民社会学原理ノート』は再検討を必要とする文献である。鈴木の独自な見解を一つだけ挙げると、国家の支配装置としてマスコミ（警察・軍隊以外に）と暴力団をも組み込んでいることであり、当時としては卓見であったと言える。

（13） 川島武宜『日本社会の家族的構成』（日本評論社一九五〇年）三〜四頁。

（14） 〈民主化・近代化〉問題と一応はネーミングするが、私は『現代日本家族論』（学文社　一九九六年）に「近代家族」の見方とのかかわりで、「民主—民主化」と「近代—近代化」とを区別する必要性をはじめて提起した。民主と近代は密接に関連しており、いわゆる近代社会の初期には両者の発展はおおむね相関関係にあったが、やがて背離していったことは歴史的事実である。例えば、一般に新興国と呼ばれている国々はおおむね近代化を追求しているが、それにともなって民主化が進んだであろうか。近代、近代化、近代社会は学術用語として（内容に若干の違いがあるが）ほぼ確定しているが、民主、民主化は学術用語としてよりも、思想・イデオロギーとして受け止められている傾向が強いようである。両者の違いについては社会的現実とのかかわりで独立に論じる必要のあるテーマなのであり、ここでは新たな問題提起として言及するにとどめる。

（15） ここで取り上げた月刊誌『思想』について若干補足しておきたい。具体的に取り上げなかった論考には福武直、上山春平、蠟山政道、平野義太郎などがあり、それぞれには興味深く考えさせられるところがある。ここでぜひ付け加えておきたいのは、佐藤昇が援用しているレーニンの見解の確認である。レーニンの思想（意見）表明の自由、批判の自由についての見解には徹底した民主主義の思考が貫かれていた。すなわち、レーニンによれば、いわゆる前衛党における批判的見解を表明する自由が、単に党内だけに限定されず、批判の自由を党外にも拡大して考えていたことである。批判の自由が許されないのは具体的な闘争場面においてだけである、とレーニンは述べている。具体的に言えば、例えばストライキという戦術を採用するかどうかについては、賛否などの意見を自由に表明することができる。しかし、ストライキの最中にこの戦術は誤り（反対）だから中止すべきであるという意見表明の自由は許されないということである。現在、私が知るかぎりでは、世界の共産党ではイタリア共産党だけがレーニンのこの見解をある程度継承しているにすぎないようである。この論考は「前衛党」の「民主集中」のあり方について論じたものであるが、社会学の立場から考えるならば、集団・組織における民主主義のあり方として、どのように一般化するかが問われる問題である。

第二章

日本社会の激変に対して

―一九六〇年代と七〇年代の社会学―

イントロダクション

現代日本の社会学だけでなく、もし社会学が「当該社会の科学的自覚」であるという意味で日本社会のあり方も含めて考えるにあたっては、この時期がもっとも重要な時期であるとも考えられる。それとの関連で社会分野を個別的に研究する領域社会学や社会的諸問題と結び付く重要なテーマについてもやはり同じことが言えるであろう。

考えてみると、この時期は日本社会の激変だけでなく、世界もまた激変の真っ直中にあった。したがって、この二〇年間について考えてみると、次々に現れる新しい諸現象を追いかけて分析したり特徴づけることは、その時点では一定の意味があったことを否定しないが、それ以前の歴史的推移の延長線上にどれだけ位置づけて考えるか、そして未来へつながるような思惟がどうであったかが問われることになる。前の時期には社会学の性格問題も含めてその行方が模索されていたことを確認したが、この時期は、社会的現実の激変とも関連して〈模索期〉から〈展開期〉へ日本の社会学が進展したのである。

この章でも固有名詞による叙述になるが、すでに述べたように、なんらかの潮流として捉えることがさらに重要になってくる。個人としても潮流（あるいは傾向）としても、前の時期には社会主義的志向と近代主義的志向が混在している動向にあったが、この時期にはかなりはっきりと分かれる傾向が強くなったと言えよう。

〈展開期〉の性格はある意味ではこの時期の日本社会の動向を見事に反映しているように思われる。社会学的研究に取り組んでいる者がどれだけはっきりと意識していたかどうかはともかくとして、この時期の日本社会の孕んでいたマクロな矛盾や問題性もさることながら、日本における主体的条件がどうであったかということの反映が濃厚だったのではないだろうか。主体的活動としてはいわゆる「安保闘争」が幕開けであるとともに、他方では物質的条件を大きく方向づける池田内閣によるいわゆる「所得倍増計画」もまた幕開けとして性格づけられる。客観的には、前者に結び付く方向が広義の社会主義的性格であるならば、後者に結び付く方向がこれまた広い意味での近代主義的性格である。しかし、きわめて大きな潮流としてはそうであるということであり、それぞれの内部が決して一様ではなかったことを、本文で具体的に示そうと思う。

このような潮流の動向は社会学に限ったものでもなく、他の社会科学にも様々なかたちで認められるというよりは、むしろ他の社会科学の方がよりはっきりしたかたちで示されていたとも言えよう。したがって、社会学にも関連させながら、他の社会科学にも若干触れることになるであろう。言うまでもないが、社会学は他の諸科学における思惟や概念を導入しているので、それらの動向とは無縁ではないからである。

これは本書全体を貫く考え方であるが、継承問題がこの章でも重要な論点である。その場合、継承されていたこと、および継承されなかったことの両面に着目することになる。これまでは後者についてはあまり論じられていないのではないかと思われる。

一、概観

▼社会的現実

この時期の日本の社会学の展開をどのように位置づけ、どのように評価するか、おそらく多様な捉え方があり得るであろうが、そのような検討は日本の社会学の行方が問われている現在、ある意味では現代日本の社会学の史的展開の論考にとってはもっとも重要であると言えよう。この時期のいわゆる高度経済成長の進展が国民の日常生活にまで及ぶ時期であるとともにそれにともなう矛盾の進展も明瞭に認められる時期であり、加えるに高度経済成長が終焉する時期でもある。他方ではいわゆる「反体制運動」が激化するが、いわゆる「大学紛争」以後次第に平穏化していく時期でもある。この二〇年の社会的変化は歴史的には一つの時期として区切ることがかならずしも適切ではないが、間断ない変化動向のもとではいくつかの方向の可能性を垣間見ることができた時期として、社会学史という点では一応は一つの時期として確認することにしたい(1)。

池田内閣の「所得倍増」計画からはじまるこの時期は、政治的・イデオロギー的な対立を含んで進展する日本社会の動向が、ある意味では分かり易い時期でもあった。政治的には〈保守―革新〉の対抗という図式で考えることが支配的であったが、この時期の主要な政党の方針の違いにもそのことが示されている。政権政党である自由民主党は経済成長と資本の高蓄積、民主社会党は福祉の充実の重視、社会党は平和問題および社会的諸問題の重視、日本共産党は日本社会の根本的変革、というかたちで各政党の違いがはっきりしていた。ことわっておくが、ここでの政党名は日本社会の方向の四つのあり方・立場・可能性が示されていたことを意味する。それぞれの政党に示される方向によって国民生活の全体としての向上を目指すという主張であったと言えよう。

このような可能性にたいして、近代主義（あるいは近代化の推進）という性格をもった政権政党の政策が推し進められた。全国総合開発計画やその他の諸政策の具体的展開には触れないが、社会学にとって重要な社会的現実とは、社会のあり方と国民生活のあり方がどのように進展したかということ、およびそのような変化の下でどのような社会的諸問題が噴出したかということであり、そこからどのような理論的・現実的課題が提起されたかということである。そこで、三つの変化について簡単に確認しておこう。

社会の変化についてはいろいろな見方がある。いわゆる「現代社会論」として語られることに表わされているが、近代化、産業化、工業化、大衆化、都市化、さらには脱工業化など枚挙にいとまがない。そのような状況が急速に進行したことは確かであるが、私は資本主義化の進展と見なしている。具体的に指摘するならば商品化の進展であり、あらゆるものが商品となり得ることを意味する(2)。

この時期には右で挙げたようないくつかの特徴的な社会状況の進展が顕著になってくるのは確かに否定できない現実である。しかし、あらゆるものの商品化という資本主義的生産が変わったわけではない。資本主義の変質についていろいろと論議されているが、おそらく経済についての原理的な理解が異なることによるのであろう。とりわけあらゆるものの商品化は、国民生活のあり方というもう一つの変化と不可分に関連している。それは生活の社会化の進展にほかならない。生活の社会化を否定する見方はあまりないが、大事なことは原理的にきちんと押さえることである。そうでないと、豊かさの理解も社会的諸問題の噴出の必然性の理解もきわめて不充分になってしまうであろう。

生活の社会化の進展は生産力の飛躍的発展と商品化の当然の帰結であるが、それは右で示唆したように社会的諸問題の噴出と結び付く性格の「社会化」であった。商品化はいわゆる第三次産業の増大に現れているように、サービス産業など諸個人の活動を代替する分野に顕著になると同時に、「公的代替」もまた増大する。当たり前のことであるが、もちろん無償ではない。詳述しないが、生活の社会化のそのような性格は、一方では人間（とりわけ家族）の具体的活動（家事、子育て、看護、介護など）を多少は軽減するが、他方ではいわゆる非消費支出も含めた支出＝費用負担の増大を招くことになる。確認する必要があるのは、生活の社会化による利便性が進めば進むほど費用負担が多くなるということである。しかも単に利便性の利用だけでは済まされないある種の強要をともなうという性格が強くなるのである。経済的格差の増大をともなった生産力の発展による「豊かさ」は必然的とも言える多様な社会的諸問題の噴出とその深刻化を招くことになる。(3)

以上簡単に指摘したような社会・生活のあり方の激変は日本社会のあらゆる分野で多様な変化として現象することになる。したがって、社会・生活のあり方の問題性の具体的解明と問題性への対処が社会学における現実的かつ理論的課題となる。後者について付け加えると、問題性を孕んだ社会・生活のあり方を単に現象面で指摘するだけでなく、歴史的変化と社会的位置づけを含めていかに性格づけるかが問われるのであり、変化に対応し得る新たな理論的発展を追求する必要があるのかどうかが問われることになる。

▼理論展開の動向

この時期の社会学については、右で簡単に示したような社会的現実がどのように認識されており、理論的・実証的にどのようにアプローチされたかを軸として考えていくことになるであろう。右で簡単に概観した日本社会の現実は、思想的・イデオロギー的対立を孕んで進展するが、ここではどのような理論展開であったかが重要なのである。

社会学そのものの動向と「背景」とも言える他の人文・社会科学および思想の動向はある意味ではきわめて重要である。日本社会の変化とも不可分に関連している世界のあり方もこの時期に大きく変化しており、それに応じて社会学の各潮流の動向（展開）もまた変化している。その場合、外国の動向もまた大きな位置を占めている。そこで、この時期の主要な理論的潮流について考えると、マルクス主義系の潮流、M・ヴェーバーをめぐる潮流、そしてT・パーソンズに代表される構造＝機能分析（あるいは機能主義）の潮流などが主役を演じている。しかもそれらの諸潮流は社会学だけのものではなかったので、この章（だけではないが）では、社会学に狭く限定しないで、若干拡げて考えることになるであろう。この時期の社会学的諸見解はむろんこの三者だけではないのだが、その他については、継承問題および「流行」として補足的に述べることになるであろう[4]。

その場合に、二つに分けて考えることになる。右で指摘した主要な潮流はこの時期を通して同じように展開されたわけではない。日本社会および世界の現実の変化動向との関連で七〇年代初めの頃までとそれ以降では異なる展開を見せている。その意味では「当該社会の科学的自覚」が見事に反映されているとも言える。つまり、相互に異なる諸見解の展開を押さえることがもっとも重要なのである。そこにはそれぞれの潮流の消長が示されており、継承問題と限界（弱点も）を考えることにも結び付いている。いささか大胆に言えば、はじめはマルクス主義系の比重が相対的に大きかったが、次第に近代主義系への動向が強まるという傾向がまずは特徴的であると言えよう。しかし、そのような大きな流れの中では右の三者（ここでは非マルクス主義系をひとまず近代主義系と一括しておく）はほぼ同じような理論的重みがあったと言えよう。次に顕著な動向として指摘できるのは、この時期の終わり頃に新たな潮流が出現することである。右で指摘した三つの潮流の不充分性が少しずつ明らかになってきたことにもよるが、欧米の新たな動向の作用が日本に上陸したこと、および新たな社会的現実が進行し始めたことも大きく作用していると言えそうである。付け加えるならば、この時期は戦後に社会学を学習・研究しはじめた日本における「第二世代」が主に活躍するが、終わりの方では「第三世代」が参入するのである。

欧米の諸理論・諸見解の受容あるいは解釈がこの時期に一斉に現れることになるが、それは、第二次世界大戦以前（二十世紀前半）とは異なる新たな諸見解が多数出現したことに照応しているとも言えよう。しかも特徴的なのは、理論、領域、テーマがそれぞれ独立的に自己主張しはじめたことである。この傾向には二つの意味があると考えられる。一つは、社会学研究における「専門分化」が進展し始めたことであり、社会的現実の多様な変化に対応する動向として性格づけられる。もう一つは、次の時期の「拡散状況」をもたらす性格であるが、具体的には次章で触れるであろう。その意味では、日本の社会学の次の時期に強く関わる動向であることに留意する必要がある。この時期に顕著になり、現在まで継続している欧米の理論の「受容」問題については第六章で取り上げること、そして領域社会学については第四章で取り上げることになるが、検討の必要な限りにおいて若干は触れることになるであろう。また、そのような動向の関連で次の時期の特徴の萌芽も認められるので、この動向についても若干触れることになるであろう。(5)

この時期の特徴として指摘しておく必要があるのは、「講座的」企画がいくつも刊行されていることである。先の講座で未分化であった立場が鮮明になると同時に、主要な潮流の特徴も現れているという意味できわめて興味深い。前の章では「講座的」企画については終わりの方で考えたが、この章でははじめに検討したい。「講座的」企画はその時期の社会学の性格・動向を示しているのであり、その考察を受けて、この時期の諸潮流をやや具体的に検討するにあたっては有意義だと考えられるからである。前の時期の二つの企画との比較を念頭におきながら、その変化と特徴について考えてみたい。

二、三つの講座企画

「講座的」企画はその時期の社会学の特徴を示すものであるが、前の時期には「混在」していた潮流がこの時期には明確な対立として展開されることになる。まずはいわゆるマルクス主義系と見なされている潮流として、福武直・日高六郎監修『現代社会学講座』(全六冊　有斐閣　一九六四年)、北川隆吉他編『講座　現代社会学』(青木書店　一九六五年)、細野武男他編『講座　現代の社会学』(一九七〇年　法律文化社)の三つを挙げることができる。ここで確認しておく必要があるのは、いずれも「現代」社会学と題されていることである。「現代」という表現には二つの意味が含まれていると考えられる。一つは、社会的現実の激変とそれにともなう問題性が強く意識されていたことであろう。もう一つは、そのような社会的現実に照応して、新たな「現代的」社会学の主張ということである。したがって、そのような意味を念頭におきながら考えることが必要であろう。

▼『現代社会学講座』

この企画をマルクス主義系と性格づけることには異論があるかもしれないが、やや曖昧さを含んでいるのは、推察の域を出ないが、すでに述べている監修者である福武直の立場が作用しているのではないかと思われる。これもまた比較の意味で六冊の書名を示す。

Ⅰ 体制の社会学(濱島朗編)、Ⅱ 地域生活の社会学(中野卓編)、Ⅲ 組織の社会学(青井和夫編)、Ⅳ コミュニケーションの社会学(山田宗睦編)、Ⅴ 人間形成の社会学(作田啓一編)、Ⅵ 疎外の社会学(北川隆吉編)

見られる通り、前の時期の二つの企画とは大きく異なっている。「この講座では、とくに一般理論をとりあげるということではなくて、現代の社会学がもっとも強烈な関心を持っている問題領域を重点的にとりあげ、しかも、そのなかでそれぞれの執筆者はさらに本質的に重要と思われる問題に、理論的あるいは実証的に切りこんでいくというかたちをとっている」と監修者が性格づけている。監修者によれば、そのことによって執筆者がもっている社会学の一般理論についても理解できるとされている。このことを念頭におきながらも、ここでも六冊の中から二冊をピックアップして考えることにしたいが、具体的には取り上げない四冊については、各編者の言葉を借りて性格だけを示しておこう。

『I 体制の社会学』は、一 社会学と社会体制論、二 人間・労働・体制、三 階級と社会体制、四 体制維持のメカニズム、五 体制変革とその主体 という構成になっているが、編者によれば、「〈体制の社会学〉の骨組みをデッサンすることにあったのであり、その具体的な肉づけは今後の課題としてのこされている」とされている。

『III 組織の社会学』は、一 組織へのアプローチ、二 職場組織、三 旧中間層の組織と運動、四 日本官僚制の問題点、五 むすびにかえて という構成になっている。編者によれば、「主題を従来の組織論の紹介ではなく、なるべく日本の組織体の現状分析にしぼる。……（中略）…… 分析視点を組織体の内部に限ることなく、なるべく全体社会とのかかわりあいにおいて、その構造と機能を追求する」とされている。

『IV コミュニケーションの社会学』は、一 コミュニケーション社会学の問題、二 コミュニケーションの構造、三 マス・コミュニケーションの生産過程、四 文化創造、五 コミュニケーションの社会的機能 という構成になっている。編者の意図については、この時期にはコミュニケーションをめぐる新しい現実が出現しており、新たな現実の進行にたいして、巨大なマス・コミュニケーションの社会的形成とその科学的解明が求められるなかで、「近い将来において確立されるであろう〝コミュニケーション科学〟への中間報告的な試論の段階」として展開するという性格づけがされている。

『VI 疎外の社会学』は、一 疎外論の現代的意味、二 現代における不幸の諸類型、三 疎外による苦悩の分析、四 現代における労働と苦悩、五 疎外克服の途 という構成になっている。編者によれば、〈疎外〉という用語における問題性と内容が確定されない状態にあること、そして社会心理学との関連から、疎外＝疎外感として矮小化・俗流化されている傾向にあるという批判的立場が表明されている。そのような状況にたいして、「わが国における『現実』、『問題』を本来的分析視角である物質的、社会的基盤との関連でとりあげ、疎外克服・回復の観点から」展開されている。

それぞれに継承に値する視角等を見いだすことができるのであるが、それぞれのテーマは独立に論じる性格なので、これら四冊については簡単な指摘にとどめた。[6] 次に、やや具体的に取り上げる二冊についても、これまた全面的に考えるのではなく、特徴的なあるいは特に重要と思われる点に絞ることになるであろう。

『II 地域生活の社会学』は、一「地域」の問題と社会学の課題、二 地域生活、三 農民生活における「地域」、四 都市化過程と地域生活の構造、五「地域開発」と社会変動という構成になっている。この巻を取り上げたのは、それまでは農村、都市として捉えられていたのにたいして、新たに「地域」として捉えるという思惟を明確に打ち出しているからである。そうすると村落（農村）と都市との関係が問われることになる。

〈一〉ではそのような性格として展開されているが、都市と農村との関係については、「有賀見解」の紹介の域を大きく出ていなく、生活に着目することの重要性を提示するという理論的問題提起として性格づけられる。この巻では、〈二〉に注目したいと思う。マルクス主義の立場から、地域についての本質論的論考として性格づけられる。すなわち、近代国家がブルジョア的関係を創出したことに照応して、地域もまたブルジョア的な性格として編成されることになる。そして、設計者としてのブルジョアジーとそれ以外の住民の代表としてのプロレタリアートとの矛盾という観点が提示されている。そのような観点によれば、〈支配の場としての地域〉と〈連帯の場としての地域〉という本質論的展開がなされていること、両者の対抗・矛盾という見方が示されていることには注目する必要がある。次いで農村、都市、地域開発という展開になっているが、農村、都市ともに生活に着目されていること、そして地域開発については社会運動と関連して論じられていることが特徴と言えるであろう。それまでは農村（あるいは村落）と都市が別々に論じられていたのにたいして、「地域」としてトータルな把握が目指されていること、および生活への着目がなされていることは新たな前進として評価できるが、都市と農村との関係を生活との関連においてどのように理論的に整備していくかという課題を残している。

『V 人間形成の社会学』は、一 人間形成、二 社会体制と人間像（1）、三 社会体制と人間像（2）、四 生活空間の四構造――機能分析、五 運動における主体性の形成過程、という構成になっている。この巻を取り上げたのは、それまでのマルクス主義系では哲学的な主体性論の域にとどまっていたのにたいして、「社会と主体性」問題を社会学の立場から試論的に展開されているからである。構成における章題だけではややわかりにくいが、編者によれば二つの目標が設定されている。すなわち、一つは、人間形成については心理学をはじめとした諸々の科学によって論じられてきているが、社会学の立場からそれらの成果をどのように統合するか、もう一つは、形成された人間の変容のメカニズムを重要な系として追求すること、が目指されているということである。

〈一〉では、人間形成についての基本的な見方が（理論的に）展開されている。人間形成における主体性、外的条件、そして全体社会としての社会体制という三点から展開されるのがその特徴である。〈二〉と〈三〉では、章題通りに社会体制と人間形成について、戦前の天皇制下の人間像と戦後の国家独占資本主義下における人間像が政策的に形成されることも含めて論じられている。〈四〉はやや角度を変えた論考である。副題に「人間的生の行動学」とあることに示されているが、独自の生活行動学およびパーソナリティ論が展開されており、それらを受けて『VI 疎外の社会学』とは若干異なるかたちで現代の疎外について論じられている。〈五〉では運動と結びつく主体形成について論じられていることは言うまでもないが、とりわけ注目する必要があるのは「危機から運動参加へ」という見解の展開である。それまでの社会学では社会運動については理論的にはあまり論じられてこなかったなかで、ある意味では理論的出発点の提示とも言えよう。

きわめて大ざっぱにしかもかなり絞り込んで述べたが、この講座で提起されている理論問題はこれにつきるもの

ではない。以後、必要に応じて触れることになるであろう。(7)

『講座　現代社会学』

これについてもやはり比較の意味で三冊の書名を示す。

一　社会学方法論、二　集団論、三　社会意識論　の三冊からなっているこの企画は、見られるとおり範囲をかなり絞り込んだかたちになっている。ここでもまた、それぞれの巻の構成を示すことからはじめよう。『一．社会学方法論』は、第一章　社会学の方法　第二章「社会と個人」問題の発生　第三章　現代における人間集団論成立の背景、『二．集団論』は、第一章　社会構成体の理論と集団　第二章　現代社会集団論批判　第三章　家族の理論と現代の家族　第四章　地域社会の理論と構造　第五章「労働協業集団」における支配構造、『三．社会意識論』は、第一章　社会意識と社会的存在　第二章　科学的社会主義・共産主義の問題をめぐって　第三章　社会体制と労働の組織・意識という構成になっている。そこにはマルクス主義系の社会学の主張にあたって何を重視するかという特徴がかなり鮮明に打ち出されている。

『一．社会学方法論』では、第一章で、社会学の成立事情として個の成立という社会的事情、そしてサン・シモンに発する思想的・学問的事情に触れながら、「マルクスの方法に社会学の成立をもとめ、それをひきつぐことによって真の発展が約束される」という立場が表明されている。そのような立場からの社会学史の組みかえの必要性、これまでの社会学にたいする批判的論考を経て、マルクスの基本的見解のエッセンスについて簡単に叙述されており、新たな社会学の構築に向けての一般的な問題提起と方向提示として性格づけられると言えよう。第二章の「社会と個人」問題の発生では、社会学の前史とも言える時期における資本主義社会の矛盾の進展を軸として「近代的個人」をめぐる矛盾に焦点を当てた展開である。「社会と個人」問題は社会学の成立事情に関わる旧くて新しい問題であるが、ここではいわゆる「予定調和」の崩壊後の社会と個人の変質とその矛盾について指摘され、抽象的な「社会」、「個人」の措定ではなく、変質した社会と個人のあり方を具体的に究明することが大事であることが強調されている。第三章では、人間のあり方の具体的な一断面に焦点を当てて論じられており、第四章　現代集団論成立の背景では、主としてこれまでの人間論あるいは自我論の批判的検討がなされている。この巻の基本的性格は、〈方法論〉については一般的な課題提起と方向提示もさることながら、〈人間の問題〉についての論考が重視されていることに注目する必要があると考えられる。すなわち、最初に課題提起と方向提示が示されていることに照応して、以後の各章では「個人」を具体的にどのように捉えるかが、執筆者それぞれの視点から展開されていることである。

『二　集団論』については、マルクス主義（あるいは史的唯物論）の立場からそれぞれの章における「テーマ」・論題に応じて展開されているが、ここでは詳細は省き、今後必要に応じて触れるが、一言だけこの巻の性格に触れておこう。それぞれの論考には思惟方法や視点について示唆する点がないわけではないが、マルクス主義の「体系」とされているものには集団の位置づけがほとんどなされていないので、もし集団を取り上げるとすれば、単に階級的視点の必要性を一般的に述べるだけでは理論的にはきわめて不充分であると言えよう。書名が〈集団論〉とされていることからして、その点への言及あるいはその後の具体的な展開が望まれるのが諸論考の性格である。(8)

『三　社会意識論』は真田是と田中清助の共著と言えるもので、後でやや具体的に触れるように、「社会学におけるマルクス主義」の中では微妙な違いをみせながらも、両者ともにマルクス主義社会学を目指していたとも言えるであろう。この講座の一巻・二巻は社会学として当然取り上げられる分野であることは容易にうなずけるであろうが、富永健一が疑問を出しているように、領域あるいは応用としてなぜ「社会意識論」なのかが問われることになるであろう。私の立場からの解釈としては、社会学にたいする当時の「マルクス主義陣営」の考え方が作用していたと思われる。他の人文・社会科学を含めたマルクス主義の支配的な見解では、当時のマルクス主義（＝科学的社会主義）には社会学の占める位置は存在しなかったこと、もう一つは「社会意識」概念そのものがイデオロギー的に（あるいは階級意識として）単純化されていたことである。したがって、第一章と第二章では、当時のマルクス主義の論争点でもあった考え方を社会学（者）向けに確認する必要があったのであり、マルクス主義内部での論争点にたいする一つの立場表明として性格づけられる。第三章では『二．集団論』ともかかわってマルクス主義社会学のあり方について、労働の組織・意識を取り上げての試論的論考として性格づけられるが、これは執筆者である田中清助の独自な方向を示す試みなので、後でやや具体的に論考しようと思う(9)。

この講座企画の性格についてはかなり絞り込んで述べたが、一定の歴史を持つ社会学においてはマルクス主義系の占める位置は質量ともに新しくしかも微々たる存在であった。したがって、この講座は〈マルクス主義社会学〉の方向を高らかに宣言した企画なのである。しかし、その立場からの新たな社会学の構築へ向けての一般的な課題提起と基本的視座についての考え方の表明であり、非マルクス主義系の社会学にとってはわかりにくい性格であったことは否めないであろう。したがって、マルクス主義の他の社会科学および非マルクス主義系の社会学にその性格がわかるような方向での具体的展開は以後に持ち越されることになったことを確認しておくことが、社会学史としてはきわめて大事である。

▼『講座　現代の社会学』

マルクス主義系については、いわゆる「関東系」について取り上げられることが多く、一応は「関西系」（関東系の執筆者も入っている）とも言えるこの企画についてはほとんど取り上げられていない。編者は細野武男・堀喜望・中野清一・野久尾徳美・真田是であり、五人はすべての巻の編者ということになっている。右の講座とは若干異なっていることは興味深い。ここでも全冊の構成を示すことからはじめよう。

『一．現代社会論』は、序論 社会学と現代社会論 第一章 大衆社会論 第二章 産業社会論 第三章 管理社会論 第四章 福祉国家論 第五章 国家独占資本主義と現代社会論、『二．社会学理論』は、序論 社会学の歴史 第一章 社会と個人の問題 第二章 社会集団論 第三章 社会変動論 第四章 日本における社会学の成立、『三．社会学的現実分析』は、序章 社会学的方法 第一章 家族 第二章 地域生活 第三章 マス・コミュニケーションと現代認識 第四章 社会問題 『四．マルクス主義と社会学』は、序論 社会学的社会概念 第一章 経済と社会 第二章 社会学批判の課題 第三章 現代社会学のイデオロギー 第四章 社会学と行為理論 第五章 機能主義と社会変動 第六章 マルクス主義と社会学 という構成になっている。前項の講座と比較するならば、マルクス主義の立場からの〈社会学批判〉という性格が濃厚であると言えるが、示唆に富んだ論考もいくつか認められるので、その点を重視して取り上げたいと思う。

『一．現代社会論』では、資本主義社会の変化と変質の兆しを背景として現れたいくつかの新しい現代社会論の批判に当てられているが、批判の基本的スタンスを確認すればよいであろう。序論では、現代社会論の共通点として、(1)マルクス主義の現代社会論に対決する点、(2)人間の非合理性を強調しつつ人間類型を描こうとする点、(3)多元主義が共通する点、(4)科学・技術したがって生産力という要因を重視し生産諸関係を軽視する点、(5)単純な段階論を採用する点、(6)社会発展の必然性を否定する点、が挙げられており、それらのイデオロギーと社会的機能を明らかにするというスタンスで展開されている。

『二．社会学理論』については、「本書の内容は、社会学の中心的関心・動機と主要問題について、社会学の理論を批判的に概観検討するものである」という〈はしがき〉に示される性格に尽きると言えるかもしれない。私見を加えるならば、批判的見地として採用されているマルクス主義をどのように考えるか、という見解では執筆者の間ではかならずしも一致していない。これは当時のマルクス主義の事情からしてやむをえないことかもしれないが、社会学理論としての発展方向の示唆に乏しいようである。

『三　社会学的現実分析』はその構成でわかるように、主要（あるいは重要）と考えられる社会分野についての論考である。現実分析は立場を問わず社会学にとってはきわめて重要であり、この点では集団論はともかくとして、社会意識のみを取り上げている『講座　現代社会学』よりも現実に切り込もうとするスタンスが認められる。継承に値する示唆が盛り込まれている点を軸に述べよう。序章はそれまでの社会学の方法にたいする批判的検討に当てられており、「一つは、社会学の独自の方法を設定し確定する部分であり、もう一つは、このような対象にアプローチする社会学的分析方法であり、……」後者が全科学の分析方法たろうとする志向がある、と性格づけられている。第一章では、家族が取り上げられているが、論考は主として家族研究の歴史の検討に当てられている。家族の研究史がそれまで皆無にひとしかったという意味で、研究史の見方とその必要性という主張は継承に値することとして確認しておきたい。第二章は、「地域としての把握」という新しい主張として先に言及した『Ⅱ　地域生活の社会学』と同じであるが、日本の地域社会の変化と問題性の新たな進行に照応して、理論と現実分析についてのさらに本格的な展開であり、まさに「社会学的現実分析」の書名に応じたものとして性格づけられる論考である。日本の地域社会の具体的な分析を展開することを通して、いくつかの重要な理論的視角が提示されている。都市と農村の関係については、資本主義化の進展が農村を支配していくというかたちでの視角、地域開発をめぐっての住民の主体的活動への着目、コミュニティ（政策）をめぐっての住民組織のあり方、そして地域民主主義の発展への志向など、継承しつつ理論的に豊かにしていく視角がいくつか提示されている。第三章は、マス・コミュニケーション研究をめぐって、日本についての一定の現実分析をまじえた展開になっている。注目する必要があるとともに継承する点としては、単純な「専門分化」としてではなく、文化（社会学）にもとづく展開を志向していることである。第四章は、章題が「社会問題」となっているが外国の社会病理学についての諸見解の検討にとどまっている。

『四 マルクス主義と社会学』は、〈社会学の本質〉、〈現代社会学批判〉、〈マルクス主義社会学〉の三つの構成部分によって展開されている。まず〈社会学の本質〉では、社会学の多様性に応じての「社会」概念を軸として、社会学にたいする批判的論考がなされている。これへの対置としてのマルクス主義の社会概念として、「経済的社会構成体」が意識の産物とは異なるものという措定がなされている。その場合、具体的な社会現象の把握については、経済の「回避」あるいは「改作」という社会学的思惟にたいして、いわゆる経済(=土台)への基底還元主義でないかたちで、土台―上部構造から解明するという主張がなされている。〈現代社会学批判〉では、社会学のイデオロギー性にたいする批判が軸になっているが、社会学をブルジョア・イデオロギーとして単純に批判する(あるいは科学として否定する)というスタンスではなく、社会学のイデオロギー性を暴露するには、具体的な現実把握による批判でなければならない、と主張されているが、その具体的展開が残されているものとして性格づけられる論考である。

〈マルクス主義社会学〉はある意味ではこれまで述べてきたマルクス主義系の諸論考のなかでは、かなりわかりにくい。というのは、当時の社会学とマルクス主義との関係および「マルクス主義社会学」とマルクス主義との関係が問われる論考であるとともに、その関係を見る立場そのものも論者において一様ではないからである。第六章はそのような事情によって、・社会理論としての両者の役割、・現実分析における両者の役割、・「マルクス主義社会学」、という展開になっていることに現れている。わかりやすく言えば、イデオロギーのレベルでの対立関係を軸として考えるのか、現実分析を含めて社会学内部の対抗関係を軸として考えるのかということである。加えて、マルクス主義が一貫して保持していると考えられる「実践」問題をどのように受け止めるかという論点も含まれている。

図1

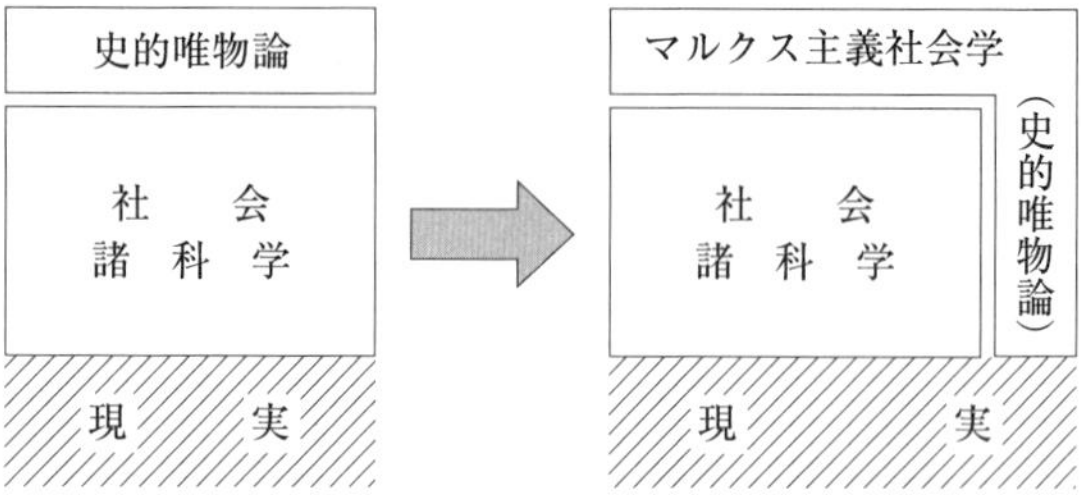

出所）『講座 現代の社会学　四．マルクス主義と社会学』 203頁

マルクス主義系に引きつけて言えば、前者の場合は、理論的には社会学批判としての展開とマルクス主義理論の発展（史的唯物論、科学的社会主義などいくつかのネーミングがある）ということになる。後者の場合は、「マルクス主義社会学」がどのようなものであるかが問われることになる。しかもこの論考の展開に示されているように、社会理論と現実分析の両面から考える必要がある論点なのである。この両面の検討について詳述はしないが、マルクス主義系の社会学にとっては現在も存続している論点である。この論点はマルクス主義の「全体系」あるいは「構成部分」の理解なしには述べられない性格であり、しかもこの理解そのものがマルクス主義内部では一様でないのである。そうなると、非マルクス系の立場からはおそらく理解が困難であろうと思われる。したがってここでは、論点提起をさらに展開するかたちでは述べないで、「社会学におけるマルクス主義」をめぐっての以後の展開については、「評価と継承」という点から今後も必要に応じて触れようと思うが、どのような性格あるいは論点であるかについて簡単に付け加えておこう。

〈マルクス主義社会学〉では、真田是は、当時のソ連や東欧諸国に現れたマルクス主義社会学を検討しつつ、上のような図1を示している。社会学という学問の存在位置がなかった「社会主義社会」において、当時のソ連ではオシポフに代表されるような「マルクス主義社会学」が提唱され、東ドイツでは「経験社会学」などというかたちで社会学が「復活」しはじめていた。さらには、ポーランドやチェコでも「マルクス主義社会学」構想が現れるようになっていた。そのようなマルクス主義社会学という主張とは、図1の左図から右図への主張の移行であるというのが真田の見方である。当時のマルクス主義についての見解の違いをめぐる状況を知らない者にとっては、わかりにくいと思われる。この時期にかぎらず、マルクス主義内部では、マルクスやレーニンの解釈（主観的には「正しい継承」を意図しているが）についての多様な論争が続けられていた。真田は、彼の科学的社会主義の理解にしたがって、このような「マルクス主義社会学」に疑問を投げかけている。(10) これらの企画をめぐる評価と課題については、後で補足しながら再び触れようと思う。

三、二つの講座企画

もう一つの潮流は二つの企画として現れる。福武直監修『社会学講座』（全十八冊　東京大学出版会　一九七二年～一九七六年）、塩原勉他編『基礎社会学』（全五冊　東洋経済新報社　一九八〇年）の二つである。前者が非マルクス主義系の潮流であるとはかならずしも言えないが、前の章で取り上げた『講座社会学』そして前の節の三つの企画と比較するならば、しかも各巻の書名だけからでもその違いは明らかであろう。そして『基礎社会学』の方は、それまでの日本の社会学の流れを受けての体系化の試みの一つという性格づけをすることができる。この二つの企画については、理論、領域、テーマについての個別の論考が必要に応じて援用されてはいるが、企画そのものをトータルに論じた文献は皆無に等しいと言ってもよいであろう。そこで、批判的継承という意味で両者の性格について考えてみようと思う。なお興味深いこととしては、マルクス主義系の三つの企画が一九七〇年までに公刊されたのにたいして、この二つの企画がそれ以降であることは、日本の社会学の展開動向と照応していることを指摘することができるであろう。

▼『社会学講座』

煩雑であることを承知で、またまた全十八冊の書名を列挙することから始めよう。

一．理論社会学　二．社会学理論　三．家族社会学　四．農村社会学　五．都市社会学　六．産業社会学　七．政治社会学　八．経済社会学　九．法社会学　十．教育社会学　十一．知識社会学　十二．社会意識論　十三．現代社会論　十四．社会開発論　十五．社会福祉論　十六．社会病理学　十七．数理社会学　十八．歴史と課題

見られる通り、一九五七年の『講座社会学』とは構成や考え方などがかなり違っており、まずは、この構成の全体としての特徴的な点を確認することにしょう。理論については、奇妙なことには「理論社会学」と「社会学理論」の二つに分かれて構成されていること、領域社会学としては、政治、経済、法の三つの巻が加わっていること、文化領域が教育、知識、社会意識に細分されて構成されていること（これらが文化領域を意図して構成されているかどうかは不明）、そして四つのテーマ（これも私独自の解釈である）が構成に組み込まれていること、数理社会学が新たに名乗りを挙げたこと、を指摘することができる。このような構成を発展と見るかどうかについては、見方が一致しないとも思われる。

以上、構成面からこの企画についての特徴を簡単に指摘したが、『一．理論社会学』で青井和夫がいみじくも述べているように、一九七〇年代に入ってからの日本社会の激変に照応して、良きにつけ悪しきにつけ、「第二の曲がり角」の出発点と見なすこともできるかもしれない。しかも、同じく青井の指摘として「体系的な理論社会学はまだでていない」ことをも確認しておく必要がある。その意味では、この企画の評価は困難であるが、私の理論的立場にもとづいて、ここでは四冊に絞って考えてみることにしたい[11]。

『一．理論社会学』（青井和夫編）は、上の青井の言にもかかわらず、いや彼の言にしたがっての試みとして、一つの体系化を志向するものとして性格づけられる。この本の構成にその性格が具体的に示されている。すなわち、

一般には〈構造—機能分析〉として知られている「社会システム論」における体系化の志向といってよいであろう。具体的には「構造—機能分析」の基本的考え方と方法から出発して、行為論、構造論、過程論、変動論という展開がなされており、これに社会計画論が加わっている。この構成は「理論社会学」の一つのあり方あるいは方向づけを示したものとして性格づけられる。ここではそれぞれの章すべてについて論及しないで、若干絞って述べることにしよう。賛成か反対かはともかくとして、方法論、行為論、構造論、過程論などはほとんど知られていることなので、変動論と計画論にやや立ち入って考えてみたい。変動論については、吉田民人がマルクス主義との関連で論及していることが継承に値する論点であることも含めてきわめて興味深いが、まず二つの前提を確認しておきたい。一つは、当時の段階ではパーソンズ理論としての社会システム論には変動論がない、あるいは変動が説明できないという理解が多かったということである。[12] もう一つは、マルクス見解の理解については、生産力と生産関係が社会変動論の基礎にあるということである。そのような状況で吉田民人はどのような変動論を示したか。ある意味では次の時期に展開される変動論の基本的考え方をいち早く示しているとも言えるだろう。

この変動論における基本的な思惟は社会概念として〈社会的情報—資源処理システム〉の設定であり、そこから変動論の論理が展開される。この設定から出発して変動にいたる論理展開を詳しく追うのは私の学史展開の性格ではないので、吉田が措定した重要な理論装置を指摘したい。吉田によれば、社会システムの「状相」という概念から出発し、その変化動向を〈状相循環〉と〈状相変動〉という概念装置によってまず展開される。前者については「状相循環」と「状相移行」として説明される。彼の社会変動論ではむろん後者が問われることになるが、「社会システムは、この状相循環を反復しながら、水準変動と構造変動を実現して成長かつ発展する、というのがわれわれの一般変動理論の基本的な構図である」（同書二一五頁　傍線は引用者）。このような基本的思惟により、理論装置としては、〈水準変動〉と〈構造変動〉、そして〈成長・革新・発展〉が問われることになる。水準変動の分析装置は、

「実物ターム」と「福祉ターム」のフローとストックが措定されている。吉田は変動（私見では「変化」だと思われるが）については成長過程から出発して成長の限界についての論及を経て、〈革新〉概念という理論装置を登場させる。革新の基本過程については、革新主体の形成、社会的選択淘汰、旧構造の解体と新構造の形成という三つの局面（これは右の進展順序でもある）に分けて論じられている。理論装置に限定して述べたのでわかりにくいであろうが、「このような社会変動は、構造変動に限らず水準変動をも含めて、素朴にいえば、必要性（機能的要件）と主体性（自由発想と主体選択）と客観的可能性（資源空間に固有の法則性）の三位一体の結果である」、と吉田自身は述べている。それまでにはほとんどなかった「新しい変動論」の試みについて、あまりにも簡単かつ抽象的に述べすぎたかもしれない。しかし、ここではこの巻全体が問題なのである。そこでもう一つの変動論についても指摘しておこう。

社会変動論については、青井和夫が（彼の社会学理論の構成部分である）深層理論というかたちで独自な論考を展開しているが、彼の社会学理論（原理）については意外と知られていなく、また論じられてもいない。彼の独自な社会学理論の試みについては、深層理論も含めて後の節で言及することにして、それまでの社会学にはなかった〈社会計画論〉が加わっていることがこの巻の特徴の一つであることも指摘しておこう。第七章で論じられている社会計画論（稲上毅）では、新しく現れた諸外国の見解の検討をも含めて、それまで日本の社会学にはほとんどなかった分野である社会計画論の構成要素（＝必要条件）が整理して提示されている。そして社会計画論の「類型」について論じられている。この「類型」についての論考では、「構成要素」との関連で現代社会（論）の認識と不可分であることが示されている。最後に、「〈理想主義的〉社会革新型社会計画論」の方向が分担執筆者である稲上毅の見解として述べられている。賛否いずれにせよ、単なる現実分析に終わらない試論として、社会学の一つのあり方とその行方が問われる提起であろう。

この巻全体について若干私見を加えておきたい。第二章から第四章までは、パーソンズ理論をベースとする社会システム論が展開されているが、第五章と第六章では二つの異なる変動論が展開されている。そして第七章では、右で簡単に触れたように、これまでになかった社会計画論が盛り込まれている。この巻が理論社会学の体系化を志向する新たな試みの一つとして性格づけられると言えるであろう。しかし、すでに指摘したことによってもわかるであろうが、第四章までと第五章以下は論理的にはかならずしも結びついていないきらいがあり、この巻で示されている方向での「体系化」にとっての課題として残されていると言えよう。つまり、社会学の理論的発展にとっては、第五章以下が重要な位置を占めているので、理論構成にどのように組み込むかが問われることになる。

『二　社会学理論』の構成をまずは示すことにする。

第一章　序論　第二章　共同体の再編と解体　第三章　産業化と階級・階層問題　第四章　分業と社会体制　第五章　価値と制度　第六章　組織過程と認識過程　第七章　主体としての人間　第八章　疎外論と社会学理論　となっている。このような構成の各章のエッセンスを紹介した編者によれば、『理論社会学Ⅱ』とする予定が変更されて、『社会学理論』となったが、第一巻で社会システム論を軸とする理論的整序が行われていること、そして講座全体を通じて「当然とりあつかわれなければならない重要な問題（たとえば、人間論、文化論、疎外論、組織論、運動論、階級論など）がおちこぼれており、その欠を補正する必要があった（傍線は引用者）……」とされている。この巻を全体として性格づけて評価することは難しいし、あまり意味がないであろう。なぜならば、執筆者の多数がおおむねマルクス主義系であるが（それはそれで一つの特徴・性格として一向に構わない）、後での展開でもわかるであろうが、「社会学におけるマルクス主義」としてそのスタンスが異なるので、独立論文集という性格になっているからである。それぞれの論考には「問題」に迫るにあたっての意味のある視点も提示されているが、いかにしてなんらかの「社会学理論」における理論的構成要素とするかは定かではないと受け止めざるを得ない。[13]

表１ 〈政治学と社会学の諸流派の対応〉

政治行動論（行動科学的政治学）	心理学，生理学	
	数理社会学・計量社会学 → 行動科学的社会学	実証主義社会学
政治レアリズム	構造分析的社会学	
政治機構論	社会学的想像力	
政治哲学 政治思想	社会思想，社会哲学	

出所）『社会学講座七．政治社会学』 16 頁

さて、理論（あるいは原理）に加えてこの講座の性格が示されているものとして、「領域社会学」と「テーマ研究」からそれぞれ一つずつ選んで若干言及することにしよう。このことをめぐっては、単にこの講座だけの問題ではなくて、社会学の全体としてのあり方にかかわる問題なのである。そして、このような選択と評価は私の社会学理論の立場によるものであるが、そのエッセンスについては後で述べるであろう。

一応は「領域社会学」とみなされる『七．政治社会学』（綿貫讓治編）を取り上げるのは、社会学の問題性（あるいは疑問）がほぼ出ているからである。この巻の構成は、

第一章 政治社会学の位置 第二章 政治意識・投票行動・世論 第三章 政治組織と政治運動 第四章 地域権力構造 第五章 国家権力構造 第六章 高度産業社会の政治社会学 第七章 発展途上国の政治社会学 第八章 国際関係の政治社会学となっている。

第一章では、政治社会学は「社会学内部の分業」という性格づけで導入的に展開されているが、私見では、もっとも基本的には政治学との違いの方がより問われるように思われる。筆者・編者でもある綿貫讓治は「伝統的」政治学が当為の学であるのにたいして、経験科学としての社会学を両者の性格の違いとして対置している。しかし、他方では「伝統的」政治学からの脱却という政治学の動向にも触れられている。そうすると、「伝統的」政治学との違いの説明よりも「脱却した政治学」との違いこそが問われることになる。その違いをめぐる論考の道筋はきわ

めて煩雑なので、ここではその結論部分だけを示そう。最終的には表1のように「整理されているが、この図から政治社会学と政治学（綿貫の言う「伝統的」政治学ではない）との違いがわかるであろうか。各論について付け加えておこう。政治をめぐる現実把握の視点においてはそれぞれ一定の意味がある論考であることが認められるが、右で指摘したこととほぼ同じように、政治学との違いがあるかどうかは疑問である。例えば、権力問題は政治学の中心課題としての位置を占めているのではないだろうか。第六章～第八章が政治社会学の各論になっているが、これを〈政治学〉としても一向にさしさわりがないように思われる。実証的であれば政治社会学であるという見解に政治学者はどう応えるのであろうか。社会学が人間の共同生活を軸としていることは、「共同生活」という表現を使わなくても、社会学の知的遺産として継承されてきている。しかし、この巻には「生活」が影を潜めているように思われる。私自身は、政治分野の研究を専門としていないが、もし政治社会学が成り立つとしたならば、政治学にはほとんどない「生活の視点」の導入によって、新たな方向が見出せるかもしれない、という印象を持つに過ぎない。

テーマ研究として『十六．社会病理学』（岩井弘融編）を取り上げて、少しばかり言及しておきたい。この時期になると、社会学がいろいろな生活・社会分野において具体的研究に取り組むことが多くなってくる。この巻を取り上げるのは、具体的研究のあり方にたいする一種の問題提起としての意味が込められている。

第一章　序論　第二章　犯罪・少年非行　第三章　自殺　第四章　精神不安と精神障害　第五章　性の病理―売春

第六章　家族生活の病理　第七章　幻想への逃避　第八章　貧困　第九章　公害―その現実と現代的課題

このよう内容から成るこの巻については、理論的立場の違いによって評価が異なるであろうと考えられる。まずは〈第一章　序論〉における編者の考え方を簡単に確認しよう。「正常と異常」について考えることからはじまるが、この〈正常〉と〈異常〉を一般的にどのように考えるかについては、筆者自身も明言を避けている（背後仮説としてあることは推察される）。その上で「常識的」に病理現象と言われているものを取り上げて、実態や発生の条件・原因などを分析するものとして、この巻が性格づけられている。上の構成にそのような病理現象が具体的に示されていることがわかるであろう。病理（逸脱と表現しても）についての基本的な（理論的）見方がはっきりしないとどうなるかという問題が残ることになる。各論における若干の疑問は多々あるが、性格の似ている疑問あるいは問題点が重なってもいるので、二つだけ指摘しておこう。〈第六章　家族生活の病理〉では、離婚、家出、蒸発が分析対象とされている。この時期までは、家族病理研究の多くは離婚を病理現象としていた。ここで詳しくは論証しないが、病理現象という思惟を前提とするならば、離婚そのものが病理現象なのではなく、離婚に至る過程あるいは離婚以後に「家族病理」があり得るのではないだろうか。さらには、離婚がそれまでの家族病理を解決する手段となり得るとも考えられる。執筆者である四方寿雄にも、離婚における破綻主義の採用により再考の必要性が念頭にあると思われる。もう一つは、いわゆる「社会問題論」に対置される「社会病理学」とするならば、〈第八章　貧困〉および〈第九章　公害—その現実と現代的課題〉をどのように受け止めたらよいだろうか。〈第八章　貧困〉は資本主義社会における「日本の経済的貧困」についての論考としては基本的には筋の通った展開になっているが、それまでの経済学でなされてきた諸研究とどのように異なる社会病理学的性格があるかどうかは疑問である。時々は「社会病理」という表現もあるが、「社会病理」研究ではなくて、「社会問題」研究になっている。その点では、〈第九章〉とともにこの巻のなかでどのような位置を占めるのかという疑問を持たざるを得ない。

きわめて限られた巻にしぼり、しかも取り上げた巻のなかでもさらに絞り込んで述べたが、終わりに、この講座全体について若干の評価的な私見を述べておこう。いくつかの巻やいくつかの論文には継承・活用し得るものがあり、さらには発展させる必要がある論考があることは確かである。これまで取り上げなかった巻も含めて若干例示するならば、『一・理論社会学』における二つの社会変動論と社会計画論、『二・社会学理論』における〈階級・階層論〉における特殊性と歴史貫通性、といった論点が代表的なものであるが、『十二・社会意識論』（一九七六年）

も重要な論点を含んでいるので、一言触れておこう。この研究対象は先の吉田民人の社会変動論にかかわっていると考えられるが、独自に取り上げられている。この巻では新たな見解が出ているが、七〇年代後半から参入する新たな世代と〈専門分化〉動向とかかわるので、後で取り上げることにしたい。

不充分であることを承知で、大幅に絞り込んで述べたが（この講座すべてを読んだ者がどれだけいるかわからないが）、一九五七年の『講座　社会学』との比較を考慮して、全体としての方向提示あるいは課題提起について言えば、一方では、個別的な理論的精緻化が認められるし、新たな理論的提起も認められる。しかし全体としては、一九五七年の『講座　社会学』からの後退とまでは言わないが、社会学の性格とその方向を曖昧にしていることは否めない。「日本社会の科学的自覚」をめぐっては、青井和夫の言う「第二の曲がり角」は社会学のあり方だけでなく、日本社会のあり方（いわゆる高度経済成長の終焉を想起せよ）にとってもそうであると言える時期にもかかわらず、日本社会の現実と行方については、部分的には認められるが、全体としては見えてこないというのが大きな弱点であろう。つまり、理論的論考における「当該社会の科学的自覚」という意識の希薄化が進行しはじめたと思われる。

▼『基礎社会学』

この企画は、先に指摘したように、社会学の体系化の一つの試みとして性格づけられるものであるが、『社会学講座一．理論社会学』と『社会学講座二．社会学理論』を併せたような内容が工夫されていることはきわめて興味深い。この企画については、第Ⅰ巻　社会的行為　第Ⅱ巻　社会過程　第Ⅲ巻　社会集団　第Ⅳ巻　社会構造　第Ⅴ巻　社会変動　という構成にもその性格が表わされている。加えてこの企画の特徴として、それぞれの巻が〔基礎編〕、〔学説編〕、〔研究編〕という順で構成されていることを指摘することができる。第Ⅰ巻の構成を例示すると、〔基礎編〕としては、第Ⅰ章　行為の構造、第二章　行為者としての個人、第三章　行動文化、〔学説編〕としては、

第四章 主意主義的行為理論、第五章 準拠集団論、第六章 認知的不協和理論と帰属理論、第七章 逸脱行動論、第八章 イデオロギー論、〔研究編〕としては、第九章「日本的自我」論 となっている。〔学説編〕は右の例でもわかるように、その巻に応じて深める必要があると考えられる〈個別専門理論〉についての研究史的論考に当てられている。〔研究編〕は『社会学講座二、社会学理論』とは内容が異なるが、ほぼ同様の問題意識が編者たちの念頭にあったのではないかと思われる。私見では、理論書としては特徴があると考えられる各巻の〔研究編〕に注目する方がベターであると思われるので、各巻の〔研究編〕のみを示すが、必要に応じて収録されている巻についても若干触れようと思う。

第Ⅰ巻 社会的行為 第九章「日本的自我」論
第Ⅱ巻 社会過程 第九章 間主観性の社会学
第Ⅲ巻 社会集団 第十章 ヴォランタリズムとアソシエーション
　　　　　　　　第十一章 自治・参加組織の機能と要件
第Ⅳ巻 社会構造 第九章 所有構造の理論
第Ⅴ巻 社会変動 第十章 階層構造の変動設計と政策評価
　　　　　　　　第十一章 西洋科学の輸入と制度化の問題

〈第Ⅰ巻 社会的行為 第九章「日本的自我」論〉について、まずは自我論・自我発達についての理論的論考に続いて、自我発達の現実（調査）が社会環境としての教育、職場、ネットワークとしての交友圏などを取り上げて論じられており、さらには文化（価値観も含めて）にも言及が及んでいる。理論的には個人、状況などと抽象的かつ限定的に論じられている点（当然ではあるが）について具体的現実に踏み込んでおり、この面での追究の重要な方向を提起していることが評価できる。ないものねだり的に言うが、社会環境と人間形成（自我発達）に関しては、家族生活と地域生活への言及がないのが惜しまれる。

〈第Ⅱ巻　社会過程　第九章　間主観性の社会学〉については、〔研究編〕というよりは〔学説編〕をやや異なるかたちで加えたという性格のように思われる。このテーマにとってはシュッツについての論考が欠かせないことは言うまでもない。執筆者の山口節郎は社会的世界と自我の経験をめぐって、シュッツを認めつつも、他方では「自然的態度の構成的現象学」における統合的論理に疑問を投げかけている。一方ではシュッツを認めつつも、他方では「自然的態度の構成的現象学」における統合的論理に疑問を投げかけている。そしてヴィトゲンシュタインの「言語ゲーム」を軸とした生活様式・共同世界についての検討へと論が進められる。つまり現象学的アプローチにいわゆる解釈学的アプローチを対置するという性格の論考が展開されている。興味深いのは、「深層文法」という青井和夫を想起させるような着眼点である。両者の対比あるいは接合は重要な論点となり得るであろう。

〈第Ⅲ巻　社会集団　第十章　ヴォランタリズムとアソシェーション〉と〈第十一章　自治・参加組織の機能と要件〉の二つがないならば、『第Ⅲ巻　社会集団』はきわめて平凡な巻になっていると思われるので、この二つの論考の注目点について簡単に触れることにしよう。この巻の〔基礎編〕では、集団と組織をめぐる基礎的な論考に当てられていることは当然であるが、塩原勉によれば、組織論の実質は組織分析、組織連関分析、組織化分析の三つとして確認されており、その具体的展開が〔学説編〕も含めてなされている。例えば、〔学説編〕でのアメリカで発展した小集団論やM・ヴェーバーの官僚制論などがそうであり、コンテンジェンシー理論が加わっていることが特徴と言えるかもしれない。〔研究編〕での二つの論考は、この企画だけでなく、一般に社会学的研究においてなおざりにされるきらいのある集団の性格づけに重要な示唆を与えている。すなわち、ヴォランタリー・アソシェションにしても自治・参加組織にしても、集団そのものを主体的存在として位置づけることを具体例によって方向づけていることである。なお付け加えると、先の講座の『七．政治社会学』における「地域権力構造」と比較してみれば、「政治的現実」へのアプローチが政治学とは異なることが明瞭に認められるであろう。

〈第Ⅳ巻　社会構造　第九章 所有構造の理論〉の執筆者である吉田民人は、彼の主著の書名にも示されているように、所有と主体性を執拗に追究しているが、この論考ではその基本的思惟方法が展開されている。先にも触れたように、彼はマルクスとヴェーバーを強く意識していた。「私の〈制御能理論〉は、一つには、マルクスの設定した類の編成様式という課題を、ヴェーバーの構成主義的方法をもって解決しようとする試みである」〔同書　二一二頁〕という文にこのことが示されている。ここでは、彼の〈制御能理論〉を詳しく述べないが、それまでの〈マルクス的〉所有の構造的把握から機能的把握へと転換するという発想に注目する必要があることを指摘しておきたい。ただし、構造的把握を全面的に捨て去るのかどうかという問題は残るであろう。

〈第Ⅴ巻　社会変動　第十章 階層構造の変動設計と政策評価〉は、階層構造の移動マトリックスを設定し、数理社会学を活用してのシュミレーションなどを展開したものであり、社会学研究の一つのあり方〈とりわけ政策評価、評価にとどまるかどうか〉を提示する論考として性格づけられる。その活用の仕方は各人に委ねられることになるであろう。

以上のような特徴のあるこの〈講座企画〉についても、先の講座の『一・理論社会学』で注目したのと同じように、『第Ⅴ巻　社会変動』にやや具体的に言及しておきたい。

第一章 社会変動の基礎理論、第二章 社会変動の趨勢、第三章 社会変動のメカニズム、第四章 近代国家における計画と介入の思想、〔学説編〕としては、第五章 発展段階論、第六章 社会進化論、第七章 近代化論、第八章 システム科学と社会変動の論理、第九章 現代フランスにおける社会変動論、〔研究編〕としては、第十章 階層構造の変動設計と政策評価、第十一章 西洋科学の輸入と制度化の問題という構成になっている。

この巻は先の講座において独立して論じられていた社会変動論を一歩進めて、マルクス主義のいわゆる社会体制論・発展段階論とは異なる変動論を提示する試みである。〔研究編〕では、発展段階論、社会進化論、近代化論、その他の論考など、社会変動を考える思惟方法がほぼ出そろっており、現在に至るまでかならずしも確定しているとは言えないこの問題にとっては、避けて通ることができない論点や思惟方法がおおむね盛り込まれている。いろいろな社会分野での変化の激しいこの頃である。トータルな社会的変化の背景なしには捉えられない具体的な現実分析に活用できるような複数の発想（思惟方法）があるので、その活用・継承・発展の仕方が問われることになろう。

第一章　社会変動の基礎理論（富永健一）は、基本的な考え方としては先に簡単に示した吉田民人の見解とそれほど大きな違いはない。富永は一九六五年に『社会変動の理論』（岩波書店）をすでに公表しており、後に修正・発展させているので、後でまとめて検討したい。この時期になると、すでに触れたように「新しい世代」がかなり参入してくること、そして彼らの「新風」については次章でやや詳しく論考する予定なので、以下、簡単に触れておくにとどまる。〔学説編〕としての、第五章～第八章が新しく参入してきた世代による論考であり、それぞれが異なる立場の変動論について論考している。どのような変動論を展開するにしても、これら四つの変動論を全く無視するわけにはいかず、批判的な検討が要請されるであろう。それぞれの執筆者が（当然であるが）それぞれの変動論について肯定的に論じており、活用可能性を示している。私自身は一応は発展段階論の立場にあるが、どれもが活用可能であるという前提で、これらの論考から論点あるいは理論的課題を提起しておこう。一つは、「変化」と「変動」の概念的把握をどのように明確化するかということである。近代化論を例とするならば、いわゆる近代社会への転化は社会変動であるが、以後の近代化の進展における変化と変動（もし変動があるならば）をどのように区別するかという課題が残るのではないだろうか。もう一つは、同じことの別の表現かもしれないが、「変化」から「変動」へ転じる契機あるいは客観的条件と主体的条件の成熟が問われることである。その意味では、賛否いずれにせよ、新しく参入してきた論者たちのその後の研究が問われることになるであろう。

この『基礎社会学』の企画全体について、評価も含めて若干の整理をしておこう。すでに指摘したように、先の『社会学講座』（一九七〇年代前半）が一九五七年の講座企画と比較するならば、日本の社会学の発展にとってはプラス面とマイナス面の両方を含んでおり、「日本社会の科学的自覚」が全体としてはかならずしもはっきりしていなかったのにたいして、『基礎社会学』の企画はどうであろうか。大きくは二つのプラス面があることを評価することができる。前の時期には社会学の理論構成の整備の方向がかならずしもはっきりしていなかったのにたいして、すでに見てきた通り、一つの理論的立場とその理論構成の方向をある程度整備して打ち出したことを指摘することができる。後に富永健一はこの方向での「収斂」を主張しているが、それは彼の立場の主張であろう。私見では、収斂問題を論じるのは（二十一世紀初頭でも）時期尚早なのである。ここで確認する必要があるのは、新たな理論的主張にあたっては、同じ立場としてこの方向を整備・発展させるのか、異なる立場としては、どのような理論構成を具体的に対置するかということである。次に指摘できるのは、各巻における〔学説編〕および〔研究編〕については、どのように理論構成に組み込み得るかということ、そして（次の時期の専門分化にかかわるが）それぞれが独自な理論的整備・発展をさらに進めるかという課題があることを指摘しておこう。最後にこれはこの企画だけではなく、この時期に提起された日本の社会学全体の課題であるという性格を持つ社会変動論の整備・発展を最重要な課題として挙げることができる。『第Ⅴ巻　社会変動』では、社会変動をめぐる異なる見方がほぼ出ているので、どの見方にもとづくにしても、この段階では不充分であり、その発展が問われること、そしてどのような変動論であるにしても、基礎理論（原理）に組み込む必要があるという課題を挙げることができる。付け加えるならば、もし全く新しい社会変動論を提起するならば、すでに挙げたいくつか社会変動論の検討が不可欠であろう。

ここまでで五つの講座企画を取り上げたが、この時期の主要な潮流がほぼ出ている。ここで確認してほしいのは、その後の展開との関連である。私が触れなかった論考も含めて、継承に値する思惟方法、論点提起、理論的方向などが多様に示されていると言える。加えて、相対的に若い世代が多いことの確認も大事である。繰り返し強調するが、学史にとっての継承問題とともに、新たな主張を表明した当人が、その後どのように発展的に研究を進展させたか、あるいは（清水幾太郎に見られるように）変更したかということが、単に理論的立場だけでなく具体的な現実研究においても問われる、というのが私の考え方である。つまり、五つの講座を最初に取り上げたことには、上のような検討を進めるにあたっての一つの目安という性格もある、という私の意図も込められているということである。これは日本の社会学だけでなく研究者自身にも問われる問題でもある。(14)

四、マルクス主義系の展開

▼概観

かつて矢澤修次郎が「社会学におけるマルクス主義」（『季刊　労働法　別冊　第六号　現代社会学』所収　総合労働研究所　一九八〇年）と題する論考を発表しているが、このような表現はこの時期までの「マルクス主義」の立場の性格、具体的にはその内部における矛盾と分裂をある意味では示している論考と言えるであろう。つまり、「マルクス主義社会学」にも単純化できなければ、史的唯物論とほぼ同じとも言える「マルクス主義社会科学」と性格づけることにも躊躇を覚える。もしそうだとすれば、「社会学」の中にはマルクス主義が存在しないことになる。更には、一応はマルクス主義の立場からの現実分析が多数なされており、これを理論的にどのように性格づけるかという問題もあるということを意味する。「社会学におけるマルクス主義」は非マルクス主義の立場からは一様に見なされるかもしれないが、ここではかならずしも一様でないことを確認することがまずは大事である。これは社会学の立場だけでなく、思想、イデオロギー、さらには実際の政治などにおいて、マルクス主義の立場が一様でないという意味で大事なのである。なぜ大事かと言えば、継承問題および理論的発展に密接にかかわるからである。なお、これまではほとんど語られていないように思われる「消長・衰滅」についても試論的に考えてみようと思う。

当時のマルクス主義系内部（＝社会学におけるマルクス主義）の立場の違いについては、大きくは三つの潮流に分けることができる。一様ではないマルクス主義系については、これまでに整序されて論じられることがほとんどなかったので、富永見解とは異なる見方として、私なりにはっきりさせておこうと思う。

ここでは敗戦直後からの展開をも含めて簡単に確認することが必要であろう。というのは、すでに前章で触れたように、「社会学におけるマルクス主義」には、戦後当初から継続して二つの異なる立場があったからである。前の章とやや重複するが、簡単に再確認しておこう。一つは、マルクス主義社会科学（＝史的唯物論あるいは科学的社会主義）という立場であり、先に触れた細野武男の見解に代表される。次にマルクス主義社会学を明確に主張した本田喜代治を挙げることができる。これに加えて、マルクス主義社会学とも解釈できるがやや曖昧さを含む早瀬利雄を挙げることができる。早瀬の見解については、やや曖昧な点も含めて、現実分析に傾斜する性格とも言える。問題はこれらの諸見解が潮流としてどのように継承されたか、あるいは継承されなかったかにある。しかも、この三つの立場がかならずしも截然と分かれてはいないことも考慮する必要がある。(15)

▼マルクス主義社会科学

マルクス主義系の潮流の一つとして〈マルクス主義社会科学〉という性格づけができる立場があるが、この潮流自体が理論的には一様ではなく、他の潮流の中にも混入しており、とりわけ〈現実分析〉ではかならずしもはっきりしていない場合が認められる。したがって、ここではこの潮流の理論的性格を表している見解として数人に絞って論考することになる。それぞれについて主要に取り上げる著作の内容には簡単に触れるにとどまるであろう。というのは、マルクス主義系における史的唯物論の理解がきわめて多様であり、その違いに言及すると際限がないからであり、その基本性格に限定して述べることになろう。

芝田進午は主著と見なされる『人間性と人格の理論』(青木書店　一九六二年)およびその後の著作においても認められるように、A・グラムシにも似た「芝田進午の世界」とも言えそうな独自の見解を展開している。彼の支持者の中では高く評価されているが、一般的には取り上げて論じられることは社会学界では稀である。芝田の場合は、他の諸見解とは違っていわゆる「社会学批判」をほとんど展開していないためかもしれない。

芝田におけるマルクス主義社会科学の原理的思惟は『人間性と人格の理論』にほぼ示されている。彼にとっての主要問題は疎外状況にある人間性と人格の全面的解放とその発展ということにある。第一部では、歴史を一つの「自然史的過程」として措定し、人間的自然がどのような社会史的段階にあるかを軸にした思惟が展開されるが、それは人間的自然の変革のプロセスを意味する。その場合の出発点は〈欲望と生産〉とりわけ生産である。生産とは、労働における自己の生活の生産と生殖における他人の生活の生産の二種類の生産である。そして、労働過程、言語活動過程、認識過程という展開を経て心理学にも言及されるが、詳細は省く。第二部では、疎外状況を商品生産と資本主義的生産をマルクスの『資本論』の展開に依拠して論じられており、その認識にもとづいて帝国主義、イデオロギー的関係について、その矛盾的存在形態を軸に論じられている。第三部では、人間性と人格の解放＝疎外からの脱却について、現存する資本主義社会における階級闘争をめぐって展開されるが、とりわけ重視されているのが多様な〈実践〉である。最後にいわゆる共産主義社会への展望が示されているが、その過程で組織論、「民主集中」問題、スターリン見解、統一戦線論、社会主義社会の矛盾、社会主義国家の矛盾など、当事のマルクス主義系の社会科学が論議していた諸問題を多岐にわたって論じ、彼なりの見解を表明している。思惟方法においても活動においても何よりも〈実践〉を重視していた芝田は、その後は例えば『現代の精神労働』（三一書房　一九六二年）をはじめとして、編著として教育労働、医療労働、公務労働、芸術的労働などいわゆる専門性のある労働分野についての開拓的研究を示している。つまり、従来のいわゆる「生産的労働」ではない労働への着目を喚起する性格にほかならない。これは芝田が二種類の生産から出発した当然の結果ではあるが、そのことが彼自身にはかならずしも充分には自覚されていなかったようである。

河村望はこの時期にはマルクス主義社会科学を鮮明に表明するとともに、その理論的主張に加えて、「社会学批判」を具体的に展開し、その立場から現実分析にも取り組んでいる。河村の『現代社会学とマルクス主義』（汐文社　一九六八年）はマルクス主義社会科学の立場から「ブルジョア社会学」（河村の表現）と「マルクス主義社会学」の主張の両方を批判する性格のものである。具体的に示すと、この書では「社会学」における唯物論的立場と観念論的立場の対立を軸として、マルクス主義の社会科学（河村の表現では〈科学的社会主義、共産主義の理論〉）の思惟方法と「ブルジョア社会学」の思惟方法を対置して論じている。彼の「ブルジョア社会学」批判は、観念論的立場の思惟方法に向けられている。具体的に若干示すと、唯物論的思惟では客観的存在としての社会の歴史的発展の法則を明らかにするのにたいして、観念論・不可知論の立場にある見解に反対し、具体的には「意図と感情」をもった人間が歴史をつくること、階級抜きの集団論、そして社会体系論といった思惟方法などを批判する。わかりやすく言えば、個人、集団、社会を抽象的・観念論的思惟方法で措定するのではなく、生産関係を基軸とする唯物論的思惟方法が主張されているということである。マルクス主義系の内部での違い（あるいは新たな試論的見解）をめぐっては、外国ではブハーリン、ルフェーブル、グラムシ、日本では田中清助、北川隆吉などを一貫して批判している。宇津栄祐との共著『現代社会学と社会的現実』（青木書店　一九七一年）やその他の著作でもそうなのであるが、河村にとって大事なのは、史的唯物論にもとづく現実認識であり、「社会学的思惟」を導入したり結びつけたりして社会学としての理論構成を整備・発展させることではなく、社会学からマルクス主義へという方向こそが科学的立場なのである。その立場から現実分析にも多数取り組んだ河村ではあるが、次の時期にはその理論的立場を大きく変えることになる。

次いで取り上げる真田是の場合は微妙である。真田については〈講座企画〉ですでに触れており、「マルクス主義社会科学」の潮流として一応は位置づけることができるが、この時期の真田は、『講座　現代の社会学』では、当時の社会主義圏の社会学への疑問を投げかけているが、私が「微妙」と表現したように、彼のマルクス主義社会科学の立場は河村ほど徹底したものではなかった。真田是の見解（あるいは立場）をどのように性格づけるかはかなり難しい。清水幾太郎のように変化したわけではないが、彼の具体的な研究関心（現実的対象）が一定の変化を見せているとも思われるからである。真田はいわゆる社会病理学に対抗して「社会学的」な社会問題を追及し（一九八〇年頃まで）、その間にマルクス主義をめぐる理論問題および若干の社会保障（社会福祉）問題にも取り組んでいる。細野武男との共著『社会学入門』（法律文化社　一九六六年）では、社会学では〈社会的事実〉を取り上げるが、いわゆる社会学と史的唯物論との対立には理論的対立に加えてイデオロギー的対立をも含んでいることの指摘からはじまり、第一章では、社会の基本的見方について、A・スミスからはじまってテンニース、ジンメル、デュルケームの社会学を検討し、民族、階級についてのマルクス主義的捉え方が対置されている。第二章では、現代社会の捉え方について、社会変動論、産業社会論、大衆社会論を批判的に検討し、これまたマルクス主義の捉え方が対置されており、社会学にたいする理論的批判という立場が一貫している。しかし、この時期に真田がもっとも精力的に取り組んでいたのは社会問題研究であるが、一九七八年の『現代社会問題の理論』（青木書店）以後、一九八〇年代から社会福祉研究が本格的に進められる。そのような分野の研究だけならば、マルクス主義社会科学の立場からの社会福祉・社会保障の研究という性格になるが、真田の場合はそのような狭い研究にはとどまっていなかった。真田の諸見解は二十一世紀のマルクス主義系の行方にかかわるという意味で、後で若干触れるであろう。

この立場としては、やや性格が異なる細谷昂を加えておこう。細谷もまた一定の「社会学批判」を行っており、その立場が鮮明にうちだされている性格のものとして『社会科学への視角―マックス・ウェーバー批判―』(汐文社　一九六九年)を挙げることができる。細谷によれば、マルクス理論を支持する立場から「現代理論」を批判するのがこの書の性格である(「社会学」という表現ではなく「社会理論」という表現になっている)。細谷はまず〈認識と実在〉という哲学的認識論から始めるが、弁証法的・史的唯物論は「客観的実在の反映」としての認識であるのにたいして、「主観の構成」としての認識を対置し、主としてM・ヴェーバー批判が展開され、「第三の見方」としてポパーをも批判している。以下、〈人間と社会〉と〈現代と組織〉においても、マルクス理論と主としてM・ヴェーバーを対置して後者を批判するという展開になっている。細谷の『現代社会学と組織論』(誠信書房　一九七〇年)は右の書の〈現代と組織〉をより詳細に述べるとともに〈運動論〉が加わったものである。ここでもまたマルクス理論の思惟方法と「現代社会学」の思惟方法を対置して後者を批判する点ではほぼ同じであるが(ここでは社会理論ではなく「社会学」を使用)、「現代社会学」が組織を抽象的・一般的に概念規定するのにたいして、細谷は組織を実践的概念として措定する。前半では主としてM・ヴェーバー批判が展開され、後半では細谷自身の運動論としての組織論が展開されている。『マルクス社会理論の研究』(東京大学出版会　一九七九年)にも簡単に言及しておこう。マルクスについての研究は、社会学畑だけでなくあらゆる人文・社会科学に認められるので、細谷の〈マルクス論〉にはどのような特徴があるかを確認することが大事である。マルクスの見解については、いわゆる「初期マルクス」とされている『独仏年誌』前後までとさらには『経済学・哲学草稿』に至るマルクスの思考の前進過程をめぐって述べられている。次いで、『ドイツ・イデオロギー』への思考過程と史的唯物論の成立とその基本的思惟方法について展開されている。マルクスの文献に詳しく当たっていない人にはきわめて不親切な触れ方であることを、私は充分承知しているが、主として文献考証学的にマルクスの思考過程の全体像を描こうとしたのがこの書の基本性格であり、それまでのマルクス解釈に見られがちな、マルクスのある時期を重視するというよりは一貫した思考過程として捉えているところに細谷の見方の特徴があると言えるだろう。詳細な文献考証学的論考というこの書の展開を具体的に述べることは、細谷が理解したマルクスの思考過程全体を示すことになるのであり、詳述は困難であるが、富永健一が取り上げて詳細に紹介・論述しており、屋上屋を重ねることを避ける意味で参照にすればよいであろう（富永健一『戦後日本の社会学』三一三〜三二〇頁。ただし、右で指摘した特徴や結論部分は当然異なる）。

以上のようなマルクス主義社会科学の立場（だけではないが）に、一九七〇年代の後半には新しい世代が参入してくる。参入の仕方はいろいろあるが、ここではその旗頭とも考えられる庄司興吉だけを挙げておくことにしよう。庄司は新しい世代として、『現代日本社会科学史序説』（法政大学出版局　一九七五年）と『現代化と現代社会の理論』（東京大学出版会　一九七七年）を引っ提げて登場する。『現代日本社会科学史序説』についてはきわめて多様な論考に彩られているので（一九六八年から七四年までに発表された論文による）、全体を紹介することができない。そこで、この多様な論考に流れている庄司の観点（しかもすべてではない）に触れるにとどまる。マルクス主義と近代主義を対比して論じるというのが庄司の基本的スタンスであり、ある意味ではこの時期の重要なテーマであったとも思われる人間の問題、社会意識、社会学の性格などについて彼の基本的スタンスからそれぞれ独立して論じられている。庄司の見方が一種のまとまりをもって展開されているのは『現代化と現代社会の理論』であり、いわゆる「現代社会論」という性格を軸として、書名に示されているように、「現代化」が進展する真っ直中で現代社会をどのように捉えるかということを問うものであった。前の本と同じように既発表の論文によって構成されているこの本では、資本主義社会の変化にともなって多様に現れた新しい現代社会論がほぼ網羅的に検討されており、具体的には大衆社会論、産業社会論、知識社会論、管理社会論などが検討の遡上に乗せられる。他方では、「科学的」国家独占資本主義論についても言及されているが、既述の『講座 現代の社会学 1 現代社会論』とは違って「現代化」の様相を示す具体的現実に迫っていることが特徴の一つと言えよう。このような検討を通して、社会科学における重要概念も検討されているが、庄司が目指しているのは、新しい社会科学の基礎理論の構築である。したがって、以上簡単に触れた二つの著作はそのための準備作業としての性格であると思われるので、その行方についでは次の時期で考えることになるが、このことは庄司興吉だけにかぎったことではない。

ここでは新しい世代の参入を庄司興吉を代表例として取り上げたが、庄司だけでなくその他の新しい世代が主要に活躍するのは次の時期である。したがって、マルクス主義系の潮流にかぎらず、マルクス主義系と近代主義系の行方が問われるのもまた次の時代ということになる。やや先取りして言えば、どのような継承がなされたかということ、および(この時期の人たちは次の時期にも継続する人たちが多いから)それぞれの研究軌跡でどのような発展が認められるかということ、が問われることになる。この潮流についてはかなり絞り込んで取り上げたが、次の時期に持ち越される見解としては、専門分化の方向も含めて、同世代、さらに若い世代の思考軌跡が問われることになる。[16]

ここで、〈現実分析をめぐって〉若干付け加えておこう。マルクス主義における立場の違いのように、その理論的立場がかならずしも明瞭ではないし、截然と分けることができない。多様な分野にわたる現実分析を網羅して述べるわけにはいかないので、その性格を鮮明にするという意味で簡単に指摘する。いささか大胆に言えば、具体的な研究動向は主として地域研究と産業・労働研究に集中している。島崎稔、北川隆吉、蓮見音彦などを代表的な研究として挙げることができるが、それらの膨大な調査研究とも関連して、次の時期に進展する〈専門分化〉の動向が現れることになる。私は実証的な調査研究の重要性とその意義をいささかも否定するものではないが、問題はそこに(=現実分析)とどまるだけでよいのかということである。そのような研究によって、マルクス主義系にどのような理論的整備・発展が可能かということが問われるであろう。一九七〇年代後半から〈専門分化〉の兆しが強くなる動向が日本の社会学全体に認められるようになることを考えると、理論的な整備・発展が乏しいならば、次の時期の悪しき〈拡散状況〉につながらないと果たして言えるであろうか。そのような意味で、この動向については、〈領域社会学〉で、あるいは〈専門分化〉にかかわらせて、必要に応じて触れることになるであろう。

マルクス主義社会学の試み

ここでマルクス主義社会学の試みというのは、前の時期の早瀬利雄のような提唱あるいは方向の必要性という見解表明ではなく、マルクス主義社会学の性格をやや具体的に示している立場を意味する。ここでは、マルクス主義社会学のあり方をかなり具体的に展開している田中清助と布施鉄治を取り上げることにする。マルクス主義社会学の主張にあたっては、大きくは二つの課題に応えることが要請される。一つは史的唯物論の理解とその中での社会学の位置づけ（＝性格）であり、もう一つは理論化の具体的展開である。田中はいくつかの論文の中でこの課題に応えようとしている。すでに若干は触れているが、史的唯物論の理解（マルクス解釈と言える）は、マルクス主義系の人文・社会科学全体の問題でもあった。

田中清助は、マルクス主義社会学についてはいくつかの論考のなかで見解を表明しているが、すでに簡単に触れた『講座　現代社会学３』（一九六五年）の論考の他には、「マルクスにおける Assoziation の概念について」（『社会学評論71号』日本社会学会　一九六七年）、「アソシアシオン論序説」（『思想12月号』岩波書店一九七二年）、「シンポ史的唯物論の現代的課題」（『現代と思想14号』　一九七二年）を挙げることができる。田中は『講座　現代社会学３』でマルクス主義社会学の方向を明確に述べるとともに、右で指摘した二つの問題に答える方向を探っている。田中の着目点は、①労働関係が生産関係とイコールではないこと、②集団・組織への着目、③「社会的なもの」としてのアソシアシオンの三点である。

まず、労働関係が生産関係とイコールではないことを打ち出したことは一つの卓見と思われるが、おそらく社会主義社会における労働現場・労働管理からその民主的あり方に着目したからであろう。集団・組織への着目についても単純に階級に解消できないという考えによるものと思われる。だから田中はマルクスの「アソシアシオン」概念に着目して考察を行っている。田中においては「アソシアシオン」概念がマルクス主義社会学の主要な概念の一つであり、階級関係や「土台」に単純に規制されない独自な概念と考えられていた。したがって、マルクス主義社会学における集団論や組織論は「アソシアシオン」概念にもとづいて展開されるという提起をしている。

そのような思考過程は主として社会主義社会における労働関係やその他の諸関係に理論的に着目することによるが、田中がマルクス主義社会学の理論化の方向としてとりわけ注目する必要があるとしたのは、「社会的なもの」(Das Soziale) としてのアソシアシオンである。マルクス主義の内部ではほぼ周知のことであるが、史的唯物論のいわゆる定式化〔公式〕とされている『経済学批判』の〈序言〉をめぐっては、それまでにはいくつかの解釈があった。一般に科学的社会主義・共産主義の理論とされているものの基本的思惟にはこの〈序言〉が重要な位置を占めており、経済的社会構成体〔あるいは単に「社会構成体」〕という概念には社会学の存在する位置はなかった。田中は右で簡単に触れた思考過程を経て、それまでのマルクス主義および社会学にたいして、左のような図2の三つの図の対比によって、ゾチアル〔sozial〕な領域を措定している。この図が田中の史的唯物論の理解であると同時に、図cのゾチアルな領域が社会学の位置づけつまりマルクス主義社会学の基本性格を意味するものである。田中は社会主義社会としてのソ連〔ただし「レーニン段階」のソ連〕を強烈に念頭においていた。ここでは詳述しないが、簡単に指摘するならば、労働の管理と労働者の参加〔レーニンの民主主義的見解による〕のあり方が問われていたのであり、それは〔社会主義の〕計画的実践と諸個人の主体的実践を発展させる要の位置にあるのが〈ゾチアル

図2（図a、b、cは田中のネーミング）

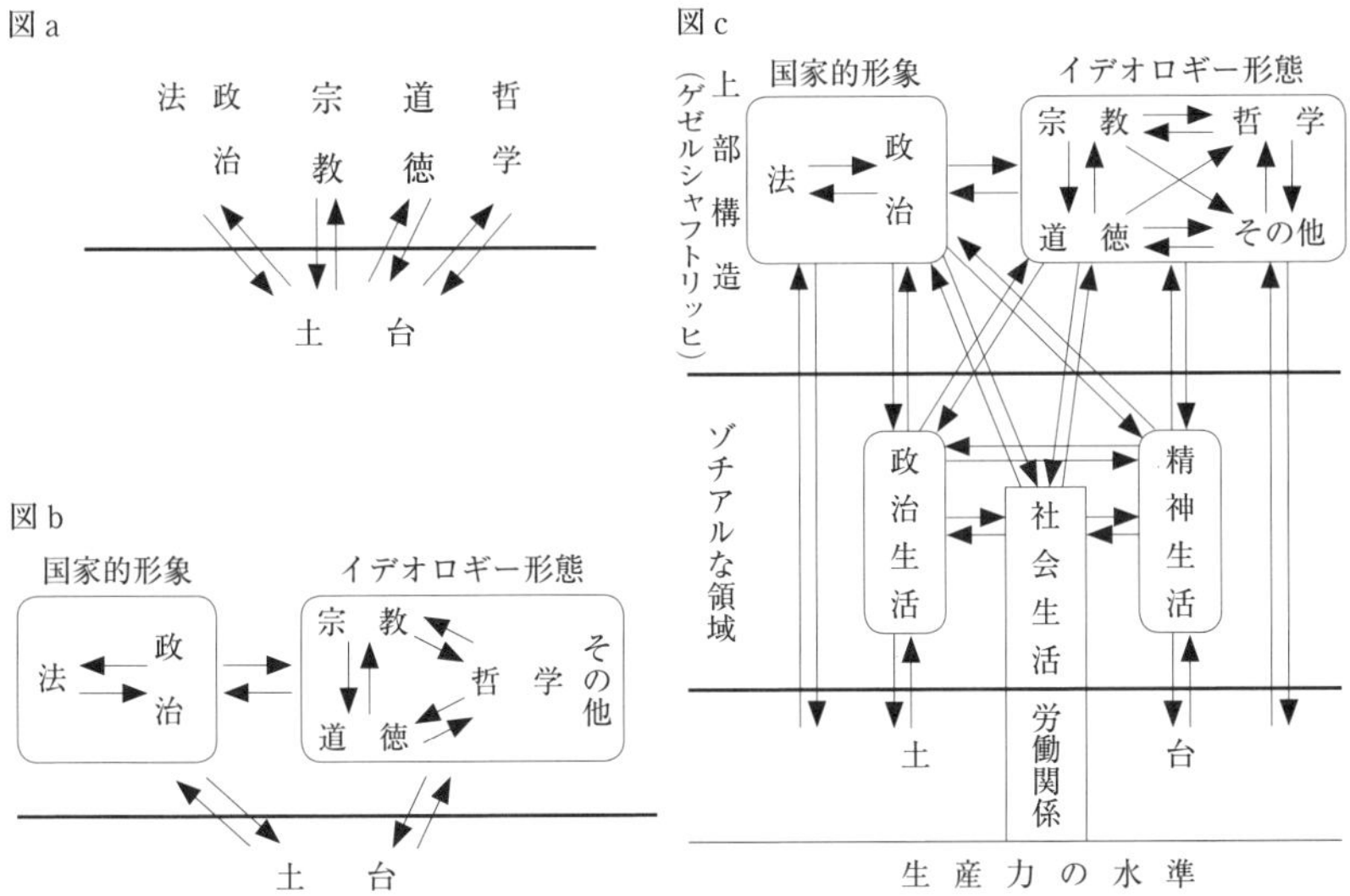

な領域〉にほかならないことを意味する。田中によれば、そのような〈ゾチアルな領域〉とは、経済過程を土台としつつも相対的独立性をもち、土台の発展に反作用する社会的な諸関係の「事実的な社会的（ゾチアルリステス）発現」である（レーニンの規制・計画化の段階）という位置づけがなされている。このような思考過程によって、田中はマルクス主義社会学の基本性格とその理論化の方向を具体的に提示したと言えるであろう(17)。

布施鉄治は、具体的な調査研究にも依拠してマルクス主義社会学を独自に主張・展開している。布施の研究は鈴木榮太郎のいわゆる「イエ・ムラ」論の継承からはじまると考えられるが、彼がマルクス主義社会学を明確に表明したのは『行為と社会変革の理論』（青木書店　一九七二年）においてであり（ただし「社会学」と「社会理論」の両方の表現がある）、その後、布施鉄治著作集『調査と社会理論［下巻］理論研究』（北海道大学図書刊行会　二〇〇〇年）に所収されている理論的論考、共著『社会学方法論』（岩城完之・小林甫　御茶の水書房　一九八三年）によって、布施の目指した理論を知ることができる。布施は『行為と社会変革の理論』で「マルクス主義の社会学」の理論構築について『ドイツ・イデオロギー』の理解を軸にして具体的に展開している。「なかんずく諸個人の社会的行為理論から社会構造変動論にいたる射程領域内にはいる社会集団論、文化論、意識論、組織論、コミュニケーション論等々の諸領域」がマルクスの見解に含まれていたと述べている。

その理論的展開については詳述しないが、〈諸個人の生活の生産〉が歴史的かつ論理的な出発点である。布施によれば、マルクスは経済学レベルを社会学的方法によって社会的な生産組織の分析における重要な視角を提供しているとされる。重要と思われる視角を三点示しておこう。まずは生活の「社会的生産過程」を基軸とする捉え方を挙げることができる。布施の目指そうとしたのは、「社会的生産過程」というカテゴリーを据えることによって、マルクスに認められる協働様式、交通関係、生産力という概念を使って（マルクスの社会学的思惟）、ミクロ認識とマクロ認識の統合という方向に理論的端緒を提示することである。次に「生産・労働―生活過程」については、右の方向をより豊かにすることを目指すものであり、生活のトータルな把握を経済的社会構成体の歴史的位相に位置づけて捉えること、したがって諸個人が社会的諸関係のアンサンブルである（マルクスの見解）ことを具体的な分析視角として打ち出したことを指摘することができる。第三には、「社会機構」概念を社会学的に重要な概念として提示したことを指摘することができる。この言葉そのものはそれまでもいろいろな社会科学で使われてはいたが、基本概念として措定したのは、グラムシと布施だけであろう。両者の意味には若干の違いがあるとともに不明瞭な面もあるが、集団・組織とは異なる概念として措定されており、集団・組織を社会に結びつける（あるいは媒介する）新しい概念そして分析視角として性格づけられる。布施の諸見解は、『ドイツ・イデオロギー』をベースにしながらいくつかの重要と思われるマルクスの文献に依拠しているが、大事なことは単に文献解釈だけでなく、膨大な調査研究の蓄積による具体的な現実分析（主として家族と地域）と理論化との往復作業を繰り返していることである。布施にとっては、マルクスに社会学があったかどうかとか、マルクス主義の「社会科学か」、「社会学か」とか、を一般的に論じることは論外だったのである。

私の狭い関心から、布施の研究をあまりにも簡単に絞りすぎたかもしれない。現実分析と理論化の往復作業を通して、布施が理論面で行ったことを整理するならば、マルクスにあったとされる「社会学的思惟」はきわめて多岐にわたっている。布施は「機能主義の社会学」にたいする批判を必要に応じて示しながら、いわゆるイデオロギー批判ではないかたちで自己の理論的・方法論的見解を対置して述べている。簡単に列挙すると、農村研究における「近代化＝民主化」問題、最広義の社会諸関係の把握における「体系と副体系との相互関係」問題、社会機構との関連でのフォーマル・インフォーマル関係、主体・価値・文化と社会変動との関連、生産力と主体形成、交通諸関係とコミュニケーション状況などの諸問題にたいして、端緒的ではあるが、理論的布石をおこなっている。(18)

マルクス主義社会学の追究についてはその見解（性格）が比較的鮮明な田中清助と布施鉄治に絞って取り上げたが、これに加えて三溝信が社会学の古くて新しい問題であるいわゆる「社会と個人」問題から出発して独自の理論的追究を継続しておこなっている。彼の理論的展開については次章で取り上げることにする。なお、すでに触れたように『講座　現代社会学』（『講座　現代の社会学』の一定部分を含めて）はマルクス主義社会学の方向を宣言したものであった。次の項でも指摘だけするように、それに参画した者にとってはその後の展開が問われることになるが、これについても次章で触れることになろう。

▼評価と課題

「社会学におけるマルクス主義」はマルクス主義社会学の主張・追究も含めてすでに半世紀以上が経過している。その評価と課題をめぐって述べるに先立って、富永健一の〈マルクス主義社会学〉に対する見解について簡単な疑義を挙げることからはじめよう。マルクス主義社会学について富永は、『講座　現代社会学』の検討からスタートして、「十九年を経て出された北川隆吉監修の大冊辞典『現代社会学辞典』（一九八四年）は、このグループの到達点であったと同時に、その解体でもあった」（二七七頁）とし、最終的にはマルクス主義社会学が思想体系としては存在しなかった、と結論づけている。富永は『講座　現代社会学』にはじまる潮流を一つのグループと見なしているが、私見ではせいぜい人脈であるにすぎないと考える（人脈ならば私自身にも繋がりがあるが、この「グループ」に属したことはない）。グループであるかどうかはさておき、「社会学におけるマルクス主義」の一つの潮流と見なすことはできるであろう。この潮流は既述のように、マルクスに社会学の方向を求めることを「宣言」したので、その後の理論的展開（発展）が問われることになる。他方、マルクス主義社会科学の潮流については、マルクス理論をどれだけ豊かにしたかということおよび個別社会分野での現実認識と理論的成果が問われることになる。したがって、仮に『現代社会学辞典』で富永の言う「グループの仕事」が終わっていたとしても、一つの潮流の停滞ではあってもマルクス系そのものの解体・消滅にはならないであろう。富永は「日本版マルクス主義社会学のヴァリエーション」として、塩原勉、上野千鶴子、橋本健二（しかもそれぞれの著書を一冊だけ）に論及している。しかし、塩原と上野はマルクスの見解を一定程度活用しているが、マルクス主義をベースにした組織理論あるいは家族社会学理論を追究してはいない。橋本は自らを「マルクシアン」と名乗っているので、バリエーションではなくてマルクスをベースにして新たな階級論を追究しているものとして性格づける必要があろう。私は二つの点で富永とは異なる見方をしている。誤解を避けるためにことわっておくが、この見方の違いは私のような一応は史的唯物論を理論的基礎としている立場と富永のような近代主義・リベラル社会学としての立場との違いではなく、社会学的思惟をどのように考えるかの違いである。そのような違いについては以下（だけでなく本論考全体）に述べることによって了解できるであろうと考えている。

私の評価の視点は、すでに繰り返し述べている〈継承〉に加えて理論的発展の二点であるが、その背後にあると考えられる「当該社会の科学的自覚」も念頭にある。先に若干暗示したように、一九七〇年代中頃から世界的情況の大きな変化にともなう日本の社会的現実の変化にマルクス主義系がどのように対応したかを、理論問題として考えることが大事である。この時期の後半には、ソ連をはじめとした東欧諸国が大きな変化の兆しを見せ始め、「社会主義社会」のあり方・存在意義が問われることになる。「社会主義圏」の社会（科）学者たちにはそのような意識があったようであり、私の狭い知見ではあるが、例えば東ドイツでは新たな社会学の模索や経験社会学的研究が試みられており、ソ連でも調査研究がはじまっていた。そして中国もまた生産力の停滞にともなう国民生活の経済的停滞のもとでの社会の具体的あり方が問われることになる。資本主義社会の変化も含めた世界的な現実の変化のもとで、マルクス主義にたいする批判が多様なかたちでなされるようにもなる。それらの批判にはイデオロギー批判もあれば、社会主義の現実に依拠した批判もある。次の節とも密接にかかわるのであるが、この時期には〈ヴェーバーは診断し、マルクスは治療をしようとした〉というK・レヴィットの見方が提示された時期でもある。そして既述のように、すでに前の時期から「治療としての」社会主義の方向が示されていた。しかし、現実の社会主義社会への疑問、いささか大胆に言えば社会主義・共産主義への信仰に近い未来志向がゆらぎはじめ、資本主義社会は客観的条件としての矛盾の深化を抱えつつも、「変革」にたいする主体的条件の未成熟（あるいは後退）が手伝ってその存続の気配が濃厚だった。

そのような「社会主義圏」の現実的変化に直面したこの時期には、社会科学という見解であろうと社会学という見解であろうと、マルクス主義系での総括が必要であったと考える。しかし、マルクス主義系（だけではないが）での総括はなされなかったし、その後もなされていない。二十世紀後半の全体（つまり本論が取り上げる範囲）については次の章で考えることにして、ここではその準備的（あるいは前段的）作業として、総括の視点を考える意味で、この時期の推移の特徴について簡単に考えてみよう。一つは継承ないしは自己展開（あるいは発展）という問題である。この点ではマルクス、エンゲルス、レーニンの文献に依拠しているとはいうものの、依拠の仕方が解釈の域を大きくは出なく、それぞれが独自にというと聞こえがよいが、バラバラに論陣を張っている性格が濃厚である。社会調査では一定の協業がなされてはいたが、理論研究には協業が乏しかった。このことは、日本における理論展開の継承がほとんどなされていないことを意味する。しかも、他の社会科学（経済学、政治学、歴史科学など）ではマルクス主義内部で多様な論争がなされていたが、社会学では論争がほとんどなかったと言ってもよいであろう。次に自己展開については、自らが取り組んだあるいは提起した問題の発展的追究については、年齢的には充分可能であるはずだが、少数を除いてはほんど進展していないことを指摘することができる。

次の章でやや踏み込んで考えることになるが、マルクスの思惟の出発点である〈生活の生産〉については、芝田進午が「労働における自己の生産と生殖における他人の生活の生産の二種類の生産」、布施鉄治における生活の「社会的生産過程」への着目、田中清助の「社会的なもの」としてのアソシアシオンの措定などはそれぞれが独自に提示したものではあるが、マルクス主義系の社会学の一つの性格を示すものであった。マルクス自身は社会学という言葉を使っていないし、社会学を主張・構想しなかったことは富永の指摘通りである。しかし、マルクス自身に社会学がなかったということがマルクス主義社会学があり得ないという根拠にはならない。私見では、社会学という表現の問題ではなくて、思惟方法の問題である。少なくとも右に挙げた三人はその思惟方法に「社会学的思惟」を認め、可能なかぎり理論化する方向を追求したのである。

しかし、この時期に限って言えば、それが「社会学におけるマルクス主義」の共有財産にはならなかった。もう少し具体的に付け加えるならば、「生活の生産」あるいは「生産」が出発点であり、芝田、田中、布施（若干の違いを見せながらも）はそこから出発して理論化に具体的に取り組んだのである。しかし、これまた指摘だけにとどまったが、〈現実分析〉では産業・労働、地域が相対的に多く、他の人間の生産としての家族については、理論的にはほとんど取り組まれていなく、現実分析でもきわめてわずかな取り組みに終わっている。まとめて言えば、右で指摘した三人の出発点はマルクスの見解を継承して社会学の理論化を発展させる重要な見解であるが、「経済的社会構成体」、労働、階級といったどちらかと言えば経済学や歴史学の性格にかかわる諸見解にとどまっていることが相対的に多く、マルクス主義系の社会学の理論的発展を阻んでいたとも言えるのである。

富永は「消滅」と見たが、消滅とまではいわないが、社会学にかぎらず他の個別社会科学においても、衰退はまぎれもない事実である。衰退についていささか大胆に言えば、自らが提起した課題、方向についての発展的追究が乏しかったことに大きな要因があるのではないだろうか。次の時期も含めて先取りすると、生活過程論を軸とする問い直しがいくつか現れるのであるが、社会的現実の変化と知的遺産の継承・発展の追究と結び付くならば、新たな地平が切り開かれかもしれない、とだけ言っておこう(19)。

五、近代主義系の展開

▼概観

これまではマルクス主義系に対置して「非マルクス主義」という表現も使ってきたが、これは最も基本的には「マルクスの立場」にある私の見解が反映した表現なので、以後は大きな潮流である「近代主義系」と表現する。マルクス主義系が一様ではなかったように、近代主義系の潮流もまた一様ではなく、根本がほぼ同じであるというマルクス主義系とは違って、きわめて多様性に充ちた潮流である。日本におけるこの潮流の展開を全体として整備している論考は皆無と言っても言い過ぎではないであろう。社会学のいわゆる「第二世代」であるジンメルやヴェーバーからはじまって二十世紀末までにいたる欧米の諸見解の解釈を含む活用、「継承」、その他の論考は無限にあるとも考えられる。展開の整備については、この巨大な潮流の外にいる私のようなマルクス（マルクス主義ではない）を理論的ベースにしている者の方がふさわしいのではないかと考える。

どのように活用したかはともかくとして、この潮流においてはM・ヴェーバー、G・ジンメル、E・デュルケームなどのいわゆる「第二世代」、そして戦後ではT・パーソンズなどが「主役」を演じている。しかし、それらの「受容」の具体的なあり方はきわめて多様であるが、概括的な流れとしてはさしあたり次のような整理をしておこう。一九六〇年代から七〇年代前半にかけては、日本の社会科学界では「ヴェーバーか、マルクスか」とか、「ヴェーバーとマルクス」とかといったことが論議される雰囲気にあった。レヴィットの「診断か、治療か」という見方が、社会科学のあり方にかかわる問題として意識されていたことはほぼ確かであった。にもかかわらず、私見では雰囲気の方が濃厚であったと考えている。先のマルクス系の細谷見解などを想起すれば、対比の仕方は（哲学的）認識論やイデオロギーといった対比の仕方が多く、資本主義社会としての現実（の問題性）をどのように認識するか（診断）、その解決策をどのように示すか（治療）といった論議は乏しかったように思われる。とはいうものの、反マルクス、非マルクス、ある種の混合という諸見解が乱れ飛んでおり、大胆な選択・整理が要請されるであろう。

他方では、機能主義の立場が徐々に社会学のなかに浸透する状況も進行していた。第二次世界大戦前までのいわゆる「第三世代」は、ある意味では一種の「古典」と化して、パーソンズに代表される構造＝機能分析が近代主義系で大きな位置を占めるようになるのが、この時期の大きな特徴の一つである。見方によっては、日本の社会学界では右で指摘したヴェーバーよりも「社会学として」論じられていたとも言えるであろう。

しかし、この時期の特徴は、欧米での新たな諸見解の出現に照応して、多様な理論が乱立して独自に自己主張を始めたことにあり、次の時期にも継続するのである。欧米の諸見解の「受容」問題は独自に取り上げて論じる必要がある課題であろう。というのは当初の「受容」とは性格が異なっていると考えられるからである。前の時期までの「受容」は、例えば、いわゆる形式社会学にしろ、文化・知識社会学にしろ、その他の理論的立場にしろ、それぞれの理論への関わり方は単なる紹介・検討にとどまるのではなく、そこから何を導き出してどのように自己の社会学を方向づけるかという性格の「受容」が多かった。つまり個別理論の検討（研究）にとどまらないスタンスを意味する（富永が細谷にたいしてさらに一冊書くべきだったという指摘はこの意味ではその通りである）。

さて、新たに出現して現在も論じられている「現象学的社会学」とか「交換理論」とかといったネーミングを挙げるよりは、代表的な固有名詞を挙げて、それらと日本における理論研究のあり方を検討するのが、適切な論じ方であろうと考える。年代順にピックアップすると、A・シュッツ、H・G・ブルーマー、R・K・マートン、H・ガーフィンケル、C・ホマンズ、P・N・ブラウ、などを挙げることができるであろう。しかし、〈近代主義系〉として一応は一括してはみるが、果たして〈近代主義系〉と言えるかどうかはかならずしも明言できないかもしれない。私がここで言う近代主義とは、近代社会の価値観をほぼ前提にして「近代社会」への趨勢とその存続についても背後仮説としてほぼ内蔵している立場を意味する。これまでもそうであるが、理論研究を検討するにあたっては、欧米の諸見解の「受容」との関連が主要に問われることになる。この時期に新たに現れる特徴としては、〈専門分化〉の動向が出てきたことを確認しておこう。例えば、社会意識論はその典型的な動向である。なお、この時期と次の時期は社会情況でも理論状況でもはっきりとは区分できないので、一九八〇年前後については必要に応じた取り上げ方になるであろう。

▼M・ヴェーバー研究

ヴェーバーをめぐる潮流について考えるには、まずは〈ヴェーバー研究〉の特徴から始める必要がある。〈ヴェーバー研究〉は彼の研究業績に照応して膨大な量にのぼり、「研究文献一覧」がかつて一冊の本になったほどである。その意味ではヴェーバーの諸見解は研究し尽くされているとも言えるのである。ここでは、この程度は確認しておく必要があるという意味で、ごく少数に絞り込み、取り上げた論者の特徴を簡単に示すことにしたい。これはヴェーバー研究あるいは活用にあたっての不可欠な確認を意味する。

相対的に早期のまとまった論考としては、青山秀夫『マックス・ウェーバーの社会理論』（岩波書店　一九五〇年）を挙げることができる。青山の五本の独立論文を、Ⅰ．社会科学の方法　Ⅱ．近代的と前近代的　Ⅲ．政治と倫理　の三部構成として整理されている。Ⅰでは、よく知られているいわゆる理解社会学における行為論について論じ、さらに理念型および因果帰属と客観的可能性判断にまで及んで述べられている。ここでは「かの理念型的概念構成の如きも、この因果帰属に関連して始めてその意義を発揮する」（五二頁）という指摘に注意をうながしておこう。Ⅱは、ヴェーバーの〈歴史社会学〉についての論考として性格づけることができる。ここではヴェーバーにおける近代合理主義の進展を軸として、官僚制や支配についての見解にも触れながら、資本主義、社会主義、そして中国社会について、ヴェーバーの見方をめぐって論考されている。Ⅲでは政治についてのヴェーバーの「関わり方」が取り上げられている。政治をめぐっても上の諸見解にはいろいろなかたちで出てくることはよく知られていることであるが、もっとも基本的には「責任倫理」が問われることが重要であろう。六〇年前のこの本は、ヴェーバーの関心領域・大事な諸見解がほぼ取り上げられており、いろいろな評価があり得るであろうが、日本における全面的なヴェーバー論の出発点として位置づく論考と言える。

金子榮一『マックス・ウェーバー研究』（創文社　一九五七年）は、第一章　社会学の方法的基礎　第二章　社会学の内容的構造　第三章　社会学の実践的意味　という構成になっている。金子のヴェーバー理解については、主として社会学者としてのヴェーバー像ということになるが、とりわけ彼が重視したのは近代ヨーロッパをどのように捉えるかということである。「責任倫理」にも触れられているが、青山と異なるのは、比較社会学ということを念頭に置いたヴェーバーの近代ヨーロッパ認識に注目していることであろう。

安藤英治は翻訳も含めてヴェーバー像に多面的に迫っているが、ここで取り上げる『マックス・ウェーバー研究』（未来社　一九六五年）はヴェーバーの社会科学についての総合的論考という性格を持っている。〈序説　イデアルティプスとしての労働価値説〉から始まって、「主体」の問題、「客観性」の問題、形式的思考の問題、「客観的可能性」の問題、カリスマ社会学の意味、「合理性」、そして歴史意識、という展開は総合的論考というに相応しい論考と言えるであろう。安藤が論じたウェーバー研究における各テーマはほとんど周知であり、ほぼ論じ尽くされいるものなので、ここでは具体的な内容には立ち入らない。大事なことを一つだけ指摘しておくと、「価値自由」を軸にしてヴェーバーが科学・現実・実践をめぐってどのように格闘したかということであり、そして安藤論考をも参考にして自らも格闘するスタンスである。そしてそれは安藤の格闘と二重写しにもなるだろう。というのは、この書では〈あとがき〉にとりわけ注意をうながしたいからである。三〇頁近い〈あとがき〉は異例とも言えるが、本文よりも〈あとがき〉の方がヴェーバーに向き合おうとする者にとっては意義があると思われる（著者の安藤に失礼かもしれないが）。安藤のヴェーバー研究が、戦中・戦後の日本を生きた彼の現実との格闘、具体的にはマルクスからの脱却の軌跡とも思われる。[20]

安藤英治もそして次に触れる大塚久雄、その他もそうであるが、ヴェーバーを含む近代主義系では、マルクス主義系とは異なるかたちでマルクスが意識されている。当時「マルクス／ヴェーバー問題」とも言われていたテーマに真正面から向き合ったものとして、性格づけられるのが高島善哉であり、彼の著書『マルクスとウェーバー』（紀伊國屋書店　一九七五年）を挙げることができる。高島自身が「マルクス／ヴェーバー問題」と言っており、両者において鋭く問われているのは「認識の方法」である。彼が具体的に論じたテーマを若干挙げると、〈主体―客体〉問題、〈理論—実践〉問題、価値問題などで、この問題を多様な角度から切り込んで論じている。ここでは高島の論述の特徴を二つ指摘しておこう。「私のいわゆる方法態度は、思想と科学（あるいは理論）を結びつける中間項として発案されたものである」（四〇頁　傍線は引用者）という独自の見解が示されている。もう一つは、マルクスとヴェーバーを対比して論じつつも彼自身の見解をいたるところで表明していることであり、単なる「受容」や論評にとどまっていないことである。

大塚久雄は経済史・経済学が専門であるが、彼の専門分野ではマルクスとヴェーバーの両方を主に活用していると考えられる。両者の活用あるいは評価を鮮明に打ち出しているものとして『社会科学の方法』（岩波新書　一九六六年）があり、高島善哉とは逆にマルクスよりもヴェーバーの方が射程が広いという主張として性格づけられる。この書は四つの論考（実は講演）からなっているが、基本的な見解は、〈I　社会科学の方法〉に分かり易く示されている。大塚によれば、マルクス、ヴェーバー両者はともに出発点を人間諸個人においているとするが、それ以後の展開の仕方が異なると見なされる。マルクスについては主として『資本論』（むろん他の文献も使われている）によって述べられており、人間の経済生活にたいするマルクス見解（人間の疎外も含めて）をおおむね肯定的に評価している。しかし人間諸個人の生活は経済だけではない。文化的領域（マルクス主義における上部構造領域に相当する）ではどうであろうかという問題にたいして、大塚は経済（＝土台）から制約される存在（マルクスの疎外的存在あるいは観念での自由な存在）を、物化されたものとして取り扱う方法では不充分であるとする。大塚によれば、理念と利害つまり人間存在における精神と物質の相克というヴェーバーの射程の方がマルクスよりも広いということになるのである。

以上、あまりにも簡単な取り上げ方であるが、これら若干の違い（相反する見方）がある諸見解から何を得るかということは、活用するそれぞれに委ねられることになる。事実、私自身も相対的に若い頃には自分のヴェーバー理解（マルクス理解を含めて）とこれらの諸見解とを対比して思考し、両者をどのように活用するかについて考えたものである。だから、マルクスを重視する私の思惟には理念型思惟もある。では、社会学からの論考はどうであろうか。ここでは折原浩と厚東洋輔の二つの論考を取り上げることにする。

折原浩については、『危機における人間と学問』（未来社 一九六九年）、『デュルケームとウェーバー（上）』『デュルケームとウェーバー（下）』（三一書房 一九八一年）の二冊に代表されると言えるであろう。後者では書名通り、デュルケームとヴェーバーについての論考ではあるが、どちらかと言えば、ヴェーバーと対比してのデュルケーム論という性格が濃いと言えよう。他方、『危機における人間と学問』は右で取り上げた（ヴェーバーについての）諸論考とは異なる性格であると言えるだろう。副題の「マージナル・マンの理論とウェーバー像の変貌」によって推察できるかもしれないが、「マージナル・マンとしてのヴェーバー」に焦点が当てられているのが大きな特徴であり、そのことによって折原独自のヴェーバー像が浮かび上がってくるということになる。この本は、既発表の論考を、第一部　マージナル・マンの理論ならびにその周辺　第二部　マックス・ウェーバー論　第三部　現代の〈没意味化〉状況と理解社会学の〈覚醒予言〉性として整備されている。二段組で四〇〇頁以上の大著のすべてについては述べないで、特に特徴と考えられる点の指摘をしておきたい。折原によれば、マージナル・マンとは複数の異質な文化の境域にあって、どの一つの文化にも十全に帰属しない人間、とされる。そこから第一部ではマージナル・マンの理論について展開されるが、とりわけ注目されているのがデュルケームとマンハイムである。その詳細は述べないが、彼のマージナル・マンの理論がヴェーバーを考える軸になっていることをまずは指摘することができる。ヴェーバーが彼の両親の「人間性」の著しい相違における相克からはじまる彼の内的葛藤については言い尽くされているのでここでは詳細には触れない。折原のヴェーバー認識の特徴は、そのようなマージナル・マンとしてのヴェーバーの理論的検討に当たっても基本視角としていること、そして研究者の自己にたいする厳しいスタンスを導き出したことである。実存的思想家としての「近代ヨーロッパ文化世界の子」（傍線は引用者）という表現に折原におけるヴェーバー像、しばしば語られる「責任倫理」を一身に背負って苦闘する研究者像が端的に示されている。そしてそのような苦闘は折原自身の苦闘でもあったのではないだろうか。

次に、厚東洋輔『ヴェーバー社会理論の研究』（東京大学出版会　一九七七年）に簡単に触れておきたい。厚東の三〇代に書かれたものである。すでに指摘したように、社会学におけるヴェーバー研究の論考は膨大な数にのぼるが、大部分は雑誌・紀要・編著の分担執筆といった論文である。そのようななかである程度まとまっている「総合的」かつ特徴があるという意味でこれを取り上げる。「総合的」とは表現したが、厚東の特徴は、その構成にも示されているように、一つは神々の闘争と利害の闘争に焦点を当てたことであり、もう一つは現代社会を捉える社会学的視座につい論考したことである。第一の点は知られていることであるが、興味深い指摘を示しておこう。神々の闘争をめぐってはカリスマと合理性を対抗関係とみなしていることである。利害の闘争をめぐっては、マルクスが労働者階級を「対自的」存在であるべきだと考えたのにたいして、ヴェーバーは「即自的」存在であると考えたという見方である。そしてもう一つは、〈合理—非合理〉と〈秩序—闘争〉を軸としての現代社会の見方を提示していることである。現代社会を考えるにあたってのいわゆる「ホッブス問題」や「ニーチェ問題」をヴェーバーとの関連で論じているが、ここでも詳細は省略する。(21)

やや絞り込んでしかもかなり簡単な論述になったが、大事なことはこれらの「ヴェーバー論」についてどのように考えるかということである。周知のようにヴェーバーは理解社会学として社会学の性格を示したが、宗教社会学やその他の社会学的論考はそのような社会学の性格と独自の社会科学方法論にもとづいて展開されている。したがって、ヴェーバーのどんな研究に特に注目するかによって理解が異なることは、上で簡単に示した通りである。もし「ヴェーバー論」から何かを継承するとすれば、私見では、彼の見解に依拠してある種の「社会学理論」を構築することではない（そのような試みを全面否定するつもりはないが）。継承には二つの方向が考えられる。一つは、ヴェーバー自身が宗教社会学やその他の社会学的研究として取り組んだ方法を継承して（あるいはより豊かにして）具体的な現実解明に取り組むという方向である。もう一つは、安藤英治や折原浩の論考にあるように、ヴェーバーの研究者スタンス（一般に責任倫理とも言われている）を、理論的・思想的立場の違いを超えたスタンスとして継承することである。

▼ヴェーバーを含む近代主義系について

ここで「ヴェーバーを含む」と表現したのは、日本における「受容」問題を念頭においているためである。以降で取り上げるパーソンズ、その他の「受容」にも関わるのであるが、理論構成や理論的性格づけをまとまって示しているものはそれほど多くはない。

(a) 機能主義について

この時期の大きな潮流であり、現在もなおそうである機能主義については多様な見方があるが、新明正道が『社会学的機能主義』（誠信書房　一九六七年）で比較的早期に批判的な見解を表明しているのは、彼の「綜合社会学」の立場からは当然であろう。しかし、機能主義とその代表的見解とも思われるタルコット・パーソンズについてはその存在はよく知られており、近代主義系（だけではなく）では大抵触れられているにもかかわらず、まとまって論じたり、受容・継承している見解は意外にも少ないのである。

新明正道とは逆に機能主義を肯定的に論じている佐藤勉『社会学的機能主義の研究』（恒星社厚生閣　一九七一年）では、まとまった見解が表明されている。佐藤は機能主義（とりわけパーソンズ）について論じるにあたって、いわゆる方法的個人主義について批判的に言及しつつ、行為論における個人主義と機能主義の関連を徹底して追求したのがパーソンズであるとするところから論考をはじめている。次いで、主意主義（主にシュッツ）と機能主義との収斂が目指される。佐藤によれば、機能主義にはその内部にその芽を宿しているのであり、ややわかりにくいが、「構造的機能的理論」ではなくて「機能的構造的理論」でなければならないのである。機能主義の基本性格については、「社会的因果性」を原理とすることによって、機能分析と因果分析の統合が可能になるとされている。機能主義の展望については、しばしば問題とされる「社会変動」問題を射程におきながら、サイバネテックス、マルクス見解、現象学などの活用性を示唆している。簡単に指摘した佐藤の主張は理論的にはいずれも問題提起の域を出ていないとも思われるが、その後、現象学にもとずく思惟、サイバネテックスの活用によるフィードバックなどの論議が活発化することを考えるならば、いち早く問題提起をしたという意義があるのではないだろうか。

パーソンズをめぐって論じるにはかならずと言ってもよいほど触れられる高城和義のパーソンズ研究は佐藤勉とは逆に十数年後の時期から始まる。高城のパーソンズ研究の文献は数冊あるが、『パーソンズの理論体系』（日本評論社　一九八六年）が代表作と言ってもよいであろう（高城は次の時期に属するが）。高城のパーソンズ研究の基本的思惟は〈第一章　パーソンズの学問的出発点〉にすでに打ち出されおり。「秩序」問題、およびパーソンズのヴェーバー批判に注目している。高城によれば、パーソンズの学問的出発点がまさにこの二つであり、前者の解明をヴェーバーの「官僚制的合理化」の理解に結び付けて理念型的方法に対する批判的克服に求めるということである。以降、パーソンズの行為論、社会体系論、いわゆるＡＧＩＬ図式、経済、政治、宗教へとパーソンズの理論展開についての論考が進められるが、詳述するとパーソンズ紹介にもなりかねないので省く。高城のパーソンズ研究がこれだけで終わるならば、多様なパーソンズ研究の一つとしてここで取り立てて取り上げる必要はないであろう。しかし、高城はその後、『現代アメリカ社会とパーソンズ』（日本評論社　一九八八年）、『アメリカの大学とパーソンズ』（日本評論社　一九八九年）、『パーソンズとアメリカ知識社会』（岩波書店　一九九二年）、その他の著作を豊富な資料に依拠して発表しているところに高城のパーソンズ研究の意義がある。これについては富永健一も指摘しているが、一般に知られておりかつパーソンズ自身も「理論病」と述べているように、パーソンズと社会的現実との関連がなおざりにされていたきらいがあった。高城は、彼の「発掘した」独自の資料に依拠して、パーソンズがアメリカの社会的現実認識と深く結びついていたことを具体的な資料にもとづいて明らかにしており、そこに高城のパーソンズ研究の特徴がある。そこから何を吸収するかは各自に委ねられることになろう。

なお、機能主義あるいはパーソンズの発展的継承においては、青井和夫は前の時期から次の時期までのほぼ五〇年間にわたって、集団・組織論、生活論、高齢化問題など多彩な研究を発展的に継続しているが、彼の理論的主張は次の時期の『社会学原理』に集約されると考えられるので次章で取り上げる。富永健一には『社会変動の理論』をはじめとして多様なかつ多数の独自な論考と現実分析があるが、彼もまた『社会学原理』、『行為と社会システム』などの主要な・そして成熟した見解を表明するのが次の時期なので、これまた次章で考えることにする。同じように、やや立場が異なるとも思われる新睦人についても次章で触れることになるであろう。

(b) やや異なる諸見解

前の項で取り上げた諸論考もそうであるが、この時期には近代主義系の社会学では、若干の相違を見せながらも社会学の性格とあり方については一定のまとまった見解として多数表明されている。それらから若干ピックアップして言及することにしたい。

阪井敏郎『社会学の基礎理論』(法律文化社　一九六五年)は、ジンメルの形式社会学に批判的に言及しているものの、ジンメルを一定程度取り入れ、さらにはM・ヴェーバーやテンニースをも活用して、社会学理論のあり方を示したものである。阪井によれば、社会学は「人と人の結びつき」を研究することを基本性格とするものであり、したがって欧米の諸理論をそれを軸にして取り入れているところに彼の特徴があったと言えよう。

森博『社会学的分析』（恒星社厚生閣　一九六九年）は、この時期には特徴のある理論的見解として確認しておく必要がある。森の見解の特徴は、これまでの社会学の総括を丹念に行い、その成果を整備して示したことにある。この本は二部から構成されており、第一部では、社会学における理論的総括という視点から論じられている。とりわけ確認する必要があるのは、社会学の前史と言える自然法、経験的社会論、ドイツロマン主義といった社会学の胎動から論考を進めていることである（現在はほとんどなされなくなった）。以降、ジンメル（あるいは形式社会学的思惟）の批判的検討がなされてはいるが、にもかかわらず、ジンメルの分析方法から何を継承するかについての再検討の必要性が提起されている。デュルケームの社会学主義の思惟方法にはおおむね賛意を表しながらも、ジンメルに構造論がないのとは逆にデュルケームには過程論がないことを指摘しつつ、両者を単純に結びつけるのではなくて、具体的な現実分析から両者の活用と理論的発展を探ることが大事であると述べられている。第二部では、第一章　社会的人間論、第二章　社会関係論、第三章　社会集団論、という構成で、先学の理論的遺産をも活用して具体的な社会学的分析方法が展開さている。森自身が述べている以後の構想として、〈地域社会論〉、〈全体社会論〉があったのだが、やや早逝だったためにその展開が果たされなかったことが残念である。

この時期には、一応は近代主義系と考えられる社会学理論・概論がまだかなり発表されている。その中での理論的試みの一つとしてほとんど言及されていない今野敏彦を加えておこう。今野の理論的見解は、『社会学講義』（評論社　一九六七年）と『社会学の構成』（東海大学出版会　一九七一年）にほぼ示されており、この時期のオーソドックスな見解と見なすこともできるので、後者の「構成」を示すと、〈Ⅰ　社会科学としての社会学〉は三章構成で社会学論に当てられている。〈Ⅱ　社会学的アプローチ〉は基礎理論に当てられており、社会の構造、文化・文明と社会、階級・階層と社会体制、について述べられている。〈Ⅲ　現代社会学の主要分野・新分野〉として、家族、都市と農村、民族と国家、マイノリティ問題などが盛り込まれている。それぞれの章の内容には立ち入らないが、特徴はこれまでの社会学の諸見解について広範囲にわたって触れており、それを受けての展開になっていることであり、そこに今野の継承の仕方が現れている。

同様の試みとして文献だけを挙げておこう。馬場明男『社会学概論』（時潮社　一九六六年）、三室玄道『現代社会学』（啓文社　一九六六年）、井伊玄太郎『社会学要論』（学文社　一九六七年）、寿里茂『現代の社会学』（日本評論社　一九六七年）、樺俊雄『社会学の基礎』（雄信堂　一九六九年）、高島昌二『現代社会学講義』（杉山書店　一九六九年）、岩井弘融『社会学原論』（弘文堂　一九七二年）などがある。これらに関しては、こんな文献があると示すことが私の意図ではない。私が言いたいのは、この項で触れた人たちの多くがそれぞれの「専門分野」の研究をも行っていたということである。例えば、阪井敏郎には家族研究があり、高島昌二には現代社会研究や福祉研究があることなどを指摘することができる。なお、この時期には社会学が日本の大学でほぼ市民権を得たことに照応して、複数で執筆されている「概論書」あるい大学生用のテキストが多数刊行されている。大橋幸・石川晃弘・高橋勇悦共著『社会学』の一つだけ例示しておこう。「社会学とは何か」から始まって、社会的行動、集団、小集団、家族、組織、地域、階級・階層、社会体制・社会変動がその内容である。これまで触れた文献も含めて、その内容が大同小異であることを確認しておくことが大事である。つまり、社会学の性格と研究対象についての合意とまではいかないが共通認識があったということにほかならない。次の時期との比較は興味ある問題と言えるかもしれない(22)。

六、全体としての動向と課題

異なる「潮流」と専門分化の兆し

「異なる」潮流と表現したが、社会学理論としてこれまで取り上げてきた「大きな潮流」とは異なるという意味であり、以下で取り上げる諸見解を下位においているわけではないことをことわって、社会学理論書あるいは概説書として社会学理論を示しているものの中から、野口隆と作田啓一を取り上げて簡単に言及しておこうと思う。

野口隆の主要な著作としては、『ギュルヴィッチ社会学の研究』（関書院　一九六一年）、『一般社会学の諸問題』（関書院新社　一九七二年）、『動的社会学』（晃洋書房一九七五年）を挙げることができる。私は、野口の研究プロセスが理論研究における王道の一つのあり方ではないかと見なしている。『ギュルヴィッチ社会学の研究』はギュルヴィッチについての数少ない研究書であり、とりわけ包括社会類型についての言及には、社会の過去・現在・未来を考える上で興味深いものがある。野口は、『一般社会学の諸問題』において、ギュルヴィッチやフランス社会学、マルクス、ヴェーバー、サルトルなどについて論考し、社会の動態把握の方向を示唆しており、そのような思考プロセスを経て、『動的社会学』において主としてフランスの人文・社会科学の成果をも活用して、弁証法的思惟方法と歴史＝社会学についての野口の理論的見解が示されている。ここで注目する必要があるのは、野口の社会学理論の内容もさることながら、彼がギュルヴィッチ研究で終わらなかったことである。欧米の諸説をきちんと研究することはそれはそれで重要なことではあるが、さらに大事なことは、そこから自らの理論を鍛えあげること、あるいは日本の現実研究に発展的に活用することである。野口は前者の優れた例であり、私が「王道」といった所以である。

特色ある理論書として、作田啓一『価値の社会学』にも簡単に言及しておこうと思う。いわゆる社会学全般にわたる理論書ではないが、一定の社会学理論にもとづいて、社会的価値の一般理論の構築を目指すものとして確認する必要がある。すなわち、行為、相互作用、集団体系それぞれのレベルにおいて、価値志向と文化体系とはかならずしも同じではない社会体系との関連などについて論考が進められている。この著作のもう一つの特徴は、そのような理論的論考だけにととまらず、第二部において日本社会の価値体系に踏み込んだ論考がなされていることである。具体的には周知のベネディクトとベラーの日本研究を摂取しつつも、両者の見方にたいして、例えば、日本の近代化過程との関連でベネディクトの「恥」にたいしては作田独自の見方が示されている。そのような意味において、価値の一般理論と日本人（あるいは日本文化）の現実について、二十一世紀にはかなりの変貌をみせていることを考えるならば、大きく変化した日本社会の分析に際しては、作田見解が発展的に継承する性格を有することを確認しておく必要があると考えられる。

以上かなり絞り込んで述べたが、これまでに取り上げた社会学理論の構成によってもわかるように、理論的に異なる立場（潮流）が複数存在する中でも、日本における社会学の性格とその構成には一定の共通了解があり、〈注（16）〉で名前だけを挙げたが、専門分化の兆しがこの時期の社会学の動向においてもそうである。そこでこの時期の特徴としての専門分化の動向が出てきたことについて、追加的に若干触れてからこの時期の特徴と課題についてある程度まとめておこうと思う。専門分化の動向を示す見解についても、その性格を示すという意味で若干絞って触れておこう。田中義久『人間的自然と社会構造　文化社会学序説』（勁草書房　一九七四年）は、副題から推察されるように、広義の文化領域を社会意識とも関連づけて論じたものである。宮島喬はデュルケーム研究から出発して、若干のフランス社会学の検討を経て、『現代社会意識論』（日本評論社　一九八三年）を発表している。主に一九七〇年代後半に執筆されたものであるが、この論考は、社会意識それだけを論じているのではなく、社会意識にかかわるこれまでの諸見解や現代社会との関連での論考である。見田宗介『現代社会の社会意識』（弘文堂　一九七九年）もまた社会意識だけを取り上げたものではなく、前に公表された『現代社会の存立構造』（現代社会の理論構築を目指した性格と一応は言える）における現代社会の認識方法を背後においての論考である。

▼特徴と課題

近代主義系のこの時期の特徴を簡単に言うことは不可能に近いほどある種の多様化が進行し始めている。さしあたってはとしか言えないが、この時期の特徴を四つに分けて考えることにする。まずヴェーバー見解をめぐって社会学だけでなく複数の社会科学から多様な見解が表明されているが、多くはマルクスとの対比で論じられており、しかもこの時期の前半であることを指摘することができる。それぞれが個性豊かな見方を示しているが、そこからどのような知的遺産を継承するかは、すでに述べたように、学問にたいする廉直というスタンスと日本社会の現実認識に活用することの二つに尽きるであろう。

パーソンズを軸とする機能主義については、高城和義の研究が次の時期に属することもあり、社会変動論への理論的チャレンジ、およびパーソンズがアメリカ社会認識に活用したように、これまた日本社会の分析への活用が、この潮流の課題として次の時期に残されることになった。そして第三には、私が「異なる潮流」と表現したが、多くは欧米の社会学の一定の「受容」にもとづいているので、欧米における新たな見解の「受容」に応じて日本の現実を視野に入れた発展的継承が問われるであろう。

第四には、以後の日本の社会学の動向に大きくかかわるという意味で、専門分化の兆しが現れたことをこの時期の特徴として挙げることができる。すでに若干は示したが、これまた日本社会の激変と多様な問題性の進展という社会的現実に照応するものとして、当然とも言えよう。しかも背後に社会学の理論的ベースがあったことを確認しておく必要があろう。したがってこの段階では、社会学の従来のような理論構成をさらに豊かにする志向という性格をもっていた。とりわけ文化一般には解消できない社会意識論や価値論についてはすでに簡単に触れた通りである。しかし、専門分化の進展は右で指摘したプラス面とともに、マイナス面としての拡散状況をもたらすという危険性をも内蔵していた。専門分化の進行と拡散状況の兆しがあるとはいうものの、この時期の社会学のあり方については暗黙の共通性があったというのが全体としての特徴であると見なすことができる。

以上の特徴を確認すること自体が課題確認にも通じるであろう。ヴェーバーの継承についてはそのスタンスにもとづいて、理論、現実両面において格闘することであり、機能主義をめぐっては社会変動論を含む理論的不充分性、そして現実認識への活用にいかに対処するかが問われるであろう。さらには新しく現れるであろう諸外国での見解にたいしては、これまでの諸見解との関連でいかに活用するかということも課題として挙げておこう。最後に、今だから言えることであるが、私の言う拡散状況への対応がどのような性格の〈異議申し立て〉であるかを見極めることが重要な課題になるであろう。

〈コラム〉「安田―鈴木」討論

前章に続いて「討論」の大事さを喚起したい。『社会学評論』91号（一九七三年）で、安田三郎『社会移動の研究』（東京大学出版会　一九七一年）についての鈴木広の書評にたいして、安田が『社会学評論』93号（一九七三年）で答えるという討論である。ここでもまた若干の論点を紹介するにとどまる。ここでは意識調査をめぐって留意する必要があるという論点が鈴木の安田批判という形でいくつか提起されている。安田の反論によれば、意識調査における問い方の問題点、キー概念の問題点、イデオロギー主張をめぐって、この三点が鈴木の批判点である。後の二つについては理論・科学観の違いもかかわるので、意識調査における問い方だけに触れる。意識の問い方にとっては興味深い論点なので、やや長いが引用する。

M10《貴方は、（甲）本人の実力次第、努力次第でいくらでも良い生活が出来る社会と、（乙）お互いに競争することなく、皆が同じ程度の生活を保障されている社会と、どちらが良いと思いますか》M11《今の日本には、生活の貧しい人々がおりますが、これについて二つの意見があります。（甲）生活の貧しい人々は、その努力や能力が足りないことが、貧乏の一番大きい原因になっている。（乙）生活が貧しいのは、社会の仕組が悪いからだ。貴方は、甲乙どちらに賛成しますか》鈴木の批判は、M10で甲を望ましいとする者がM11で乙と回答することは内容的に矛盾しており、同様に乙―甲という組合せも矛盾している、と批判する。鈴木の批判が論理を問題としているが、意識調査の質問文は論理だけの問題ではないこと、M10は「選好」の次元でありM11は「認知」の次元であること、そして調査結果には、甲―乙、乙―甲の回答が予想外にあった、と安田は反論している。後の二つも興味深い問題だが、詳細は文献で当たればよいであろう。最近は調査全盛時代であるが、私が言いたいのは、前章の〈コラム〉も含めて、「調査全盛時代」にある現在、調査に当たって例示したような先学の苦心や問題点をどれだけ踏まえているだろうかということである。

【注】

（1）社会的現実としての歴史では、一九七〇年代後半からの日本社会は様相が大きく変化する。したがって日本社会の時期区分としては、一九七〇年代前半までを高度経済成長期、それ以降を〈ポスト成長期〉とネーミングして区切るのが私の見方である。ただし、ポスト成長期もすでに三十年以上が経過したことによって、日本社会はかなり様変わりしているので、新たな時期区分が必要になっている。私自身はポスト成長期をさしあたりは前期と後期に区分することを想定しているが、区分の必要性の想定の域を大きくは出ていない。しかし、学術動向の時期区分は社会的現実の変化とは若干ずれることになるので、本文の区分としてはそれほど不都合はないであろう。

（2）資本主義化の進展が商品化の進展であるというもっとも原理的な確認はきわめて重要であるが、この認識が意外となおざりになっている。商品化の進展は労働力の商品化からはじまってあらゆるものが商品となり得るところまで進展している。この認識から原理的に導き出される例を一つだけ挙げておこう。都市化の本質は商品化にほかならず、「都市の農村への支配」とは商品化を通して進展するという地域把握における重要な基本視角をも意味する。そのような地域研究の方法がどれだけなされているだろうか。

（3）「生活の社会化」の見方についての詳細は、飯田哲也『現代日本生活論』（学文社　一九九九年）を参照、九八～一〇二頁。

（4）「その他」という表現には抵抗感もあると思われるが、「近代主義」系などでは、散発的に論じられているという意味であり、日本の社会学界では論じた当人よりも当人がある程度依拠している「受容された諸見解」を取り上げる傾向が強いのである。

(5)〈専門分化〉は社会現象・問題の複雑化・多様化の進展によって必然とも言えるが、そこから基礎理論を取り除くと〈拡散状況〉が進行することもまた必然であるとも言えるであろう。この時期の終わり頃にはその兆しが見え始めるが、具体的には次章で考える。

(6) 他の二冊にも多少は当てはまるのであるが、それぞれの巻での各論考が独立論文になっている。したがって、序章などで性格づけられているとはいうものの、相互関連や共通性がほとんど見いだせないが、継承というよりは活用が可能であって(理論的に)発展させる必要があると思われる視点などは各巻に認められる。その意味ではそれぞれの執筆者が以後にどのように発展させるかが問われるのである。

(7) 簡単にしか触れなかった体制、組織、コミュニケーション、疎外の各巻も決して軽く扱って済む問題ではないことを私は充分承知している。例えば、〈社会運動〉については大抵の巻でなんらかのかたちで触れられている。体制で提起されている構造と変動の社会学におけるアポリアとしての問題は運動論抜きには考えられないはずである。したがって各巻に応じた取り上げ方がされている運動論をどのように整備して一般的な運動論としての理論的発展を追求するかは、重要な継承課題の一つとして性格づけられるであろう。これはほんの一例にすぎず、継承問題はこれに尽きるものではない。

(8) 第一章と第二章は集団を考えるに当たっての理論的論考の位置を占めているが、第一章では集団についてはほとんど論及されておらず、第二章では章題通りにもっぱら集団論批判にあてられている。この二つの章では、社会構成体と階級を重視するならば、集団がどのように位置づけられるかを(後に田中清助が試みたように)試論的にも提示する必要があろう。付け加えると、それなしには第三章以下は理論的にどのように関連するかが曖昧であるそしりを免れないであろう。ここでただちには求められないが、第三章以下の執筆者が以後の研究の進展でどのように展開するかが問われることになる。

(9) 田中清助の見解がこれに尽きるものではないので、本文でさらに具体的に取り上げるが、ここでは富永健一が「なぜ社会意識論なのか」と疑問を出していることにたいして私なりの理解を加えておこう。この時期のマルクス主義の人文・社会科学には社会意識論と見なされる領域はなく単なるイデオロギー論に解消されることが一般的だったと言えよう。そのようななかで田中は後の展開でもわかるように「社会学」として開拓するための出発点として社会意識を取り上げたというのが、私の受け止め方である。

（10）マルクス主義系について考えるにあたっては「真田」問題（筆者の個人的な設定）あるいは真田の全面的評価はきわめて厄介な「問題」であると私は考えている。本文ではいわゆる社会主義圏の社会学を素材としてマルクス主義社会学に疑問を投げかけており、マルクス主義社会科学の立場とも考えられる。しかし、当時の河村望のように「社会学」の全面的否認で貫かれているわけではない。彼の「前期」の社会問題研究には社会病理学的アプローチへの批判があるが、社会問題への社会学的アプローチとしか考えられない性格が認められる。彼の社会福祉の研究でも同様の性格が認められることに加えて、晩年に至るまで社会学への思いを持ち続けていた。彼の周辺の人にしか知られていないことであるが、彼の覚え書き的なメモには社会学の新たな方向への思いが記されている。

（11）四つの巻に絞ったことについて補足しておこう。最初の二巻は立場の異なる「社会学理論」問題を考えるに当たっての問題提起という意図による。政治社会学をとりあげたのは、前の講座にはなかった政治、経済、法、教育といった他の社会科学でも扱われている分野にたいして、政治学、経済学、法学、教育学とどのように違う「社会学」的性格なのかを鮮明にする必要性の提起という意図による。この問題は現在でも曖昧なまま存続しているのではないだろうか。そして私の理論的立場から、最後に社会病理学のあり方への疑問を提起する意味でこの巻を取り上げた。

（12）例えば一九六九年の『社会学評論 第20巻 第1号』（日本社会学会）では、「機能主義は社会変動を処理しうるか」という特集が組まれている。ここでは小室直樹が「処理しうる」立場、そして清野正義が「処理できない」立場、そして佐藤勉が一応は「第三の」立場ということになっているが、それぞれについて新明正道が解説的に述べているように、三者ともに充分に説得的であったわけではない。したがって、小室、清野の両人はこの論考を出発点としてさらに展開する必要がある課題を残すことになったと思われるが、そのような課題に応える試みは残念ながら両人からはなされていなく、「処理しうる」方向への課題は次の時期に持ち越されることになる。

（13）本文にも若干は言及しているが、マルクス主義系においては、マルクス主義ではほぼ「公式」とされている「経済的社会構成体」（あるいは単に「社会構成体」）をどのように理解するかは、当時重要な問題であった。したがって、社会学理論として「重要な問題」を論じるならば、その問題あるいは視点の経済的社会構成体における位置づけあるいは関連について理論的に示すということが要請されるが、「理論的構成要素」としての性格づけは、残念ながら以後の課題として持ち越されることになっている。

（14）学史の論考とは、単に何らかの（ある時期の）見解を考えるだけでなく、ある潮流にしろ個人の見解にしろ、その後の展開・発展をも問う論考という性格を持つものであるが、ここで「研究者自身にも問われる」とは、相対的に若い時期に自らが提起した課題や取り組んだテーマに関するその後の取り組み・展開を意味する。

(15) ここでは一応は三つに分ける見方を示すが、別の表現で言えば、重視の仕方・思惟方法の違いと言える。すなわち、マルクス主義社会科学は「社会学批判」という立場から、社会学が実際に取り組んでいる諸問題・諸課題に「マルクス主義」の立場から研究・論及する性格であり、『講座 現代の社会学』が一応はこの立場と言えよう。マルクス主義社会学は、いわゆる史的唯物論(あるいは科学的社会主義の「体系」)の中にそれまでなかった社会学を位置づけるという立場である。これに加えて、現実分析を重視する立場には両者の思惟が混在しており、どちらかを表明するケースもあれば、そのような立場を問題としないケースもある。いずれにしろ、「社会学におけるマルクス主義」は史的唯物論そのものとの違いと位置づけという面倒な課題をかかえていた。

(16) 庄司興吉に加えて、一九七〇年代後半に登場する若い世代の例を若干挙げておくことにしよう。以後に必要に応じて触れることもあるので、それぞれの著作は省くが、稲上毅、田中義久、真木悠介(見田宗介)、宮島喬、元島邦夫などである。これに加えて本文の若干の補足をすると、社会的な変化による複雑な現実に照応して、理論的な問題提起とともに専門分化の参入も見えてくる。とりわけ地域研究の多様化によって「コミュニティ論」や「意識・文化」論などが流行の感すらあった。なお、この時期の後半には私自身も『家族の社会学』(ミネルヴァ書房 一九七六年)によって日本社会学界に参入するが、具体的には次章に続く〈中間考察〉で述べるであろう。

(17) 田中見解について若干の補足をしておきたい。田中がこのような見解表明をしたのは、〈史的唯物論の現代的課題〉をテーマとするシンポジウムにおけるものであり、社会学以外の人文・社会科学者の中のひとりとして論じたものである。ここで問題になったのは主に経済的社会構成体、〈土台―上部構造〉問題であるが、田中は土台―上部構造における作用、反作用についての見方をより豊かにするという志向で、人間関係・人間行動という視点を導入して考える必要性というのが田中の主張の性格と言えるであろう。なお図の出所は〈『季刊現代と思想』No 14(青木書店 一九七三)七九頁〉

(18) 布施見解についても若干の補足をしておきたい。私自身が本文で挙げた『布施鉄治著作集』下巻をかつて書評したことがある(北海道社会学会『現代社会学研究』Vol 14 二〇〇一年を参照)。布施の場合、生活の生産に着目しながらも、例えば、「生産・労働・生産過程」という表現の曖昧さ、私が注目した「社会機構」概念などが曖昧で多義的に使われている弱点が認められる〈〈中間考察〉で再び触れるであろう〉。
(19) 一九七〇年代後半は、資本主義の「変質」、生活の激変、「社会主義社会」の動揺などの新たな社会的変化が世界的に進行する時期である。そのような現実に対応してか、史的唯物論の再検討が多様に試みられるようになる。例えば、『講座 史的唯物論と現代』全六巻（青木書店）はその代表的な試みである。富永健一はマルクスには社会学はなかったと述べており、それはその通りであるが、社会学に活用できる視点や方法はあった、と私は受け止めている。本文で取り上げた「マルクス主義社会学の試み」はそのような私の見方から述べたものであり、富永の「限られた狭い範囲」の「マルクス主義社会学」を取りあげた論考とは異なる。この時期の後半では、とりわけ『史的唯物論と現代2』（服部文男編 青木書店 一九七七年）では、社会学にかかわる論考が試みられている。富沢賢治「生産の総体的把握」や中野徹三「上部構造の再構成」は不充分ながらも、これまではなおざりにされてきたきらいのある生活の生産、生活過程論に切り込んでおり、マルクス主義における新たな理論的発展が目指されている。なお、この問題は私の社会学理論の形成と密接にかかわっているので、再び触れるであろう。
(20) 安藤の〈理念型としての労働価値説〉という見方に、彼のマルクス理解が典型的に示されている。安藤には『ウェーバーと近代――一つの社会科学入門』（創文社 一九七二年）、翻訳として、A・ミッツマン『鉄の檻』（創文社 一九七五年）などもある。前者でのマルクスへの言及でも、マルクスが商品にもとづく把握が軸であり、そのことがマルクスの社会認識の射程を狭くしていると述べている。
(21) 日本におけるヴェーバー研究では、大塚久雄編『マックス・ヴェーバー研究』（東京大学出版会 一九六五年）生誕百周年記念シンポジウムの記録は重要文献である。社会学からは阿閉吉男『ウェーバー社会学の視圏』（勁草書房 一九七六年）という総合的な論考あり、元島邦夫『変革主体形成の理論』（青木書店 一九七七年）はマルクスと対比してヴェーバーをも論じたものである（実は変革主体論にとどまっている）。ヴェーバー研究はこれに尽きるものではなく、著作を挙げないが、古くは出口勇蔵から、内田芳明、住谷一彦、内田義彦、小倉志祥、その他多数に上る。ヴェーバーへの新たな論及（研究）、活用にあたっては、それら個性的な諸見解の検討が不可欠であることを強調したい。
(22) この時期の概論書あるいは入門書の例を若干追加しておこう。日本社会学会編集委員会編『現代社会学入門』（有斐閣 一九六二年）の内容は、個人と集団、集団、社会、現代社会の動向、社会学の歴史と課題、というこの時期のオーソドックスな性格である。作田啓一・日高六郎編『社会学のすすめ』（筑摩書房 一九六八年）は、「社会学が時代の産物である」ことに相応しい論考が盛られているが、巻末の四〇頁にわたる〈文献解題〉は、大学院生にとっての必読書について簡単に紹介されていることが特徴であろう（その大部分を読んだ者はどれだけいるであろうか。ちなみに私自身が読んでいない文献が一冊ある）。佐藤毅・鈴木広・布施鉄治・細谷昂編『社会学を学ぶ』（有斐閣 一九七〇年）は構成内容はオーソドックスであるが、現代性が全体を貫いており、最後に〈社会学における理論と実証〉があるのが他に見られない特徴である。関清秀『基礎社会学』（川島書店 一九七六年）は、集団に焦点を当てたものであるが、社会計画として「人口社会学」「人口政策」が盛り込まれているのが特徴である。

第三章

〈専門分化〉と〈拡散状況〉 ──一九八〇年代と一九九〇年代──

イントロダクション

二十世紀がまさに終わろうとする時に『理論社会学の現在』（鈴木広監修　ミネルヴァ書房　二〇〇〇年）が出版されたが、良きにつけ悪しきにつけこの二十年間を象徴しているかのような印象を受ける。この書の意図に照らすならば、重要な理論問題がかなり省かれているようである。この書によってわかるように、日本社会学の史的展開を大きな漏れもなく論じることはほとんど不可能であろう。ましてやもっとも新しい二〇世紀最後の二十年間については、まだ進行中の現在にも属するという意味で、その軌跡を整備して論じることは無謀に近い試みかもしれない。しかし、「漏れなく」ではなく大幅に絞り込んででも、私は書かずにおれないのである。理論と現実の多様化が進むことの反映として、社会学の〈拡散状況〉が進んでおり、現在もその真っ直中にある状況では、不充分でも一定の論考が必要であると考えている。

この章では二十世紀最後の二十年間である一九八〇、九〇年代の社会学理論をめぐって検討するが、若干は二十一世紀に入り込んで触れることにもなるであろう。私は、この時期を章題に使ったように、「専門分化と拡散状況」の時期として特徴づけている。その特徴は二十一世紀に入ってからも存続している。これまでも繰り返し強調しているが、学問にとって大事なのは、それまでの遺産を継承し発展させることである。自然科学ではほとんど当然のこととして問題にもならないであろうが、人文・社会科学ではきわめて重要である。人間生活はそれまでの遺産を継承し発展させてきたことは歴史が物語っている。また普段の生活を考えてみても、遺産の継承なしの生活はあり得ないであろう。にもかかわらず、日本の社会学の展開では、そのような方向にはすべてがかならずしも向かっているとは言えないように思われる。〈拡散状況〉とはそのような視点からのマイナス現象を意味し、〈専門分化〉とはプラスの芽を宿していることを意味する。社会学史にとって大事なのは、これまでの知的遺産をどのように批判的に継承し発展させるかについて、社会的現実の変化を考慮に入れて論考することである。したがって、新たな諸見解については、これまでの展開の延長線上に位置づける必要がある。

この二十年間前後の日本社会についていささか大胆に言えば、二つの現実的課題が提起され、二十一世紀に入っても存続している。前の時期には高度経済成長にともなう新しい社会問題（経済的貧困や労働問題に解消されない）が噴出するが、この時期に入ると、私が家族問題の把握について「休火山的」問題状況とネーミングした状況が多様な社会分野に広がるという新たな段階に入り、その解明と現実的解決が迫られるという現実的課題を指摘することができる。もう一つは、いわゆる「リスク社会」とも言われているように、日本社会の先行きが不透明であり、そのような状況に照応して、生活の不安定と人々の生活不安が急速に拡大している状況の進展にどのように応えるかという現実的課題である(1)。

次に理論的課題については簡単には言いがたい。前の時期の後半から専門分化の傾向が少しずつ現れており、複数の社会学理論の試みとは違って、専門分化による理論問題はきわめて多様だからである。したがってあえて言えば、特殊理論と一般理論（一般理論は不要ないしは不可能であるという見解も含めて）との関連ということが理論的課題であるとしか言えないこと、もう一つは、現実的課題に応え得るような理論的方向の提起という性格があるかどうかということ、であろう。

これまでも言及しているこの二つの課題に加えて、実践的課題が提起されているというのがこの時期の新たな特徴（あるいは変化）であることを確認しておく必要がある。これまでもマルクス主義系では実践的課題に応える試みがなかったわけではない。しかし、全体としては、現実認識にもとづく性格というよりは、あらかじめ目的を想定するという性格が濃厚であったのではないだろうか。またかならずしも日本の社会学では大きく論じられていない社会計画論もある。したがって、この問題はおそらくまだ萌芽的段階を大きくは出ていなく、二十一世紀における社会学の重要な課題になるであろう。(2)

一、概観

▼社会的現実の変化と課題

繰り返し再三強調するが、社会学が「当該社会の科学的自覚」であるという私の見方においては、それぞれの時期の社会的現実の動向をおおよそ確認しておく必要がある。前のいわゆる高度経済成長の時期は日本社会がかつて経験したことのない激変の時期であったが、二十世紀最後の二十年間もまたやや異質な激変の時期と言えるであろう。

一九七〇年代後半からは世界的にも大きな転換の兆しがあったが、一九九一年のいわゆるバブル経済の崩壊、そして国外ではソ連の解体が転換を示す象徴的出来事であった。転換を示す現象はきわめて多面的に認められる。記憶にとどめておきたい出来事を若干挙げると、JR、NTT、日本たばこ産業などの民営化、一九八九年―全日本民間労働組合総連合会（略称「連合」）の発足、一九八九年―消費税の導入、一九八九年―ベルリンの壁の崩壊、一九九一年―ソ連解体、バブル経済崩壊、一九九三年―「五五年体制」の終焉、一九九五年―阪神・淡路大震災、「オウム真理教」問題、一九九七年―「京都議定書」。その他挙げれば際限がないほどである。

そして小泉内閣による「民営化」路線は、二十世紀の終わりと二十一世紀の始まりを告げるものであったかもしれないが、と同時に日本社会の先行き不透明な情況が慢性化の様相を帯びてくるのもこの時期の重要な特徴である。日本社会の変化についてやや社会学に引き寄せて考えて見ると、社会学が解明する必要があると考えられる社会問題が多様性・複雑性を帯びて深刻化してくることになる。一九八〇年代の早い時期に、私は家族問題の新たな性格について「休火山的問題状況」とネーミングして特徴づけた。その特徴とは、具体的な家族問題が実際に噴出することもさることながら、ごく「普通の家庭」でいつ問題が起きるかわからない状況を意味する。そのような状況が単に家族にとどまらずあらゆる社会分野に広がっていくのが一九九〇年代である。にもかかわらず、政治・経済・教育などの分野で対症療法的対応がが時々なされるにすぎず、長期的に有効な政策（対応）がなされないままで、二十一世紀に入り込むことになる。私は新たに「問題情況」という見方を提起し、さらに続いて「人間性の危機」を予測的に訴えた。煩雑かもしれないが、人間性の危機に結び付く人間のあり方の変化を指摘しておこう。人類の進化史のプロセスで形成された動物とは異なる人間たる特質を人間性と言うならば、心理的饑餓の増大、主体性の減退、未来志向性の減退という方向へ人間のあり方が変化してきたということである。そして残念ながら、私が予測的に危惧したことが現実になってきて、二十一世紀に入ってもそのような危機的情況は存続している(3)。人間のあり方の変化は当然に人間関係への変化をもたらす。しかもこのような情況に対応するには、政界、経済界、教育、地方自治体、その他いろいろな社会・生活分野が複雑に関連している。したがって、このような危機的情況にどのように対応するかが、すべての人文・社会諸科学にその性格に応じて求められており、それが二十世紀末から二十一世紀にかけての一般的な現実的課題である。

私が右で簡単に指摘した人間性の危機的情況（＝日本社会の危機でもある）にたいして、社会学には多面的な解明が求められている。その場合、単に変化の短期的特徴を（実態調査などで）指摘するだけでは、現実的課題に応えることにはならないであろう。また、問題告発的な解明だけでも不充分であろう。理論問題に限定するならば、私は以下のような課題があると考える。日本社会の歴史的位相の特徴を具体的に示し得る理論が求められている。単に数年程度の現実的変化を論じるのではなく、過去・現在・未来を一貫して捉え得るような理論ということにほかならない。次に人間諸個人の把握についてもほぼ同じような捉え方が求められている。しかもその場合に、社会的変化との関連において捉えることが要請されている。もう少し具体的に付け加えるならば、人間形成が歴史的には古くは（日本では高度経済成長以前までの時期）家族と地域が大きな位置を占めていたが（むろん今でも相対的に大きな位置を占めているが）、複雑化した現代社会ではその他の社会分野の作用が人間形成に占める割合が増大している。具体的には各種の集団・組織（各種教育機関やマス・メディアを想起せよ）であるが、これまたよりマクロな社会のあり方に条件づけられている。したがって、まだ一般化した表現にはなっていないが、あとで述べるように、富永健一が社会学理論の性格の要件として主張した、〈ミクロ－マクロ〉リンクという視角を有する理論構成が要請されている。

▼理論動向の特徴と課題

この章の題名に示されているように、この時期の日本の社会学は、前の時期に兆しが見え始めた〈専門分化〉と〈拡散状況〉が全体としては主たる流れとして性格づけることができる。しかし、他方では社会学の理論構成についての本格的な著作がいくつか出揃う時期でもある（若干のものは二十一世紀に入る）。その意味では社会学の発展にとってのプラス面とマイナス面が混沌とも言えそうなかたちで並存している時期とも言えるであろう。この時期の理論動向については、以下のような展開の仕方によってほぼ示されるであろう。

この時期には、いわゆる「講座的」企画としては三つあるが、まずは『リーディングス　日本の社会学』を取り上げて「継承問題」を考えることから始めようと思う。『講座社会学』と『岩波講座　現代社会学』の二つの企画はこの時期の理論動向の特徴を典型的に示していると思われるので、最後に考えてみることによって、この時期の総括と二十一世紀に向けての方向を具体的に考える素材とすることになるであろう。

この時期の理論動向の特徴はいくつかに整理することができる。前の時期から追究されていたいくつかの社会学理論がほぼまとまったかたちで現れる。青井和夫の『社会学原理』と富永健一の『社会学原理』がこの時期の代表的な理論的著作であり、この時期の動向の一つとして取り上げることになる。両者との関連を念頭に置きながら、若干の諸見解についても考えることになるであろう。次に見落としてはならない理論動向としては、主としてパーソンズあるいは「社会システム」論を軸（あるいは出発点）とする理論構成とは異なる新たな諸見解が出現したことである。外国の見解を受容しつつも独自に展開する志向という性格とも言えるであろう。そして最後に、整理がきわめて面倒な動向にも（二十一世紀初めのものも若干含めて）、二十一世紀を展望する意味できちんとした整理が要請される。大きく分けるならば、前の時期に兆しがあった専門分化の進展、そしてそのマイナス面の顕在化とも言える「拡散状況」の進行があるが、私の言う「拡散状況」とは、なんらかのテーマあるいは対象について、背後に基礎理論なり社会学における位置づけがない性格の（ケースによってはオタク的な）研究を意味する。もう一つ見落とすことができない動向、この時期の大きな特徴の一つであるとともに二十一世紀にも継続する「潮流」として、これまでの社会学にたいする〈異議申し立て〉がかなり現れることであろう。〈異議申し立て〉と思われる見解は一様ではなく、また同じ動向に入るとはかならずしも言えない〈ポスト・モダン〉的見解も現れる。その場合に、近代社会の成立とともに進展してきた社会学への異議なのか、近代社会のあり方にたいする異議なのか、そしてそのような異議からどのような未来への展望が認められるかどうか、が問われるであろう。

簡単に示したようなこの時期の特徴的動向を念頭に置くならば、いくつかの課題を確認することができる。前の章で簡単に挙げた課題がこの時期にも継続する課題である。すなわち、マルクス主義系においては、「社会主義圏」における社会的現実の激変にたいして理論的にどのよう対応するかということ、相対的に早い時期に提起した諸課題が発展的に追求されたかどうかという課題、そして最良の部分と思われる「生活の生産」あるいは「生産」から出発する発展的展開についてはどうであるかという課題である。他方、近代主義系においては、前の項で触れたように、一九八〇年代中頃から質的な変化を見せている日本社会の現実を歴史的位相に位置づけて捉え、複雑化・多様化している問題性にたいして、二十一世紀へ結び付くような理論たり得るかどうかを明らかにするという課題である。とりわけ近代化の進展がある意味ではデッドロックに乗り上げているとも見える現実をめぐって、未解決であった社会変動論の行方が問われることになろう。そして新たな課題としては前の時期からの継続性がある諸理論にたいして、新たに出現した諸見解（異議申し立て的性格）が現在および未来との関連でどのように性格づけられるか、そしてそれらからどのような方向が見いだせるかどうかという課題である。また、専門分化の顕著なこの時期においては、社会学理論の全体的発展にたいしてどのように寄与しているかも問われる必要があるだろう。そして最後に、この時期の錯綜しているとも思われる多様な諸見解における全体としての課題は、上の諸課題を念頭においた検討によって導き出されるであろう。

二、社会学理論の動向

▼手がかりとしての『リーディングス　日本の社会学』

継承問題にとっては、これまでの講座企画とは異なる企画である『リーディングス　日本の社会学』（東京大学出版会　一九八八～一九九七年）は、きわめて重要な企画であり、しかも「拡散状況」に歯止めをかける性格をもっているので、まずは取り上げることにする。

このような意味では、またまた煩雑ではあるが全二十冊の論題を挙げておく必要がある。

1．社会学理論、2．社会学思想、3．伝統家族、4．現代家族、5．生活構造、6．農村、7．都市、8．社会階層・社会移動、9．産業・労働、10．社会運動、11．社会問題、12．文化と社会意識、13．社会病理、14．政治、15．福祉と医療、16．教育、17．体制と変動、18．発展途上国研究、19．宗教、20．マス・コミュニケーション

という構成になっている。これまで取り上げた講座企画とりわけ一九七二年～七六年の『社会学講座』との違いについて簡単に確認しておこう。『社会学講座』における経済社会学、法社会学、現代社会論、社会開発論、数理社会学がなく、歴史と課題は各巻毎に述べられている。この企画に独自に加わっているのが社会運動、社会問題、発展途上国研究である。

この違いをどのように受け止めるかは各人に委ねたいと思うが、社会開発論と数理社会学は研究の歴史が浅いために省かれたのではないかと思われる。この時期の企画としては、各巻の初めに述べられている一種の歴史的総括も含めて、知的遺産の継承という点から、きわめて重要な企画であると言えよう。具体的に指摘するならば、〈刊

行のことば〉にあるように、「日本の社会学の過去・現在を知り、そして未来へむかって飛躍するため」という性格、そして「日本社会学全体の一つの戦後史の役割をも果たす」性格である。したがって学史的に見ても、各巻末の文献一覧も含めて活用価値が高い。一九八五年までの論文（雑誌論文と本の分担執筆）を選別掲載したものであり、各自の研究に応じた活用という意味で、その存在の指摘だけでも事足りるのであるが、簡単に触れておきたい。

このような膨大な企画についても、これまでの講座企画の取り上げ方と同じように若干の巻をピックアップするにとどまる。取り上げ方には私の専門、主観、趣向も入っているが、この企画における思考の特徴に注目していることを言っておいてよいと思う。

「1」と「2」は理論的論考を収録したものであるが、前章で取り上げた『社会学講座』とやや似ているようであり、『1．社会学理論』では、序章が理論の史的展開と理論をめぐる考え方が整理されている。内容としては、メタ社会学、ミクロ社会学、メゾ社会学、マクロ社会学という順で構成されており、その評価と活用は各自に委ねられるであろう。『2．社会学思想』と題されているが、収録されているのは、パーソンズ、マルクス、ヴェーバー、デュルケム、ジンメルについての諸論考であり、そして最後に〈社会学思想の現在的状況〉という内容である。収録されている諸論文はそれぞれ選ばれたものとしてのレベルの高い論考であって特に言うことはないが、社会学思想という表現や考え方にはおおよその合意もほとんどないのではないかという疑問が残る。つまり、「社会学理論2」ではなぜいけないのか、収録された論考の多くは社会学理論として受け止められているはずだ。企画者あるいは編者の社会学についての考え方が明瞭ではないと考える。

「3」から「7」までと「9」は領域社会学における論考が収録されており、『5．生活構造』はこれまでの各種の企画にはなかったものであり、社会学理論にどのように組み入れて継承するかが問われるであろう。ここでは私の専門ということもあって『4．現代家族』に簡単に触れておこう。収録されている論文は現代家族にアプローチするにあたって必要と考えられる全分野をほぼ含んだ内容になっている。注意する必要があるのは、序章での史的展開についての論述であろう。後で具体的に取り上げることになるが、現代家族の変化・特徴・問題性などにアプローチするにあたっての理論が一九八〇年代まではあったということであり、その後の家族についての論考と比較する目安になるであろう。

先に指摘したように、『10．社会運動』、『11．社会問題』は、社会学における研究の歴史を持つにもかかわらず、これまでの企画には含まれていなかった分野である。この二つのテーマは、社会的現実の問題性および問題への対応における主体的条件を考えるに当たっては欠くことができない性格を持っている。その意味では社会学における理論構成や現実研究にどのように活用するかを考える性格のものと言えるであろう。その他についても同じような受け止め方が必要であるが、この企画の最大の（あるいは最良の）特徴は、各巻の最初にその分野の研究の史的展開が整理されていることである。そのことによって、収録されている論文の研究史上の意義と位置づけがわかるはずである。このような企画は困難だったであろうと思われるが、その後の社会学研究の導きの糸となり得る論述が大抵の巻に見いだすことができる。全体としては多様化の進展の下で拡散状況へ進まない指針という性格を挙げることができる。次に各巻に簡単な研究史の叙述があるが、それまではかならずしも整理されていなかった点として、それぞれの分野でさらに詳しく整備していくという課題を意識することが大事である。そして最後に、前章までに取り上げた社会学の理論的論考には含まれていない分野をどのように組み込んでいくかという課題が、この企画全体から導き出されるであろう。このような意味では、以後の社会学研究にとっては、それまでの諸企画以上に避けて通れない性格を持っているのがこの企画である[4]。

▼理論志向の進展

ここで取り上げる諸見解については、この章の題の専門分化と拡散状況の真っ直中にあって、それぞれの理論構成を成熟させる試みが一定の人たちによって展開されていることの大事さを喚起するという私の意図も込められている。その多くはこの時期だけでなく、前の時期から研究活動を継続しているので、ここではこの時期に限定しないで（さらには二十一世紀をも含めて）考えてみることにしようと思う。

青井和夫『社会学原理』（サイエンス社　一九八七年）はこの時期の代表的な理論書の一つであるが、ほとんど論じられていないので、その知的遺産を私なりに確認したいと思う。青井の研究活動は一九五〇年代から始まるが、一九六〇年代、七〇年代には集団研究を軸に研究が進められており、理論的研究と現実研究（例えば家族、地域）の両面にわたっており、また早い時期から「高齢化」問題にも注目している。ここでは、具体的には『社会学原理』に加えて、『小集団の社会学』（東京大学出版会　一九八〇年）を取り上げることにする。『小集団の社会学』は、小集団研究の史的展開、大きな潮流としての交換理論とバランス理論についての論考、そして青井独自の見解としての深層理論、日常生活世界、禅について、という内容で構成されている。特徴を二つだけ指摘しておこう。一つは、よく知られている第一次集団とかインフォーマル・グループとかではなく、〈小集団〉概念を措定していることである。これには集団の大きさ（人数）ではなくて性格に着目するという青井の見解が表われている。もう一つは、これまでの小集団研究の検討を経て、深層、生活、禅といった独自の社会学的思惟について言及されていることである。青井の基本的見解は、小集団の研究で、いや小集団に着目した研究によってほぼ確立したと言えるであろう。

一九七〇年代後半から八〇年代にかけて、家族、地域、教育、生活など多彩な理論的・現実的研究を継続していた青井の『社会学原理』は彼の代表作と言える。この本は「自説のみを自由に展開しうる専門書ではない。テキスト用にも使いうるものにしなければならない」という難しい制約の下に執筆されたものである。にもかかわらず、青井の見解が見事に示されている専門書となっている。六章構成になっているが、前半はパーソンズ理論を下敷きに活用しながらも、「発達アプローチ」を軸にするかたちで展開されているところに青井見解の特徴が認められる。後半では、やや異なるかたち（ただし前半と全く切れているわけではない）で展開されている。〈第四章　社会変動〉ではこれまでの主要な見解および現実の動向の考察を通して、社会変動をめぐる理論的・現実的両面にわたる論点が多様に示されている。とりわけ注目する必要があるのは社会における〈ミクロ―マクロ〉の相互関係が射程に入っていることである。〈第五章「無」への突入と「空」からの帰還〉および〈第六章　社会学的構想力〉は、社会学理論（研究）における独自の着想と組み立てがいかに大事であるかを喚起する性格の論述である。青井独自の着想と見解は、「意味」を追求することから「無」へ進み、そして「空」への回帰という筋道を、禅的な思惟をも活用しながら諸個人のあり方を捉える方向を示すという展開であるが、いささか難解である。「円環的思考」およぴ「表層と深層」という独自の思惟については、禅への言及によってもわかるように、客観的意味と主観的意味を軸とする展開はやや哲学的で、誤解なく簡単に示すことは困難である。したがって（青井の意図でないかもしれないが）、私なりに二つの受け止め方について述べておこう。まず禅と社会学については、フロイトの無意識とも現象学のノエマとも異なり、それを突き抜けたとされる「純粋意識」を意味し、禅の悟りとはこの意識そのもの（青井によれば「空無」）を体験することと解釈される。このことによって意識（＝認識）のあり方の一面性（そして個人の捉え方も）から脱することが可能となる。次に「円環的思考」については（青井の意図であるかどうか）、右の「禅的思考」との関連で「往復的回帰」という思惟方法として、私は受け止めている。ともあれ、社会学における「社会と個人」問題を考えるにあたってどのように活用するかが問われる見解であろう。青井理論についてあえて問題点あるいは課題を挙げるならば、射程に入っているとはいえ、ミクロレベルでの独自な見解がマクロレベルにどの

ように結び付くか、その具体化が問われることになろう。(5)

富永健一『社会学原理』は疑いもなくこの時期の代表的な理論書の一つである。富永の理論の性格が明確にはじめて表明されたという意味で、『社会変動の理論』（岩波書店　一九六五年）は重要な本ではあるが、そこで述べられている「社会変動」についての見解が富永自身によって修正されているのでここでは取り上げない。その後の富永は、（主として欧米の）理論研究を軸としながらも、階層、近代化、産業についての現実研究、そして新しくは「環境」や「情報」などの現実的テーマに取り組むなどきわめて多彩な研究を進めている。にもかかわらず、青井と同じように〈社会学原理〉としては富永見解についてはあまり論じられていないきらいがある（簡単な書評はあるが、論議としてはいくつかの視点をピックアップする範囲を大きくは超えていないようである）。ここでは一種の体系化の表明と言える『社会学原理』（岩波書店　一九八六年）、および〈マクロ―ミクロ〉リンクとネーミングされている見解が社会学理論の発展にとっては重要な理論的見解であると思われるので、『行為と社会システムの理論』の二つを軸に考えることにしようと思う。

『社会学原理』は富永社会学の体系化として性格づけられると言える。この理論的内容をすべてにわたって詳細には述べず、特徴的な主張に限定して考えることにしたい。体系化を方向づける富永理論の全容は、富永自身が示した次の表2によっておおよそ見て取ることができるであろう。見ての通り、富永社会学はほぼ社会の全領域をカバーするものと一応は解釈されるが、それほど単純ではない。他の著作をも視野におさめて考えてみたい。まず社会学の性格について、富永は「社会学とは複数の人びとの相互行為の持続をつうじて形成される社会関係、共属感情のような人びとの社会的態度、複数の社会関係のシステムである社会システム、その社会システムの構造および機能の変動について研究することを専門とする経験科学である」（傍線は筆者）とされている。富永の理論展開には他の追随を許さないような膨大な先行理論（ほとんど欧米）の批判的検討がなされており、それらをどのように活

表２　社会学の研究諸部門（富永のネーミング）

認識方法による区分 →

対象による区分 ↓

			理　論	経　験	歴　史	政　策
総論			社会学原理	社会調査 社会統計学	社会史	社会政策
各論	(1)社会集団・組織	家　族	家族社会学	家族調査	家族史	家族問題
		組　織	産業社会学 経営組織理論	経営組織調査 モラール・サーヴェイ	経営管理史 経営組織史	経営社会政策
		国　家	国家社会学 行政社会学	行政組織調査	国家史 行政組織史	福祉国家政策
		⋮				
	(2)地域社会・準社会	都　市	都市社会学	都市調査	都市史	都市問題
		農　村	農村社会学	農村調査	農村史	農村問題
		社会階層	社会階層理論	社会階層調査	社会階層史	不平等問題
		⋮				
	(3)文化的諸領域	経　済	経済社会学	消費（貯蓄）行為・意識等の調査		
		政　治	政治社会学	政治意識・投票行為等の調査		
		法	法社会学	法意識・法行為等の調査		
		宗　教	宗教社会学	宗教意識・宗教行為等の調査		
		教　育	教育社会学	教育意識・教育行為等の調査		
		⋮				

出所）富永健一『社会学原理』 50頁

用し得るかというスタンスが一貫して認められる。若干具体的に示すならば、彼は現在までの社会学を十の潮流にまとめ、その上で、「……社会のミクロ理論とマクロ理論とを、中心原理を異にする別個の、しかし一つながりの統合された理論として構築したい」という基本的狙いと方法論の性格を表明している。ミクロ理論においてはパーソンズの行為論を軸にして現象学的行為論、シンボリック相互作用論を活用し、マクロ理論においては機能理論と近代化としての社会変動論の統合を意図して、ハーバーマスの理論を活用することによって理論展開・理論構成がなされている。このような理論構築のベース（あるいは前提）として、社会学における「社会」をマクロ社会、マクロ準社会、ミクロ社会という「狭義の社会」が措定されていることも付け加えておこう（おそらく総合社会学と異なる思惟の表明であろう）。「狭義の社会」の措定については『社会学講義』（中公新書　一九九五年）の叙述がわかりやすい。ミクロ社会とは個人レベルであり、個人の内部に存在しているのにたいして、マクロ社会は「小集団から全体社会にまでおよぶ社会集団と地域社会を総称するものである」。準マクロ社会は不完全なマクロ社会である（やや理解が困難？）。

社会学原理としての富永の意図と基本性格についてはこの程度にとどめ、次に『行為と社会システムの理論　構造―機能―変動理論をめざして』（東京大学出版会　一九九五年）について考えてみよう。この本は副題に示されているように、ミクロ理論とマクロ理論の両方の理論史の批判的検討を丹念に行うことを通して、「変動論」にいたる理論的主張として性格づけられる。ミクロ理論がパーソンズの主意主義的行為論へ収斂するという見解を基礎にしたマクロ理論としての社会システム論の検討が「変動論」に向けて展開される。富永自身がことわっているように、「構造―機能理論」というラベルをパーソンズとは異なる見解であるということをふまえると、富永は社会システムの概念化に環境、自己組織、サイバネティックス、オートポイエーシスなどの考え方を活用して「構造―機能―変動理論」を提示する。とりわけ「自己組織化」が彼の理論構成の主張の中軸に据えられている。

膨大な先行理論（＝知的遺産）を検討して必要と考えられる継承によって構築された富永社会学の「構造―機能―変動理論」は「論理的」には見事な理論的性格を有すると言えるであろう。しかし、後で取り上げるように、富永社会学とは異なる見解が二十一世紀に入っても並存してそれぞれが自己主張しているのが社会学理論の現状であり、いろいろな評価の仕方があり得る。私自身は理論的立場が異なるので、若干の批判的見解を持っている。しかし、富永理論のなんらかの点をいくつか批判することはあまり意味がない。富永批判をするには、自らの理論を全面的に対置する必要があるので、これについては次の〈中間論考〉で展開することにして、若干の弱点を疑問というかたちで提示するにとどめる。

まずは、はじめに社会システムありきという思惟方法への疑問である。これまでの重要と考えられる諸説の検討〈知的遺産の継承〉から措定された性格ではあるが、社会の概念的把握が「社会システム」であるというのは、一種の「先験的思惟」ではないかという疑問である。次には、〈システム―環境分析〉という方法について、この場合の環境とは社会システムにとっていかなる存在なのであろうか。環境がシステムの内的存在であるならば〈構造―機能〉分析に含まれることになり、「環境」概念そのものが必要かどうかが問われるであろう。そして外的存在であるならば、ミクロ、ミッドルのシステムのレベルではともかくとして、マクロレベルでの環境とはどのような位置づけが与えられるのであろうかという疑問である。第三には、これが最大の問題点であり、近代主義系の共通の弱点であるとも考えられるが、社会変動論も含めて現代社会の「科学的自覚」とも受け止められる社会的現実認識において、近代社会そして近代化の進展が前提になっていることを挙げることができる。資本主義社会として成立した近代社会の次には社会主義社会が続くというマルクス主義系の見方が歴史的現実によって再検討を迫られているが、近未来の社会については、資本主義社会としての近代が本質的に宿している問題性を克服し得るような見解はまだ現れていない。しかも、近代主義系には〈近代化＝民主化〉という思惟が残存しており、近代化の進展が民主化の進展をもうながすという暗黙の前提が見え隠れしているのではないかという疑問を挙げることができる。私は富永見解とのかかわりで三つの疑問を出したが、とりわけ第三の疑問については、近代主義系だけでなく日本の社会学すべてに求められる課題であると言いたい(6)。

近代主義系としての吉田民人の理論的見解は青井、富永とは異なる性格であると考えられる。吉田のまとまった著作としては、『情報と自己組織の理論』(東京大学出版会　一九九〇年)、『自己組織性の情報科学』(新曜社　一九九〇年)、『主体性と所有構造の理論』(東京大学出版会　一九九一年)を挙げることができる。情報化の進展と自己組織性という比較的新しい視点といった現在性という関心からか、日本の社会学界では前二者への注目が多いように思われる。しかし、情報と自己組織性についての吉田見解は彼の原思考としての性格をもつと考える。したがって、私は吉田見解においては『主体性と所有構造の理論』にこそ注目する方がベターであろうと思う。すなわち、主体性とは人間存在のあり方・あるいは諸個人の生き方を問うことであり、所有構造とは社会のあり方を問うことであるという意味で、まさに社会学理論の要の位置にある。広くは社会システム論の立場として位置づけられる吉田の見解における個人と社会については、主体性への着目と所有への着目が、類似の他の諸見解とは異なる独自性をもつものである。ここでは吉田見解の核心部分としてこの二点について示そう。吉田の主体性についての原思考として、「〈自由な主体的な対自的存在様式の完成〉、あるいは〈自由発想＝主体選択的な自己組織性の完遂〉そのことに、究極の価値の根源を置くわけである」(同書　一五六頁)を引用しておこう。そして彼の見解には二つの特徴が認められる。一つは主体分析の視角においてであり、目的達成のために、シンボル情報化された諸要件にたいする主体的能力の発揮による意志決定をすることである。もう一つは、主体性を人間個人の範囲(あるいは行為)にとどめないで、「人間集合」にも適用することである。この二つを指摘したのは、吉田見解が社会変革、運動といった現実的課題を念頭においていることを意味するからである。次に、吉田の所有論にはマルクス見解が強く意識されていたことが認められる。〈第二編　第二章　生産力史観と生産関係史観〉における論述はそのことを明瞭に示している。第二編全体に認められるヴェーバー的思考とマルクス的思考との対比をめぐる論述をここでは詳論しないが、吉田の所有論が制御と結びついて考えられていることを独自の見解として指摘しておこう。結論的な見解として〈所有の構造理論から機能理論へ〉という吉田の思惟をどのように受け止めて継承するか、批判的に換骨奪胎して活用するかは、各自に委ねられることになろう。(7)

一応は近代主義系と考えられる新睦人は、比較的早期に『現代社会の構造　現代社会の社会学試論』（汐文社一九六七年）を公表しており、以降、理論・学史の両面を軸とした研究に加えて現実認識にも取り組んでおり、新しくは『社会学の方法』（有斐閣　二〇〇四年）がある。ここでは『現代社会の理論構造』（恒星社厚生閣　一九九五年）と『社会学の方法』（有斐閣　二〇〇四年）を取り上げて（この二冊が代表作）、その他の著作をも若干念頭に置いて考えることにしたい。新の見解は一応は近代主義系とも思われるが、上の三人とはかなり異質な性格である。彼の研究の特徴として大きくは二点指摘できる。一つは、編著『社会学のあゆみ』（有斐閣　一九七九年）、『社会学のあゆみ　パートⅡ』（有斐閣　一九八四年）、その他、M・ヴェーバー、パーソンズ、ルーマンなどについての論考に示されているように、社会学史研究である。もう一つは、そのような学史研究で得た理論・方法を活用した社会的現実研究である。このスタンスは早い時期から一貫しており、『現代社会の理論構造』はその集大成としての性格を持っている。五〇〇頁以上のこの大著を詳細に紹介するわけにもいかないので、いくつかの特徴と性格について述べる。副題に〈ポストモダンへの傾斜〉とあることにこの書の性格が象徴的に示されている。

新の「理論的」特徴については、富永とは異なるかたちで重要と考えられる諸見解を批判的に活用しているので、右で触れた近代主義系としてはやや独自な性格に絞って述べることにする。『現代社会の理論構造』は新自身の社会学理論を示すのではなく、近代社会の成立から「現在」に至るまでの「近代社会」を様々な諸理論（視点）を活用して、巨視的動態論として展開されている（微視的動態論がないというわけではない）。そのような近代化の進展にたいして、「近代」を歴史的過程として性格づけ、「近代」を絶対化しないでそこでの問題性が鋭く意識されていることが新の見解の大きな特徴と言えるだろう。次に、『社会学の方法』にも簡単に触れておこう。この書の特質を二点上げておきたい。九章構成になっているが、社会学史をも専門にしているだけあって、これまでの理論と方法（Method）を駆使して、社会学的研究にとって必要と考えられる思惟方法がほとんど盛り込まれている。"Method of Sosiology"という英語表記が新自身の思惟を示しているのかもしれない。もう一つとして、社会学とはいかなる科学であるかについての新の見解が表明されていることを指摘することができる。〈社会学の学問的な座標軸〉として図と表によって領域、部門がトータルにまとめられている（同書　三一二〜三一七頁）ことに加えて、最後に社会学が実践の学であるという表現によって、（私見では）社会学の存在意義が示されており、この点が新見解の独自の特徴であろう。現代（社会）を理論的に捉える一つの立場と言える新の見解について、新自身もあるいは認めているかもしれない疑問を提示しておきたい。新自身は「近代」を絶対化していないことは、ポストモダンの思考に言及してその思惟に疑問をもっていることによってもうなずけるが、〈コミュニタス〉が未来を展望するにあたっての課題なのかもしれない。なお、新は近代主義・近代化と同じではない意味で民主主義に言及している数少ない社会学者である。とするならば、民主主義との関連で、課題提起にとどまらない方向提示があってもよいのではないだろうか。次に、『社会学の方法』については二つの危惧がある、と私は受け止めており、簡単に触れておこう。多様な方法の整備を認めることにやぶさかではないが、このような多面的整備には諸刃の剣という危惧がある。有効に活用されるならば社会学の発展にプラスに作用するが、部分的あるいはつまみ食い的に使われると、拡散状況につながるというマイナス面があることである。もう一つは、実践の学についての新の見解には（新の意図がやや不明瞭）、実践が「臨床」だけに矮小化される危惧があることである。(8)

この項の後半部分として、その後のマルクス主義系に触れることにしよう。第二章では「社会学におけるマルクス主義」をめぐってははっきりとは評価しないで、継承点および理論的発展への課題に触れるにとどまった。ここではその後の展開が問われることになる。「マルクス主義社会科学」を強力に主張した河村望については前の章で触れたが、ここでは彼の変貌について述べよう。その後の河村は多様な著作活動を続けており、『社会学概論』（行人社　一九八九年）ではマルクス主義の立場を保持しつつも、「マルクス主義社会科学」から「マルクス主義社会学」へと「転換」していることが認められる。「社会学の対象として、もう一つの社会、狭義の社会が存在することが否定されてはならないだろう。……（中略）……　社会学は、全体社会や社会集団を、その現象形態において、具体的、相対的にとらえる学問なのである」（同書　五頁）という文に示されている。この書は、第1部 社会の形成と発展、第2部 社会学の展開、第3部 社会学基礎理論　第4部 日本人・日本文化・日本社会　という構成になっており、「マルクス主義社会学」の一つのあり方を示したものとして性格づけられる。しかし、その論調に加えて部分的にはマルクス主義の思考を垣間見ることができるが、以前の彼の「社会学批判」に認められた鋭い展開が影を潜めており、第4部での日本社会とその展望に新たな「共同社会」と「分権的自治」の方向を示していることが本書の最良の特徴であり、マルクス主義社会学としての彼のその後の発展あるいは重要な継承点として性格づけられる見解であった。しかし、数年後の『社会学講義』（人間の科学社　一九九四年）で、河村は大きく再「転向」する。この書の〈はじめに〉で河村自身が「転向」すると述べている（ただし、第二刷では表現が変わっている）。〈終章　新しい社会学のために〉があるが、その行方は不明であるとだけ言っておこう。(9)

三溝信の主要な著作をフォローすることは前の章との連続性について考えるという意義が大なのである。前の章でのマルクス主義系の二つの〈講座〉については、当時は相対的に若い執筆陣であることもあって、その後の理論的発展が問われることになる。後で注でも指摘するが、三溝はそれに応えようとした数少ない一人である。『講座現代社会学1』第二章での「社会と個人」問題をより詳細に全面的に展開したのが『市民社会における社会と個人』（青木書店　一九六八年）である。近代社会（＝市民社会）の成立以後に論じられている諸見解について社会的現実との関連で検討し、両者を抽象的概念として絶対化しないというのが三溝の見解であり、これが三溝の原思考と言ってもよい。彼の主要な著書である『社会学講義』（有信堂高文社　一九八六年）はそのような原思考を念頭に置いて受け止めることが大事だと思う。この書は、Ⅰ．集団としての社会、Ⅱ．文化としての社会、Ⅲ．システムとしての社会、Ⅳ．社会学の歴史、という構成になっている。Ⅰでは、コミュニティ、集団、国家、階級などが取り上げられており、ここに社会変動との関連でマージナル・グループが加えられている。マルクス主義における集団についてのまとまった見解として性格づけられる。Ⅱでは、文化について多様な面から論じられているが、かならずしもまとまった論述にはなっていないく、基本的な思惟が曖昧であるという疑問を挙げておくにとどめる。Ⅲは、近代主義系の「社会システム論」に対置しての社会の捉え方について述べたものである。全体としては、マルクス主義系の社会学理論としての一つの試みと言えるが、とりわけ指摘したいのは、右で触れたように主要な概念を抽象的概念として措定していないことである。マルクス主義理論の大部分の「社会」概念には、社会システム論にも似て、「はじめに経済的社会構成体ありき」という措定（マルクス自身はそうではなかった）が見られるのにたいして、そうではない思惟であるところに三溝見解の特徴がある。『社会学的思考とはなにか』（有信堂高文社　一九九八）についても簡単に触れておこう。この書は、マキャベッリからはじまってデュルケームまでの主要な「社会学的思考」について展開されており、構成だけを見ると、学史あるいは思想史のようだが、この書の性格が最後にきちんと示されているので、その最後の文を引用し、評価は読者に委ねたい。

「これらの軸（まだまだつけ加えることができるかもしれない）を組み合わせればマトリックスはつくれるわけだが、膨大な数になってしまう。……（中略）……それが社会学の現状であるが、……（中略）……いずれ時代の要請に適した若干数の理論に淘汰されていくだろうと私は考えている」（同書　二七三頁）[10]。

さて、前の時期の終わりの頃に現れた庄司興吉についてはは指摘だけしたが、ここではもう少し踏み込んで考えてみよう。前の章では一九七〇年代の後半に新しい世代が登場する例として庄司興吉に簡単に触れたが、この時期に入って『社会変動と変革主体』（東京大学出版会　一九八〇年）、『社会発展への視座』（東京大学出版会　一九八九年）、『管理社会と世界社会』（東京大学出版会　一九八九年）などに加えていくつかの編著も公刊されている。彼自身の理論的見解表明と社会的現実へのアプローチという両面が認められる。庄司にはいわゆる書き下ろし単著がなく、三冊とも既発表論文をまとめたものである。したがって、一つの著作として述べることは（私にとってだけかもしれないが）きわめて難しいので、それぞれについては単なる性格づけを示すにすぎない（いずれもソ連崩壊以前に執筆された点での考慮も必要）。『社会変動と変革主体』については、現在の時点では社会変動についての見解は省いて、〈変革〉主体問題に注目したい。主体性問題については、人間存在、集団、労働者、知識人などいろいろな面から運動ともかかわらせて論じており、主体的テーマとしてはそれぞれの論考に一定の意義があるが、それらがどのように結び付くか（あえて統合までとは言わないが）はかならずしも定かではない。しかも多くは抽象的な方向提示に終わっており、この段階（時期）ではさらに具体性が求められるのではないだろうか。『社会発展への視座』と『管理社会と世界社会』については、それぞれの〈序〉に、「現代社会の総体把握」と「新しい社会理論をめざして」とあり、おそらく庄司のスタンスと思われるが、このような大きなテーマを考えるにあたって必要と考えるきわめて盛り沢山の小テーマについて論じており、しかもそれぞれの「テーマ」にかかわる多様な諸見解と多様な現実を検討する性格は前の時期の論考とほぼ同じである。前の章で、庄司が目指したものが「新しい社会科学の基礎理論の構築である」と私は性格づけたが、果たしてどうであろうか。それぞれの論考（二冊で一三の「テーマ」）には、そのテーマについての現実と諸見解については多様に論考されているが、論考の性格には大きな変化はない。社会発展論について言えば、〈交感〉概念を提示したことに新しさが認められるとはいうものの、概念提示以上には出ていなく、社会発展のについても「イデオロギーからヴィジョンへ」という方向提示にとどまっている。「社会理論」について加えておくと、「社会」とは日本社会を指すのか「世界社会」を指すのか、両方を意味するとすれば、両者を捉える理論は同じなのか異なるのか、そして両者の関連は？　などという疑問が残る[11]。

最後に、富永健一が〈マルクス主義社会学〉の終焉であると評した北川隆吉監修『現代社会学辞典』（有信堂高文社　一九八四年）について簡単に触れておこう。この書は一般に知られている「辞典」とは違って〈大項目主義〉が採用されており、編集委員会によれば、大項目は「六つのセクションに分けられた。①社会学（方法・対象）、②社会的行為、③文化、④社会集団、⑤社会構造、⑥社会変動。この構成をもって、本辞典は、現代社会学の全体像を体系的に提示することとした」（傍線は引用者）とされている。七〇〇頁以上に及ぶ膨大な「辞典」を詳細に述べることにはあまり意味がないであろう。そこでいくつかの点をピックアップして、その性格について私見を述べるにすぎない。富永健一によれば、この「辞典」によって日本におけるマルクス主義社会学が終焉したとされているが、果たしてそうであろうか。三〇数名に及ぶ執筆者は、前の時期の〈講座〉とは違ってマルクス主義系でない者、立場が不明瞭な者も散見される。この辞典がマルクス主義系の一つの帰結とすれば、「終焉」と言えないこともない。しかし、この辞典は右で言われているような「体系的」な構成にはなっていない。この性格づけをめぐる私の疑問点を若干挙げることにする。〈①社会学〉では、社会学理論についての多様な論考や社会学研究における留意点が展開されているが（これには異存はない）、最終的には課題提起に終わっている。次に、②社会的行為における〈労働〉項目をピックアップして、疑問を提示しておこう。この項目では、「実践」や「生産」が周辺概念として措定されているが、この二つの概念を周辺概念として位置づけることには、理論的には疑問を持たざるを得ない（詳しくは〈中間論考〉で述べる）。もう一つだけ疑問を加えておこう。小・中項目には社会学における重要テーマあるいは社会学の研究対象そのものとも考えられる「社会問題」が欠落していることである。立場の違いによって異なるかもしれないが、社会問題が「社会的逸脱」に含まれるあるいは解消されるであろうか？　個別的指摘はこれにつきるものではなく挙げていけば、「体系的」にはさらに疑問を指摘できる。しかし、この書を辞典として性格づけるならば、社会学研究にかかわる必要項目がほぼ網羅されており、研究史や文献が豊かに盛り込まれているので、編集委員会の意図ではないかもしれないが、社会学史をきちんとふまえている上質の資料として、それぞれが活用する価値を現在でも失ってはいない。

三．理論的主張の多様性

▼現象学から出発した理論的見解

この時期には社会システム論、構造・機能論、あるいは自己組織性論だけでなしに、新たな理論的主張が多くなることが一つの特徴であり、その動向は二十一世紀にも存続している。これまでに取り上げた諸見解は主として「マルクス主義系」と「近代主義系」であった。現代日本の社会学の史的展開においては、事実としてもこの二つの潮流が相対的に大きな位置を占めていた。しかし、一九九〇年前後からある種の変化が進行する。具体的には、日常世界と「意味」に注目する思惟から出発する社会学を挙げることができる。その代表的な「潮流」ともいえるのが現象学的思惟である。二十世紀初頭に、フッサールによってまとまって主張されたことは哲学界ではよく知られており、日本では『純粋現象学及現象学的哲学考察』（岩波文庫　池上謙三訳　上　一九三九年　下　一九四一年）と『現象学序説―デカルト的省察録―』（創文社　山本万二郎訳　一九五四年）の二つの翻訳本がかなり読まれておりかつ論じられている。山本万二郎の解説によれば、前者が哲学界では充分に理解されないで、後者を執筆したとされている。しかし、哲学を専門としない私には前者に現象学的思惟の核心があるようにも思われるが、ここでは哲学的思惟にはこれ以上立ち入らない。

さて、社会学に現象学的思惟が取り入れられたのは決して新しいことではないが、日本の社会学において注目されるようになったのは、主としてシュッツの見解の導入によると言ってもよいであろう。一九七〇年代に若干の翻訳がなされることを皮切りとして、一九八〇年代に入るとシュッツを軸とする論考が多くなる。なぜそのような動向が著しくなったかについて、一言だけ言っておこう。〈日常生活世界〉への着目、これは社会学のいわゆる「第二世代」、そしてこれまで主として取り上げてきた二つの潮流に欠落とまでは言わないが、ミクロ理論における具体的な追求がややおろそかであるという認識からであろう。

新たな理論的主張として、「現象学的思惟から出発する社会学」という表現を使ったが、ここで注意する必要があるのはあくまでも「出発した」ということであって、これまでの「二大潮流?・」のように、その「基本的立場」をおおむね保持しているとは限らないようである。論者の主観的意図はともかくとして、現象学的思惟から出発するということをプラスに考えるならば、様々な発展の可能性が含まれているとも言えよう。

この時期で新たに注目する必要があると考えられ下田直春の理論的著作としては、『社会学的思考の基礎』（新泉社　一九七八年）および『社会理論と社会的現実』（新泉社　一九九四年）を挙げることができる。下田の社会学はかならずしもシュッツから出発したわけではないが、早期に注目したと言ってよいであろう。『社会学的思考の基礎』では、〈社会学基礎理論の批判的展望〉という副題にあるように、しばしば言われるようになった「人間回復の理論」を模索する性格として、社会学の方法上の諸問題について論考されている。いくつかの理論に批判的な論及があるが、シュッツを批判的に論じていること、「意味」に着目していることはわかるが、展望がかならずしも見えてこない。『社会理論と社会的現実』においても、社会学の方法上の諸問題についてほぼ同じように論考されている。

現象学的思惟の方向を独自に打ち出したのは山口節郎『社会と意味―メタ社会学的アプローチ―』であろう。この書は、〈第1部「イデオロギー」概念の失われた意味を求めて〉、〈第2部 社会の超越論的理論に寄せて〉の二部構成になっており、山口の見解は第二部にあると考えられる。現象学的思惟をめぐっては、以下でも触れるように、論者によって異なるが、山口は現象学的思惟をめぐるそれまでの諸見解にたいして批判的な見解を表明しており、「解釈的パラダイム」から「解釈学的パラダイム」へという方向を主張し、超越論的主観性への還元が彼の主張の軸ではないかと思われる。しかし、エスノメソドロジー、その他の見解への批判と展開はわかりにくい。評価は立場によって異なるであろうが、現象学的思惟をめぐる理論（思惟方法）問題が批判というかたちでほぼ出ているところに、山口の主張の意義があるのではないだろうか。

山口によって火を付けられた（?）現象学的思惟から発する社会学は同じような方向にはかならずしも進まなかった。この動向はこれまでの主要な潮流としてのマルクス主義系とも近代主義系とも異なる分かれ方であり、この時期の異なる見解の多様性を象徴している。以下で取り上げる三者は典型という性格としてピックアップするが、この立場はこの三者に尽きるものではないことをことわっておこう[12]。

片桐雅隆はいわゆる現象学的思惟から出発して独自の理論を追求しているという一つのタイプとして性格づけられる。彼の現象学への接近は相対的に若い時期の著作である『日常世界の構成とシュッツ社会学』（時潮社 一九八二年）や編著『意味と日常生活』（世界思想社 一九八八年）などによって知ることができる。そして『シュッツの社会学』（いなほ書房 一九九三年）でシュッツ見解そのものを論じることあるいはシュッツ見解に依拠して理論的発展・整備をすることから片桐独自の異なる方向に進んだと一応は言える。片桐自身が述べているように、『プライバシーの社会学』（世界思想社 一九九六年）、『自己と「語り」の社会学』（世界思想社 二〇〇〇年）、『過去と記憶の社会学』（世界思想社　二〇〇三年）の「自己論三部作」はまさに自己論を軸とする片桐独自の社会学的思惟の展開という性格のものである。彼の社会学的思惟の特徴は「大きな物語」から「小さな物語」への転換を重視する主張である。片桐自身が自己論と言明しており、確かに彼の「自己」を軸にして相互行為やその他の社会現象へ切り込んでいるが、解釈学的思惟にもとづいて自己というミクロレベルにとどまらず片桐独自の「世界」を「構築」していると受け止めることもできる。しかし、彼の思惟がミクロなレベルにとどまっているかに見えるが、マクロレベルへの言及も認められる。彼の理論的思惟にたいする評価はまだ一様ではないと思われるが、ここでは彼の今後への問いを提示しておこうと思う。「大きな物語」は本当に終わったのか、終わったのであれば「社会」への射程が不用であってよいのか、そしてもし終わっていないならば、「小さな物語」から「大きな物語」的な社会への射程をどのように関連づけるかが問われるであろう。これは片桐だけの問題ではなく、とりわけ一九九〇年代に叢生する諸見解にも問われることになる。(13)

この潮流においてはシュッツから出発して異なる方向に進んだ一つのタイプとして西原和久を取り上げておこう。西原の著作としては、『意味の社会学』（弘文堂　一九九八年）、『自己と社会』（新泉社　二〇〇三年）の二つを挙げることができる。西原は前者においてそれまでのシュッツ解釈にたいして彼独自の理解を展開しており、いろいろな受け止め方がありえるが、私は二つの点を指摘しておこう。一つは、いわゆる生活世界の探求ということにとどまらず、社会への射程を考えるにあたって発生論的思惟を基底に据えるという見解である。もう一つは、そのような理論的着目点を背景として、自己や意味だけでなくいくつかの具体的な社会分野に切り込んでいることである。西原は〈あとがき〉で、「社会学基礎理論の解体＝構築」がこの書の狙いであるとしている。したがって、数年後の『自己と社会』で新たな「理論構築」があることが期待されたが、大部分は「自己」と「社会理論」についての諸見解の検討にあてられており、新たな理論構築については方向提示に終わっている。二つの著書はいずれも既発表の論文を集めたものであり（西原にかぎらず大抵の場合「加筆・修正したとある」が果たしてそうか）、新たな理論構築を目指すにはきちんとした構想による書き下ろしが必要なのではないだろうか。その後の西原は編著・その他の研究でアジア社会など多方面の分野に取り組んでいる。「現象学的社会学」としての取り組みであるが、著書の延長線上での今後の行方が問われるであろう。多様な現実研究は大事であり、そのような現実研究から新たな理論構築へと螺旋的な発展が望まれる。

那須壽『現象学的社会学への道―開かれた地平を求めて―』（恒星社厚生閣　一九九七年）は、前二者とはやや異なってまさに現象学的思惟を強力に主張するというタイプと言える。那須は、多くの現象学的思惟がそうであるように日常生活世界に注目するが、上の二人とは違って、現象学的思惟（理論構築）を貫こうとしていることが特徴である。彼は、現象学そのものの検討、そしてパーソンズだけでなくアメリカ社会学とシュッツについてかなり突っ込んだ検討をしている。彼の現象学的思惟（シュッツ）にもとづく理論構築の基本的な考え方と方向は終わりの〈第七章　日常生活世界の社会学に向けて〉に集約されている、と言ってよいであろう。大事な点は、「日常知」と「科学知」を同じレベルで考えること（自明の前提とすること）にたいして、パーソンズを例として批判的な見解を表明していることである。つまり、ほぼ周知のシュッツの多元的現実論をいかに発展させるかという方向提示を意味する。その上で、那須は新たな社会学の構想について述べ、「主観的解釈の公準」を軸としていくつかの「公準」について検討を加えている。那須は、シュッツにおいて不充分であったあるいはさらに展開（発展）させる必要があると思われる見解をどのような社会学理論として構築していくかの基本的考え方と方向を表明した数少ないひとりであり、彼の「構想」が構想だけに終わらないことが今後の課題であろう。

現象学的思惟とりわけシュッツを重視した理論的見解としては、絞り込んで取り上げたが、これらに尽きるものではない。ここでは代表的なタイプとしての三人を取り上げたのであるが、次の項で取り上げる「相対的に若い」

世代（七十歳未満）と同じように、それぞれがまだ研究を継続している「現役世代」である。したがって、学史上の評価・位置づけは二十年、三十年後を待たねばならないであろう。

▼多様な理論的見解

この時期の日本の社会学の動向を特徴的に表していると考えて〈専門分化と拡散状況〉という章題にしたが、理論的見解が専門分化的な性格を含みながら多様に叢生することもまたこの時期の大きな特徴であることを確認することができる。それらについて詳細に論考すれば、〈理論社会学の現在〉としてそれだけで一、二冊の本になるので、二十一世紀へ続くという意味で指摘に過ぎない程度になるが、簡単に触れておこうと思う（誤解を避けるためにことわっておくが、賛否はともかくとしてそれらの諸見解を軽視しているのではない）。ここで取り上げる諸見解については、「社会学史」としては評価がしにくいあるいは評価には時期が早いという共通性があると考える。

一九六〇年と一九七〇年代の二十年前後の期間には、前章で確認したように、日本の社会学界では社会学の性格と構成についてはほぼ共通了解ができているかに見えた。しかし、この時期に入ると再び「多様化」の様相を見せ始めることになる。一九六〇年前後までは学界での市民権がかならずしも確立してはいなかったが、前の時期に市民権がほぼ確立し、社会学の多様性は方法、視点の多様性、そして社会的変化に照応する具体的な研究対象の多様性へと性格が変わった。これまではきちんとは指摘しなかったが、「客観性」と「実証」が誤った理解も含めて重視される傾向が多々認められることも否めないであろう。すでに加えた二つの〈コラム〉は実証という名のもとに事実をただ調査するだけでよいのか、という私の問いかけの意図の表明でもある。単に調査するだけでは、例え相対的に優れた調査であっても、現実の後追い認識あるいは説明という性格になるであろう。このような考えはおそらく私だけの見方ではないであろう。新たな「理論的」主張には、一九八〇年代までのそのような状況への批判的表明という意味もあり、日本社会の激変への対応という意味もあると思われる。前の項の現象学的思惟でもそうであるが、ある種の「異議申し立て」という性格をも共有しているのではないだろうか。

見田宗介については前の項で取り上げる方が適切なのかもしれないと思われるが（当人も多分不満であろう）、私の学史の捉え方からこの項で触れることにする。見田はきわめて多作でどれを代表作にするかは論者によって違うであろう。『社会学入門―人間と社会の未来―』（岩波新書　二〇〇六年）の著者紹介では、〈専攻―現代社会論、比較社会学、文化の社会学〉となっているが、彼の研究（あるいは論及）分野はそのような範囲にとどまらずより広いと言えよう。きわめて多作な見田の代表作を挙げるのは難しいので、私が触れておいた方がよいと思うものを独断的に取り上げることにする。見田は比較的早期に『現代日本の精神構造』（弘文堂　一九六五年）や『現代日本の存立構造』（筑摩書房　一九七七年　※真木悠介の筆名）などで、社会、文化についての基本的視座をほぼ確立しており、そのような視座から現代社会や広義の文化分野について多数の論考を発表していることから、いわゆる「社会学原論」のような著作はないが、多数の論考の基礎には原理的思惟が見田のなかにはあると推察される。二一世紀に入ってからのやや啓蒙的性格もある『社会学入門の―人間と社会の未来』（岩波新書　二〇〇六年）の〈序　越境する知―社会学の門―〉では社会学を人間と関係の学として簡潔に性格づけている。しかし、この本に限らないのであるが、具体的な展開においては見田の関心と独自の視点によって多様な社会分野の論考があり、よほど注意深く考えて読まないと（魅力ある論述なので）、活用がつまみ食い的になって拡散へ進む危惧も含まれている。『現代社会の理論―情報化・消費化社会の現在と未来』（岩波新書　一九九六年）でもそうであるが、二つの本の副題にあるように、見田には未来を展望しようとするスタンスがほぼ一貫して認められる。ただし、未来の具体像やそこにいたるプロセス（あるいは条件）がかならずしも定かでないことを指摘しておこう[14]。

ところで、この時期の見解の多様さはすべてをフォローすることがほぼ不可能に近い状態にあるので、次の三人に絞り込むことにする。というのは、異議申し立て的性格をもって独自の理論的見解が認められるという意味で、この時期の特徴を示していると考えられるからである。まず、大澤真幸はきわめて多作であるが、この時期の彼の主要な著作としては、『行為の代数学―スペンサー・ブラウンから社会システム論へ―』（勁草書房　一九八八年）、『資本主義のパラドックス』（新曜社　一九九一年）、『意味と他者性』（勁草書房　一九九四年）を挙げることができる。大澤は『行為の代数学』でこれまでの社会学的思惟の検討を通して『意味と他者性』へ向かう理論形成の「根源的思惟」をほぼ確定したようである。そしていくつかの論考を経て『意味と他者性』として整理されている。基本的な思惟は「近代」が変化することによって、「近代」をベース（前提）とした見方そのものも変化に応じるものであるという見解であり、自己、他者、意味を軸として展開されている。大澤自身も認めているように、資本主義社会としての近代は不条理に充ちているが、さてそのような思惟による行き着く先はどうなのであろうか、という疑問が湧いてくる。

橋爪大三郎も多作であるが、彼の見解がまとまって示されているものとして、『橋爪大三郎コレクション　ⅠⅡⅢ』（勁草書房　一九九三年）を挙げることができる。〈Ⅰ　身体論〉、〈Ⅱ　性空間論〉、〈Ⅲ　制度論〉では、理論的にはどれに注目するかは論者によって異なると思われる。〈Ⅰ　身体論〉は記号や間身体性など新しいスタンスがあって注目されることが多いかもしれないが、私の理論、現実についての関心から、〈Ⅲ　制度論〉に注目しようと思う。この著作では論考の素材が多岐にわたっているが（交換経済、近代政治学、国家、知識社会学、その他）、私の読み過ぎでないならば、社会学の対象軸として制度を措定していることに注目する必要があると思われる。社会学理論ではマクロな社会システムなどとミクロレベルでは自己、相互行為、関係、意味などについて論じられることが多いなかで、橋爪は制度を重視している。その場合に大事なことは「制度」概念が一般的に（あるいはやや常識的に）考えられている思惟とは違って、家族、地域、集団などからより広い社会分野にわたってこの「制度」概念を軸として考えられていることである。具体的に家族について例示すれば、一般に受け止められている「家」制度とか家族制度ではなくて、家族形成がひとつの制度形成であるという発想である。したがって、地域形成も制度形成になることは言うまでもない。社会学を「制度の学」とする本田喜代治以後、久々の見解であり（ただし本田を継承しているかどうかは不明）、これまた今後のトータル性を有する新たな社会学理論形成が注目される。

宮台真司もまた前二者に劣らずきわめて多数の著作を公表している。宮台の場合、例えば二十一世紀に入ってからの著作である『日常・共同体・アイロニー』（双風舎　二〇〇四年　※仲正昌樹と共著）に典型的に示されているように、対談的、評論的性格のものが多い。この書で「自己決定」についての独自の見解が示されているが、宮台についてては多数の著作からそのような独自の見方・考え方を拾い集めないと宮台像が見えてこないように思われる。私は拾い集める作業をしていないので、部分的に取り上げるに過ぎないことをことわっておこう（宮台だけでなく、前の大澤、橋爪両者についても似たような取り上げ方になっている）。まとまった著作としての『権力の予期理論　了解を媒介とした作動形式』（勁草書房　一九八九年）における発想に簡単に触れておくにとどまる。日本の社会学では原理的・総合的には取り上げられていない権力を論じたことにも一定の意義があるが、様々な社会レベルでの相互行為などを予期理論として捉える方向を打ち出したことがこの書の特徴であり、社会学理論としていずれは成熟するかもしれない。

以上に取り上げた諸見解の多くは、「学史」としての展開における評価には更に時間の経過が必要であろう。それぞれには時代の変化に応じた新しい理論的主張あるいは課題提起・方向が認められる。このことはこの時期に限らず、六〇年代後半から八〇年頃にかけて、相対的に若い世代にも認められたことである。問題はそれぞれがその後どのように発展的に展開したかにある。高齢化の進展は研究者にも訪れているので、六〇代後半からの「晩年」の仕事が問われる時代になっている。したがって、ここで取り上げた諸見解については、後世の学史研究家が新たな評価を下すであろう。それにしても異議申し立ての性格を持つと思われる新たな見解はあまりにも多い。それぞれが研究史を踏まえての基本的視座を提示しているという点では一定の評価ができるが、単純な活用による拡散状況とは紙一重であるという危惧があることに留意する必要があろう。なお、異議申し立て的な見解表明も含めて前の項で挙げた方が適切とも思われる見解を含めると、これに尽きるわけではない。しかし、それらの多くを本文では割愛したのはこの時期の特徴を示す意味での取捨選択であり、軽視しているわけではないことをことわっておこう。(15)

四、専門分化とテーマ研究

▼専門分化をめぐって

一九七〇年代後半から専門分化が進み始めることを前の章で簡単に指摘したが、ここでは「領域社会学」および「テーマ研究」では取り上げない諸見解のいくつかに注目しようと思う。専門分化の進展とは、明言されているかどうかはともかくとして、何らかの社会学理論が背後にあってなんらかの「テーマ」について論考しており、次の拡散状況における論考とは異なるものとして性格づけられる。ここで言う「専門分化」とは領域やテーマにおける特殊理論の展開を意味する。ある意味では一九九〇年前後からの理論的動向は専門分化的性格が強くなっているとも言える。日本の社会的現実の急激な変化と社会問題などの多様化の進展を反映して、専門分化の進展もまた多様な様相を見せている。前の節で取り上げた諸見解もある意味では専門分化的性格をもっている。その意味では片桐雅隆が述べている「小さな物語」的思惟は必然的動向であるのかもしれない。「テーマ研究」もそうであるが、それは日本の社会学の発展にとってはかなり大きな意味があるのではないかと考えられる。前の章で若干は触れているが、拡散状況へは進まない「専門分化」もまた多様であり、領域、テーマのあらゆる分野に認められるが、ここでは拡散に歯止めをかける性格の論考として、田中義久と宮島喬に簡単に触れておこう。両者ともに意識、文化について論考しており、この分野がかなり混沌としていると思われるからである。

田中義久については前の章で簡単に触れたが、意味のある専門分化の方向を目指す論考として性格づけられる。前の時期に属する『人間的自然と社会構造　文化社会学序説』（勁草書房　一九七四年）でいわゆる「個人と社会」問題の検討からはじまって様々な意識諸形態について論及している。田中によれば、それらは広い意味での文化領域に属するものとして位置づけられている。そして『社会意識の理論』（勁草書房　一九七八年）では社会意識についての論考が本格的に展開されている。ここでも文化領域としてのイデオロギー、マス・コミュニケーションが具体的に取り上げられているが、大事なことは文化領域を捉える基本的視座をマルクスの『ドイツ・イデオロギー』における生活の生産過程に措定していることの確認である。そこには労働、欲求、関係への着目など（ここでは詳述しない）発展の可能性をもつ見解が認められるのである。展開とは言えないにしても、ここで確認したいのは、社会と人間についての基本的な理解にもとづいて文化領域に迫るという専門分化の一つの（望ましい）あり方が示されていることである。なお、田中はその後、関係についての理論的論考や日本社会の現実認識など多彩な研究を続けている。

宮島喬はデュルケム研究から出発して、田中とはやや違った思惟による文化、意識の研究を継続している。著書『デュルケム社会理論の研究』（東京大学出版会　一九七七年）、編著『文化と現代社会』（東京大学出版会　一九八七年）、デュルケムの著作の翻訳などがある。彼の主要な著作としては『現代社会意識論』（日本評論社　一九八三年）や『文化的再生産の社会学』（藤原書店　一九九四年）を挙げることができる。『現代社会意識論』は社会を念頭においた専門分化の理論的見解として性格づけられるが、日本社会が強く意識されていること、諸個人にどのように現れるかということが特徴と言える。とりわけ最後の第七章で実態調査にもとづく「生き方論」があることは理論家としての研究として注目してよい。『文化的再生産の社会学』はブルデューを活用した理論書であるが、日本社会への適用可能性を示したものとして、ブルデュー研究家として知られる宮島の「受容」のあり方を意味することを指摘しておこう。二人に絞って触れたが、拡散状況へ進まない代表的な専門分化であることを強調したい。つまり、両者にある程度は認められるのであるが、そのような専門分化が新たな社会学理論の可能性をもつものであることに注目する必要があろう(16)

▼テーマ研究をめぐって

私が「テーマ研究」とネーミングすることについては次の〈中間論考〉で具体的に述べるが、前の項で例示した〈領域社会学〉とは異なるかたちでの専門分化の進展として性格づけられる。「テーマ研究」は前の時期に取り上げたいくつかの講座にすでに現れていた。例えば、すでに〈第2章〉で触れている『現代社会学講座』で取り上げられている体制、組織、疎外などがそれに該当する。その他の講座的企画にもこれに該当するものが盛り込まれている。さらに若干の例を加えると、〈第5章〉で取り上げる階級・階層、社会問題を挙げることができる。人は最近流行のコミュニケーションや情報を挙げないことに疑問を持つかもしれないが、私見では文化領域に属すると考えている。そのように考えることについては、次の〈中間論考〉で述べることにして、ここでは「テーマ研究」にはこれ以上は言及しないが、なぜわざわざ「テーマ研究」について述べるかと言えば、次の拡散状況への批判的意図があること、拡散状況とも関連して「なんでも社会学」、単なる視点、思想的な「論」といった方向とは区別する必要性を喚起すること、にある。「テーマ研究」は社会的現実の多様性・複雑性に応じて「社会学者」の関心の数だけあるとも言える。しかし、当然のことではあるが、何らかの関心がそのままでテーマになるわけではない。おそらく数多くの学問分野から論じられているであろう〈人間〉を例にして考えてみれば、このことは容易にうなずけるはずである。心理学には心理学的な迫り方があり、文化人類学には文化人類学的な迫り方がある。経済学や政治学ではそれぞれ経済的範疇としての人間、政治的範疇としての人間を措定して迫るはずである。社会学でもむろん〈人間〉がテーマになり得るが、私見では二つの要件が必要であると思う。抽象的に論じると哲学的論考になるので、社会学としての具体性が必要であること、および外的条件の二つである。そのためには何らかの理論が要請されることは言うまでもないが、拡散状況との違いとして、これらがテーマ研究を考える（評価する）にあたっての一つの視点にもなるであろう。

五、拡散状況と二つの講座

▼拡散状況について

私が「拡散状況」をはっきりと指摘したのは、教育研究ノートとして執筆した「『基礎社会学』講義の構想」（立命館大学産業社会学会『立命館大学産業社会論集』第36巻　第4号　二〇〇一年）においてである。新入生向けの社会学入門的な科目（複数担当）の共通テキスト作成の過程で執筆陣に向けての討議素材という性格のものであるが、社会学の学習をはじめるにあたって「なんでも社会学」を避ける意図による。若干引用しよう。

「……「拡散状況」について二〇〇〇年度の日本社会学会大会の報告テーマを素材として簡単に触れておきたい。やや煩雑ではあるが、分科会のすべてのテーマを列挙する。

※三〇ほどあるテーマは周知のことなので省略する。

この分科会テーマから社会学の非専門家は社会学の性格をはたしてどのように受け止めるであろうか（私は他の

人文・社会科学の専門家にたいしてアンケート調査をしたい誘惑に駆られる）。しかし、「拡散状況」を示すにはこれだけでは不充分である。なぜならばそれぞれの分科会での具体的報告には、政治学、教育学、哲学、その他とは異なる「社会学的視角」が認められるかもしれないからである。そこで個々の報告テーマをアトランダムに取り出していくつか例示してみよう。

①「他者」としてのペット　②インターネットを活用した講義改良実践　③書くことと主体性─戦後作文教育の実践記録分析　④銀行員の職務犯罪の研究　⑤タイ社会における女性の経済的役割と性産業　⑥生命倫理の社会哲学

例示はこの程度にとどめておこう。他の学問分野の専門家のなかで社会学に共通する学問的性格をこれらのテーマから読みとる者がはたしているであろうか。……中略……②と③は明らかに教育科学の分野に属するであろう。⑤はまぎれもなく経済学的研究であろう。余談だが、私はほとんど同じテーマの経済学研究科の修士論文にごく最近接したことがある。⑥は哲学あるいは倫理学ではないだろうか。①と④には果たしてどのような「社会学的視角」があるのだろうか」（立命館産業社会学会『立命館産業社会論集』第36巻第4号　二〇〇一年　一四八頁）

これ以上の引用は必要ないであろう。これが私の「拡散状況」の認識である。右に挙げた例はもしかしたらまだましな方かもしれない。五〇年ほど前とは違ったかたちで「〇〇社会学」と称するものがある。執筆者の名誉のために固有名詞を挙げないが、『「妹の力」社会学』というのがある。「妹の力」論あるいは「妹」論としてはそれなりに事実の収集と結びつけて論じられており、興味深い叙述もあるが、「社会学」としての性格があるとは思えない。似たような性格のものが学会報告などでも散見される。資料としての意味があるかもしれないが、そこにとどまるかぎりでは拡散状況の一端を担っていると言えよう。

〈専門分化〉が社会学の理論的発展にはプラスに作用し得る性格を持っているのにたいして、〈拡散状況〉はほとんどマイナスにしか作用しないか、せいぜい一種の資料にすぎないものとして性格づけられる。はじめに触れたように、二〇〇〇年末に鈴木広監修『理論社会学の現在』（ミネルヴァ書房）がそのような状況を象徴的に表しているのではないだろうか。かならずしも全面的な拡散と断定するわけにはいかないが、拡散と専門分化とを端的に示すという意味で、全体としての総括的考察に先だって、二十世紀末に企画された二つの講座企画について考えてみようと思う。

▼『講座社会学』

『講座社会学』（東京大学出版会　一九九八〜二〇〇二年）は戦後三回目の企画であるが、これまでの〈講座〉について考える場合と同じように、まずは（紹介という意味も兼ねて）全体の構成を示すことからはじめよう。

1 理論と方法、2 家族、3 村落と地域、4 都市、5 産業、6 労働、7 文化、8 社会情報、9 政治、10 逸脱、11 福祉、12 環境、13 階層、14 ジェンダー、15 社会運動、16 国際社会

となっている。取り上げられている諸分野について全体として私見を述べるならば、この時期の日本の社会学の動向を見事に反映しているとも言える。つまり、多様な理論的立場、専門分化、拡散状況のすべてを含んでいることである。ここでもまた全一六冊すべてに触れないでいくつかに絞り込もう（『社会学評論』の〈書評〉がこの時期になるとなぜか単著に限らなくなったので、詳細については200号から始まった書評に当たればよい。ついでに言えば『岩波講座現代社会学』の書評はない）全体を考えるにあたっての指標の一つになるのは『リーディングス　日本の社会学』の構成である。

〈1 理論と方法〉は、前の二つの講座企画とは性格をかなり異にしている。敗戦後五十年の日本の社会学の展開については、序論的な「日本の社会と社会学―解説―」と〈1 総論　日本の社会学の戦後50年〉の二つで論考さ

れている。その論考自体は展開についての見方の一つとして一定の意味があると言えよう。この巻では〈1―Ⅱ 社会学理論の理論構造〉がこれまでの「理論」についての論考とは異なる特徴を持っている。すなわち、理論のあり方について何らかの有力な諸理論の紹介的性格ではなく、一般理論、歴史理論、規範理論というかたちでそのロジックを重視する展開になっていることである。次に〈7 文化〉については、編者（宮島喬）の叙述は文化についての「王道」的性格であるが、全体としてはその性格が貫かれていない。この巻から一つだけ例を挙げると「4 消費社会の政治学」は内容は「日常生活の文化」と受け止められるが、なぜ「政治学」なのか理解に苦しむ。〈15 社会運動〉はこれまでの講座企画になかったテーマであり、今後の社会学のあり方にかかわるという意味で簡単に触れておこう。社会学が社会運動を重要なテーマとして取り上げたこと自体に大きな意義があることを確認することができる。内容としては、社会運動研究の展開、労働運動、市民運動、環境運動、国際的連関が論じられている。社会運動については経済学や政治学でも論じられており、社会学ではどのように論じるかが問われるであろう。これまでほとんどなかった試みとして評価できるが、端緒的試みである一つの踏み台として、今後の発展が望まれると言えよう。

ここでは具体的には三つの巻に簡単に触れたにすぎないが、全体としての特徴と評価についても指摘しておこう。全体としての非一貫性があることは否定できない。私見を若干加えると、〈8～16〉までは社会学のあり方をどのように考えて（あるいは基準）設定されたかが疑問である。しかし、このことはこの講座企画自体への批判を意味するものではなく、前の講座からすでに認められることである。すなわち、一九七〇年頃から理論的見解の多様性、社会的現実の多様化・複雑化が進むことによって、このような講座企画そのものが困難あるいは不可能になったことを意味する。しかし、これまでにはなかったプラス面の特徴がいくつか認められる。〈1 理論と方法〉に全体としての特徴が典型的に出ていると考えられる。すなわち原理的思惟の重要性ということである。その他の巻でもそれぞれ原理的思惟を重視したスタンスが認められるが、〈7 文化〉で指摘したように、それが貫かれているかどうかは疑問である。問題点の批判的な指摘をさらに加えることができるが、あまり意味がないように思われる。というのは、講座の企画や内容そのものが問題なのではなく、私見では、この種の講座企画が不用な時期に来ていると思われるのであり、もし新たな〈講座的企画〉をするならば別のスタイルが要請されると考える。(17)

▼『岩波講座　現代社会学』

別巻を含めて二十七冊に及ぶこの講座企画のすべてに言及しないで絞り込むことは、これまでの講座企画の取り上げ方と同じであるが、一つだけ違うのは、この講座だけは私自身が全部読んでいないことである。全部読まないで論じることへの批判（あるいは非難）は甘受することをことわっておきたい。ある意味ではこの講座もまたこの時期の日本の社会学の動向とりわけ拡散状況の反映であることは興味深い事実であろう。しかし、この講座企画に盛り込まれているすべての巻そして分担執筆部分が検討に値しないほど無意味であるというわけではない。若干の巻をピックアップしてその特徴について述べよう。〈別巻　現代社会学の理論と方法〉は、社会学史上（とりわけ最近の）有力と思われる理論についての論文集である。それぞれの論文のレベルの高さはともかくとして、読者はここから社会学の理論と方法の多様性を知るだけではないだろうか。〈18 都市と都市化の社会学〉については、「都市化」は現代的テーマとしてきわめて重要だが、ほとんどが都市論であって、「都市化」がほとんど論じられていない。〈19 家族の社会学〉については、「社会学的」家族研究にしばしば認められるように、収録されている論文には家族社会学と家族論が混在しており、レベルはかならずしも高くない。〈20 仕事と遊びの社会学〉は興味ある題材ではあるが、生活における仕事と遊びを統合的に捉える理論的視点が見出せない。

このように批判的検討をさらに加えても、あまり生産的でないので、全体としての特徴・性格を簡単に指摘しておこう。分担執筆分の最良の論考はこれまでの遺産を多少とも考慮している論考であり、そこから何を得るかは読む者に委ねられるが、執筆者は別の著書・論文においても同じ見解を表明しており、かならずしもこの〈講座企画〉に依拠する必要はないであろう。次に分担した論題そのものがこれまでは直接的にはほとんど論じられていないという意味で興味をそそる論考については、残念ながらどちらかと言えばマイナス面を考慮する必要があるようだ。先の「異議申し立て」的諸見解とは違って、自由に（実は勝手に）展開しているという性格を指摘することができる。第三には、企画者あるいは編者の問題も含まれると思われるが、単なる視点にすぎない論考を指摘することができることに加えて、これまた編者の責任部分が大きく、そしてはなはだ言いにくいのであるが、独立論文とは言い難い低レベルのもの（学会誌や大学の紀要などに投稿された場合、私が査読者ならば「掲載不可とする」レベル）があることを指摘することができる。まとめて言えば、原理的思惟が乏しいことは否めないであろう。一例を挙げるならば、社会学で「都市化」と言えば都市的生活様式が大多数の人々の生活に浸潤していくことであり、しかも生活の側面によって浸潤がアンバランスであるという日本の現実がある。

以上、どちらかと言えばマイナス的評価の面について述べたが、企画者が性急に新しい独自性を狙ったからかもしれいない。この企画そのものからの新たな発展の芽が全くないというわけではない。ここでは二つ指摘しておこう。〈24 民族・国家・エスニシティ〉は日本の社会学ではこれまでまとまってはほとんど論じられていない。三つの分野それぞれは他の二つと不可分に関連している。したがって、かならずしもまとまっていないこれらの分野をきちんとした原理的思惟によってどのように関連づけるかという方向が求められるであろう。〈26 社会構想の社会学〉も新たな試みである。現在、世界的に未来が不透明で混沌としており、そのような状況にたいしてどのような未来社会を構想するかは重要な問題である。その場合、新たな発想がきわめて大事であり、例えば「自由主義に抗する自由主義」という発想などは注目してよいのではないだろうか。後者の「自由主義」については、かならずしも同じ発想ではないが、いろいろな表現によって未来社会のあり方がすでに若干は論じられている。したがって、「〈自由な社会〉の条件と課題を具体的に考察する試みの入口の前に立ったのである」（右掲書26 一四五頁）という押さえ方は、ほぼあらゆる社会学者の共有し得る出発点という意義がある。付け加えると、この講座企画には独立した「研究テーマ」となり得るものが見いだされるのであり、原理無き論考ではなく、そのようなテーマについては原理的思惟にもとづく具体的な展開が必要であろう。

六、特徴と課題の整理

この時期の全体としての評価と課題については二十一世紀に入った現在の社会学に連続すると同時に、今後の社会学の行方が問われる性格のものなので、最後に総括的に述べることにして（「書き下ろし」だと必然的にそうなる）、ここでは若干の重複を承知で、〈第1部〉全体について、流れあるいは変化に着目して一応の整理をしておくことにしよう。

現代日本の社会学の史的展開を典型的に示しているのが各時期（一応は三つに区切ったが）に出版された〈講座企画〉ではないか、と私は見なしている。すでに各章で取り上げているので簡単に指摘すると、一九六〇年頃までは日本の社会学が人文・社会科学界で「市民権」を得る段階であった。性格についての明確な合意が必ずしもなかったとはいえ、この時期の講座企画『社会学大系』から『講座社会学』への進展がそのことを示している。この時期のもう一つの特徴は、一方では実証を重視する方向の主張、もう一方では未来の展望として社会主義志向という思惟が混在していたことである。次の一九六〇年代と七〇年代では（第1部では取り上げなかったが）、現実認識では多様な「調査」研究が叢生するが、理論面ではマルクス主義系と近代主義系が主要な潮流をなしており、どちらかと言えばマクロ理論への傾向が濃厚であった。そしてもっとも新しい時期であり、二十一世紀まで継続している一九八〇年代と九〇年代では、近代主義系の理論が成熟する一方でマルクス主義系の理論が停滞するという特徴が認められる。この時期のもう一つの特徴としては、現象学的思惟に端を発するとも思われるが、前の時期の主要な潮流にたいする「異議申し立て」とも言える新たな見解が多様に現れて二十一世紀まで継続している。

このような流れの大まかな再確認を前提としてとりわけ確認しておく必要があるのは、章題にある専門分化と拡散状況という特徴である。この特徴についてはすでに指摘しているが、まず専門分化については、この章で取り上げた三つの〈講座的企画〉によってもわかるように、社会的現実の多様化・複雑化に照応して、現実科学としての社会学の研究対象もまた多様化・複雑化してきたことに応じる動向である。したがって、社会学における専門分化の進展は必然であるとも言える。問題は専門分化の動向そのものではなくて、専門分化におけるそれぞれの視座をどのように活用するかにある。いわゆる異議申し立て的性格をもつ見解についても、単純な活用では拡散状況を進める危惧がある。その活用にあたってはそれぞれの見解がどのような理論的性格であるかを慎重に見定めることが要請される。そして新たな主張・展開においても同様な要請があることは言うまでもない。

次に、拡散状況をめぐっては、「果たして社会学か?」という疑問として、そして専門分化のマイナス的状況として、すでに述べている。この状況は専門分化と不可分にかかわっており、拡散状況にいかに歯止めをかけるかという課題が提起されている。〈第一部〉では取り上げなかったが、この課題は欧米諸国において新たに出現する諸見解の受容問題とも深くかかわっている。拡散状況の進展にたいする歯止めについては二つの提起をしておこう。一つは、なんでもありといった「自由な論考」(＝拡散的論考)にたいして同じテーマで原理・理論面を軸としてきちんと批判していくことである。もう一つは、社会学史の域をはみ出すのであるが、研究者養成機関としての大学院の指導・助言のあり方を、拡散的論考を産み出さないようにそれぞれの機関で組織的に取り組むことである。

三つの章による理論的展開と若干の検討を終えたので、今後の展望を述べることが要請されるであろうが、「理論的見解」に絞ったので、〈専門分化〉が進展している状況下では、さらに領域社会学および若干の重要テーマについても論考する必要があると考えられる。したがって、ここでは中間まとめ的な指摘にとどまることになろう。すでに触れた片桐雅隆の表現を使うならば、「大きな物語」から「小さな物語」に転換したかに見えるのがこの時期の特徴の一つである。しかし、主要な見解の多くは自己、意味といったミクロ（「小さな物語」）へ移行したわけではなく、むしろそこからマクロへの射程を考えていると言えそうである。したがって、問題は〈ミクロ―マクロ〉リンクという理論的課題が継続して問われていることを意味する。これまでに取り上げた（触れなかったものも含めて）諸見解におけるどの発想を継承するかは、この理論問題と結びつけることによって発展の可能性が見えてくるのではないだろうか。逆に言えば、この理論問題の発展に結び付く見解（発想・視点）が継承に値するということである。

最後に、現実的課題への対応について簡単に触れ、不充分な点は〈中間論考〉で補足することにしたい。再三触れているように日本社会の行方は不透明であり、格差社会、リスク社会といった認識が広がっていると同時にいろいろな分野で社会問題が（潜在化も含めて）噴出するという現実がある。したがって、単なる「現実分析」にとどまらず、様々な問題への対応という実践的課題が浮かび上がっているので、これを組み込んだ理論と具体的な実践的対応についての提起が求められている。と同時に日本社会の行方もまた問われているが、これまた単なる予測にとどまらない方向提示が求められている。このような課題にたいして、すでに触れたようにいくつかの提起がなされているので、そのような思惟をいかに具体的に発展させるかが二十一世紀の日本の社会学すべてに課せられている[18]。

【注】

（1）この時期に「格差社会」が盛んに言われるようになったこともこのような現実の一つの反映であるが、いろいろな格差が急に（突然に）現れたわけではない。歴史的に考えてみると、現代日本社会はほぼ一貫して格差社会であったが、高度経済成長期からバブル経済崩壊の頃までは、格差の現実が有識者やマス・メディアにおいては、あえて隠蔽とまでは言わないが、あまり大きく取り上げられなかった。しかも日常生活では一定の「生活水準」の向上という感覚が支配的でもあって、格差が人々の念頭にはあまりなかったのであるが、このような状況が変化してきたということである。

（2）実践的課題を挙げたのは、社会学が単なる説明科学にとどまってよいのかという社会学の存在意義が問われる問題だからである。かつては悪しき「客観性」という思惟の雰囲気もあったが、現在はそれに代わる「実証」が「重視」される雰囲気にある。いろいろな事実と視点から「説明する」ことの必要性を全面的に否定しないが、社会学の存在意義はそのような現実を根拠にして未来を展望するあるいは提言することにある、というのが私の社会学の性格づけである。そうすると実践的課題と計画論・政策論・活動論あるいは運動論を関連づけて、理論・現実認識としてどのように具体化していくかという課題が提起されることになろう。

（3）〈人間性の危機〉については、私の二つ編著『人間性の危機と再生』（法律文化社　一九八九年）、『新・人間性の危機と再生』（法律文化社　二〇〇一年）で真正面から論じられている。前者はやや予測を込めて論じたものであるが、後者は予測が（残念というか、当たったというか）現実化したので、「再生」を重視して、各執筆者は具体的な方向（方策）を提示するという性格のものである。その後も機会がある毎に述べているが、この問題への対応が社会学の現実的課題として存続している。

（4）社会学史の論議の本筋からはずれる理論問題として、「社会理論」と「社会学理論」についての私見を追加しておきたい。本文で取り上げられている生活構造やその他の「テーマ」をどのように社会学に取り込む（理論的位置づけ）かという問題提起をしたが、「社会学としての」論考には社会理論という表現がしばしば登場する。私見では、その場合には社会理論の意味を明確にする必要がある。社会科学は社会諸科学を総称した言葉だが、「社会理論」が「社会学理論」と異なるのであれば、その異同が問われることになるはずだ。私見を大胆に言えば、社会理論などは存在し得ないと思う。右に挙げた生活構造は社会学理論に位置づけることは可能だが、社会理論ではどうであろうか。

（5）　青井和夫については彼の独自の社会学理論に絞って述べたが、私見では、青井の理論は単なる理論研究によるものではなく、広範な現実研究と結び付いて形成されたと解することができる。具体的に指摘すれば、家族、地域、福祉など多様な現実についての論考があり、とりわけ高齢化問題には早い時期から着目しており、『長寿社会論』はその一つの到達点として位置づけられる。やや具体的に指摘するならば高齢化をめぐる社会動向、高齢者が関わる生活問題、そして未来への射程などといった「高齢社会」をめぐって論じる必要があるテーマがほぼ網羅されており、今後この問題を論じるには青井見解は避けて通れないであろう。青井の継承は後進に委ねられるが、大事な点は、常に未来を射程に入れたスタンスを保持し、政策論・計画論の方向をも示し続けたことであろう。

（6）　富永健一については、理論的見解に限定ししかもかなり絞り込んで述べたが、彼の研究は具体的な現実研究でもきわめて広範囲である。本文で若干の疑問を提示したが、彼の理論的見解は現実の見方と不可分に関連している。したがって、富永について全体的に論じるとすれば、〈近代化と民主化〉、自己組織の人間像、階級・階層問題、さらには経済の位置など広範囲にわたって取り上げる必要がある。彼の場合は、欧米の諸理論が多様に摂取されているとはいえ、右で指摘したことでもわかるように、日本社会の現実と結び付いて理論構築がなされている。『日本の階層構造』や『日本の近代化と社会変動』は近代主義の立場からの日本認識を示す代表作である。その意味では理論と現実認識の整合性が認められるが、本文で提示した疑問もまたこの点にかかわっている。日本社会が高度経済成長期に見られるような一時的な格差の縮小、近代化の進展と民主化の進展が照応しているかのように見えた時期には、富永理論は有力な理論だったであろう。しかし、近代化の矛盾の拡大、一面的近代化への疑問、「格差社会」という表現が前面に出始めた二十世紀末以降にどのように対応できるかが問われるのではないだろうか。

（7）　吉田見解について若干の補足を加えておこう。本文では簡単にしか触れなかったが、吉田見解にはかなりトータルな基礎理論的見解が認められる。「三部作」は相互に関連しており、どれを重視して評価（あるいは継承）するかは人によって異なるであろう。例えば橋爪大三郎は私とは違って他の二作に焦点を当てて論じている（『社会学評論』71　一九九二年）。自己組織性と情報についていち早く理論化を志向したことは、このテーマのその後の継承によってもわかるように、吉田の先駆的な見解表明であるが、私見では、本文で触れた歴史、社会についての見解の延長線上に位置づける必要があり、そうでない「継承」は一面性に陥る恐れがある。

（8）　新睦人には、本文で取り上げたものに加えて、『情報社会を見る目』（有斐閣　一九八三年）、中野秀一郎との共著

『社会システムの考え方』、編著『比較文化の地平』など理論・学史以外の多様な分野の著作がある。

（9） 河村は『社会学講義』（一九九四年）の終わりの方で、アメリカのプラグマティズムから学んだことから、「経験を認知活動においてとらえるのではなく、生命活動においてとらえるという立場を堅持したからだといえる。そして、ここに新しい社会学の出発点がある、と私は考える」と述べている。私は、「生命活動」を「生産活動」として概念化しているので（次の〈中間論考〉で示す）、河村のこの見解には基本的には賛同する。しかし、このような見解はプラグマティズムから学ばなくてもマルクス見解にすでにあったはずである。〈あとがき〉で述べられているように、以後の河村は翻訳・その他への取り組みをしており、この「出発点」からの理論展開がなされないのは残念である。

（10） 富永の三溝批判について若干補足しておこう。一言で言えば、ソ連崩壊（＝マルクス主義の崩壊とみなされている）の直前にもかかわらず三溝がそれまでと同じ見解を表明していることにあるという批判である。しかし、本文でも述べたように、注意深く読めば「はじめに経済的社会構成体ありき」という発想から抜けだしていることに注目すべきではないだろうか。つまりモデル設定ではないことを意味する。なお、三溝との関連で付け加えると、マルクス主義系の二つの講座企画の執筆者の多くはその後、「理論的に」前進した見解をほとんど表明してはいない。マルクス主義系の行方をめぐっては、立場の違いとはかかわりなしに、そのような進行を問題視する必要があろう。

（11） 一九九〇年代に入ってからの庄司興吉には、片桐雅隆の表現を借りるならば、私が疑問とした「大きな物語」の新たな展開は認められない。ここではいちいち文献を挙げないが、なんらかの社会認識を背後においたいろいろなテーマ研究ということになるであろう。それらには一定の意義があり、社会的激変に対応する認識視点があるが、多くは論文集的著作と編著である。論文集ではない著作としては『日本社会学の挑戦』を挙げることができる。この書は一九八〇年代と九〇年代の二〇年間の日本の社会学文献をほとんど網羅して取り上げられているが、庄司によれば二人の「協力者」があるとされている。いささか評論的私見になるが、千冊以上に及ぶ著作が取り上げられているにもかからず、いやそれゆえにか日本の社会学が二〇年間に何に挑戦したのかが見えてこない。私の著書『家族と家庭』にも触れられているが、多くの著書についてもそうであるように、単にそのような著作があるという指摘にすぎない。文献資料としての意義が大きいことがこの書の活用価値と言えるかもしれない。

（12） 下田や山口と前後しての「シュッツ論」の論考はきわめて多い。性格が若干異なると思われる文献を参考として挙げておこう。江原由美子『生活世界の社会学』（勁草書房　一九八五年）、廣松渉『現象学的社会学の祖型』（青土社

一九九一年）、佐藤慶幸『生活世界と対話の理論』（文眞社　一九九一年）、山岸健編『日常世界の社会理論』（慶応通信　一九八七年）。

(13) 二十一世紀に入ってからの片桐のもっとも新しい著作として『自己の発見—社会学史のフロンティア—』があり、副題にあるように、自己論を軸とする学史の展開となっているが、〈終章　自己の発見から、再び社会の発見へ〉に示されているように、一九九〇年代以降の彼の課題に一応の区切りをつけたのではないかと思われる。

(14) 未来の展望については、見田に限らないのであるが、おおむね「自由な社会」を軸とする思惟が多いようである。私見では、「自由な社会」という思惟だけでは不充分であって「民主主義」を軸とするが、〈中間論考〉でやや詳しく触れるであろう。

(15) 作田啓一『生成の社会学をめざして』（有斐閣　一九九三年）は西原和久の発生論的思惟と類似した発想が認められるが、作田の関心は価値にあると思われる。中久郎『社会学原論』（世界思想社　一九九九年）は大著であるが、「原論」としながらも史的展開を含む理論部分がきわめて少なく現実認識の論考が多い（これについては当人に直接指摘したことがある）。久慈利武『交換理論と社会学の方法』（新泉社　一九八四年）は交換理論を扱った数少ない論考である。今田高俊はこの世代では多作・多様な著作活動を展開している一人だが、『自己組織性』、『自己組織と社会』、『モダンの脱構築』などがあり、今後の行方が注目される。このように挙げていくと、庄司興吉の『日本社会学の挑戦』（千冊以上）のごとく際限なく続くので、文献についてはその種のものを参照のこと。

(16) 専門分化としての文化領域では、井上俊、吉見俊哉などに加えて、マス・コミ論や情報論など多数あるが、ここでは特徴を示す意味で絞り込んだ。

(17) 例えば、『基礎社会学』のような数冊といった企画を挙げることができる。なお、入門書として私の編著『「基礎社会学」講義』（学文社　二〇〇二年）は理論、領域社会学、現代社会論に絞ったもので、拡散状況に歯止めをかける意図がこめられている。領域社会学でも細分化的な専門分化が進行しているので、何らかの原理的立場から数冊の〈講座〉が現れることを期待している。

(18) 実践的課題は私だけの考えではなく、新睦人、稲上毅、見田宗介にも認められるところであるが、日本の社会学においてはまだ端緒段階を大きくは超えていない。私自身で果たして具体的展開が可能かどうかは現段階では言えないが、社会問題論と社会運動論に社会学的政策論を結びつけたものを構想している。

中間論考

イントロダクション

二十世紀後半までの日本社会学の史的展開についての社会学理論を軸とする論考は、第三章までで一応の区切りとするが、第四章以降では、領域社会学とテーマ研究、そして欧米諸国の社会学の受容についての論考を含めて、日本社会学の行方を考えようと思う。このような社会学史の見方あるいは構成は私の社会学理論によるものである。しかし、私自身が一九七〇年代の後半から日本の社会学界に参入したが、自らの社会学理論の模索の域に長い間とどまっていた。第三章までの展開は、私自身の社会学の理論的彫琢のプロセスという性格、つまり私がかつて学習・検討した日本の社会学を整備したものという性格とも言える。私事ではあるが、『社会学の理論的挑戦』（学文社　二〇〇四年）で私自身の社会学の理論構成をまとめるまでは、個別の社会分野（具体的には家族、地域、教育、生活、社会問題、中国社会など）に取り組む過程の連続であり、公表した理論的論考は私の論考の中の一割程度であった。その間、理論的思惟をめぐっては試行錯誤の繰り返しの連続であったとも言える(1)。

さて、社会学史の叙述において異例であるような「中間論考」が盛り込まれることは多分ないであろうと思われるが、第三章まで進んで後半に入るにあたって必要だと思うにいたり、最初の構想の予定を変えて挿入することにする。富永健一『戦後日本の社会学』では彼自身をも位置づけ、さらには富永著作にたいしても他の著作と同じように「富永コメント」までである。しかし、私の著作が現代日本の社会学史上に位置づくかどうかは他者の評価の問題である。『家族の社会学』（ミネルヴァ書房 一九七六年）が復刻版として〈戦後家族社会学文献選集 全20巻〉（日本図書センター 二〇〇八年）に収録されたので、解説にも言及されている『家族社会学の基本問題』（ミネルヴァ書房 一九八五年）とともに、客観的にはこの二冊だけは学史上に位置づけられたと言ってよいであろう。そんなわけで本文では私自身の社会学理論にはほとんど触れなかったのは、もし私の社会学理論が日本の社会学史上に位置づくとすれば、その位置づけは他者が後年やるものなので、ここで取り上げることにしたい。

この〈中間論考〉はある意味では私自身の社会学の基本的立場と性格を示すことにも当てられる。これまでの私の論考では、多数の理論的見解にたいして疑問や批判的見解を表明してきたが、諸見解に自論を対置して「批判」とする、というのがこの中間論考の性格である。私自身が一九七〇年代から執拗に追究してきたのは、社会学の性格問題と基礎理論（原理、原論とも表現されている）である。すでに述べたように、私には人脈としてはマルクス主義系の方々が多い環境が続いていた。法政大学社会学部、日本福祉大学、立命館大学産業社会学部と挙げていけば、説明の必要はないであろうが、そのような環境にいたので、社会学の性格問題を明確にすることが継続して迫られていた[2]。

以下では、次のような順序で展開したい。私の社会学的思惟の形成過程、私の社会学原論の基本性格、そして四章以降の展開のために、私が独自に措定している〈領域社会学〉と〈テーマ研究〉について簡単に述べ、いわゆる「連字符社会学」とは異なる発想であることに言及し、私自身としてどの程度果たせるかわからないが、今後の課題にも簡単に触れようと思う。というのは、『社会学の理論的挑戦』の公表からすでに十年経過しており、修正・補強の必要性を強く考えているとともに、日本の社会学の方向についても新たな着想が生まれており、可能な範囲で取り組みはじめているからである。

一、私の社会学理論の性格

▼社会学理論の形成過程

私自身の社会学原論（あるいは原理）は、先に挙げた『社会学の理論的挑戦』（学文社　二〇〇四年）で展開されている。二十一世紀に入ってからの著作であるが、史的唯物論を方法的基礎としながらも、これまで述べてきたような日本の社会学の知的遺産および外国の諸見解にも学びながら、新たな社会学理論の構築を試みたものである。先に触れたように、個別の研究分野に取り組みながら、理論と現実の螺旋的発展を目指すというのが私の研究の基本的スタンスである。例えば、家族研究を通して〈生活の生産〉を軸とする思考を彫琢したこと、社会問題・社会運動の研究を通して〈構造化〉概念を彫琢したことなどを挙げることができる。大きく依拠した思惟方法としてはマルクス、サルトル、テンニースを挙げておこう。日本人による思惟方法・視角・課題については、〈第一部〉で取り上げた人々を含めて私が接したすべての文献から学んだ。

私の理論的関心で重要な位置を占めているのは、私流儀で言えば〈ミクロ―ミッドル―マクロ〉リンクである。右の三人にはそれぞれのレベル―私の表現では「位層」―において大事な示唆を与える思考が認められる。問題はリンクが可能な理論構成における出発点をどこに求めるかにある。マルクス見解を基礎とするならば、日本における諸見解をどのように継承して発展させるかが問われることになる。そこで、私の社会学的思惟の形成過程について簡単に示すことによって、継承問題を重視する一つの例としたい。

私の社会学理論構築への本格的な出発点は家族であった。なぜ家族からかということには、社会学の性格問題を含めた理論的思索と偶然が作用したとしか言いようがない。学問的な新たな着想には往々にして偶然が作用する

〈時々耳にする新たな着想がトイレでひらめいたという笑い話であってないような話を想起せよ〉。それはともあれ、私の社会学理論の形成過程は継承・発展・整備の過程に尽きると言ってもよいであろう。

思惟プロセスの出発は、本田喜代治見解であり、〈史的唯物論を方法的基礎〉とする新たな社会学理論の構築であった（一九六〇年代にはそのような社会学理論はまだなかった）。そして北川隆吉の方向提示としての「宣言」があったが、その後は理論的にはそれ以上の進展を見せなかった。理論構築の基本的方向だけは定まったが、その後の四十年間は単純な道程ではなかった。理論的な公表論文はほとんどなく、ドイツ社会学を軸とした理論動向と日本の理論動向については、目配りの域を大きく出ない程度のフォローであった。

具体的には家族研究から出発しての新たな社会学理論の構築過程は、知的遺産の継承と社会的現実にたいする多様な関心の連続だった。家族は〈生活の生産〉そのものであり、同時に諸個人においては人間関係のあり方の基礎もまた形成されるが、私は思惟方法と概念構成の論理一貫性によって〈関係の生産〉という考えを採用した。そして家族だけでなく地域をはじめその他の集団・組織がこれに与っていることは当然の帰結であろう。そこで従来の集団・組織の捉え方にたいする発想の転換として〈集団分化〉論という思惟に至るのもほぼ当然と言えるであろう。ここまでの思惟ならば、これまでの多くの社会学でも理論的にリンクしているかどうかはともかくとして、〈個人―集団―社会〉という図式と大差がないであろう。社会変動までを射程に入れると、集団の多くは直ちに〈直接的に〉社会に作用しないと考え、さらに媒介項として〈社会機構〉概念を措定した。この概念はグラムシ、布施鉄治から継承したものであるが、両者ともに理論的にはかならずしも充分に位置づけられていなかったので、新たに〈位層〉という発想を導入した。そうすると、私のなかでは四つの位層のリンクが見えてきたのである。四つの位層の変化・変動に迫るにあたっては〈構造化〉および〈全体化〉という視角を導入した。〈構造化〉についてはブルデュー、ハバーマス、ギデンズなどからも学んだが、いずれも狭い視角と受け止められるので、この思惟を換骨奪胎して私なりの視角に練り上げた。しかし、構造化だけでは変化に結び付いても変動には直ちに結び付かないこと、したがって未来の展望につながらないことを考えて、言葉だけをサルトルから借用したのが〈全体化〉という視角である。

これらの発想では、一方では先学の諸見解をいかに活用するかという思考の継承が重要な意味を持っているが、他方では多様な社会分野の現実についての個別的な論考もまた同じように大事だと考えた。だから、新たな発想は単に頭の中だけの理論的思索によるものではないことも言っておいてよいであろう。私の唯一の学史的著作である『テンニース研究』に取り組む過程で、テンニースの「旅」を追体験することによって、そのような思考の往復運動が螺旋的な理論的発展に結びつくことが具体的に実感させられた(3)。

現実認識については、若干の調査をしなかったわけではないが、主として学生・院生の指導と編著への取り組みによって(多様なテーマについて共に学習・研究をするスタンスを意味する)社会的現実を具体的に認識するようにしていた。私自身の独自な現実研究としては、地域、教育、生活といった分野であるが、調査報告も含めて関連文献に数多く当たることによって気付いたのは、社会学的思惟における原理的思惟の乏しさだった。しかも時代が下るにつれて各分野における専門分化にも似た細分化が進行していったこと、しかもその性格が拡散状況をもたらす傾向が強いということであった。

家族社会学理論の自称三部作『家族の社会学』、『家族社会学の基本問題』、『家族と家庭』(学文社 一九九四年)によって、生活の生産から出発することをほぼ自己了解した。その他の生活分野については、主として編著の企画によって原理的思惟と現実認識の拡大という研究の裾野を拡げるかたちで進展した。例えば、地域研究は裾野の一部であって専門分野とは言えないが、地域についての原理的思惟が乏しいのではないかということにも気付いた。地域についてきちんと論考するには、家族社会学と同じように(いやそれ以上に)膨大な文献を検討する必要があるのでまとまった論考はないが、後で若干の理論的な問題提起をするであろう。

そして最後に、新たな社会学理論構築を試みるにあたって整理したのが、これまた自称三部作である『現代日本家族論』（学文社 一九九六年）、『現代日本生活論』（学文社 一九九九年）、『現代日本社会論』（学文社 二〇〇八年）である（ただし『現代日本社会論』は私の社会学理論の応用として二〇〇八年に発表したものである）。『現代日本生活論』で社会学理論についての基本的思惟と重要な基本概念がほぼ確定したので、社会変動論を明確化するという課題を残すのみとなった。

▼社会学理論の性格

私の社会学理論は『社会学の理論的挑戦』で示されているが、はじめの方で「社会科学的理性批判の意図がある」と述べている。具体的には当然視されているような三つの「信仰」から脱却して、発想の転換をはかるという主張である。しかし、すでに再三述べているように知的遺産の継承を重視しており、とりわけ単純な継承ではなく、「古人の跡を求めず、古人の求めたるところを求めよ」（松尾芭蕉）というスタンスによるので、概念構成や論理展開では私独自の発想によるものが多い(4)。

これまでも再三述べているが、理論構成における〈ミクロ―マクロ〉リンクを、いわゆる方法的個人主義、方法的関係主義、方法的全体主義ではないかたちで理論展開することが、ある意味では根源的な問題と言える。これまでの諸見解について、もしどれかの方法を採用すれば、他の立場からの批判がなされることは当然であろう。そのためにはいくつかの前提的確認が必要である。一つには、人間存在が主体的存在、協同的存在、自然的存在であるという確認である。これだけでは私が頭で勝手に措定しことになるので、二つには、人類の歴史的進展の基本的な確認によって、事実と論理にもとづいて右の三つの人間存在を根拠づけることである。この二つの前提的確認によって、歴史的現実においても論理的にも〈生活の生産〉から出発することが導き出される。以上のような前提的確認にもとづくと、どのような社会学理論の構成が可能になるか。まずは『社会学の理論的挑戦』の構成を簡単に示すことにしよう。本書の〈第一部〉ではこれまでの理論的諸見解にたいする批判をあまりしなかったが、この「中間論考」の性格として述べたように、ここでは自論を批判的に対置することによる批判の表明となる。

『社会学の理論的挑戦』の〈第一部〉は、社会学の前史を含む発端から始まって、現在までの主要な諸説については、主として「継承」に重点を置いた論考である。清水幾太郎にならって〈第一部 社会学論〉とした。前史としての自然法思想から始まって、二十世紀末までの有力な社会学理論と日本の社会学について論考している。これには二つの意味がある。一つには、社会学の性格づけを社会学の史的展開から考えることである。したがって、社会学史的論考の叙述に見えるが社会学史ではない（社会学史では当然取り上げられる見解が省かれてもいる）。二つには、私にとって着目する必要がある見解を、その時その時の社会的現実との関連において確認することである。社会学史の流れを知っている者にとっては周知のことだが、社会学は時には現実離れをすることがあり、人によっても現実離れをする場合がある。しかし、社会学には「現実科学バネ」による回帰があることを指摘することができる。

同書の〈中間考察〉は、〈第一部〉で触れなかったことを加えることによって、次の〈第二部〉への橋渡しの位置を占めている。これまでに曖昧に用いられていたり、はっきりした確認がなされていないことについて、私なりの明確化に努めた。具体的には、社会学思想、社会的現実、概念構成、民主主義の四つを挙げておこう。とりわけ民主主義についてては、これまでの社会学ではほとんど論及されていないだけでなく、他の社会諸科学においても基本的な合意はない状況にある。そこで私は人類が歴史的に獲得・発展させてきた普遍的価値であるという主張をイデオロギー的ではないかたちで表明している(5)。

▼飯田社会学の理論構成

『社会学の理論的挑戦』の〈第二部〉は、私自身の社会学の理論構成の展開に当てられている。目次を紹介して、それぞれの章における発想の転換について示すことにしよう。

〈第二部　社会学の理論構成〉

第五章 生産活動論、第六章 生活関係論、第七章 集団・組織論、第八章 社会機構論、第九章 意識と社会的現実、第一〇章 社会変動論、終章「日本社会学」の発展のために

この構成からも気付かれるかもしれないが、これまでの社会学理論とは異なる発想による理論構成なので、これまでの主要な発想に私の発想を対置して示そう。具体的内容については必要な限りにおいて触れるにとどめる。出発点は〈生活の生産〉であり、これはすでに述べたマルクス（主義）の最良の部分からの継承である。したがって、まずは行為論に対置しての〈生産活動論〉の措定である。行為とされてきたものは客観的には何かを生産する活動なのである。諸個人は何事かをすることによって、モノ、ヒト、関係を生産しているのである。労働によってモノの生産にかかわっており、いろいろな相互行為（時には一方的）によって、ヒトと関係を日々生産している。これらの生産活動は、生活資料の生産、新たな欲求の生産、人間そのものの生産、協同様式（社会学者にわかりやすく言えば関係性）の生産の四つに整理される。このような生産活動は単独ではなされないので、論理的には複数の人間の生産活動へと展開されることになる。(6)

生産活動の次のレベルとして集団分化論が措定される（生産活動論と集団分化論の論理的媒介として生活関係論が措定されるが、ここでは省略する）。集団分化論はこれまでに多い集団論にたいして、やはり発想の転換がなされている。社会学における集団（組織を含む）についての捉え方は複数あるが、生活資料の生産（労働）における分業の論理を人間の生産における分化活動として捉えるという発想によるのが集団分化論である。したがって現実態とし

て存在する集団・組織は人間の生産において何を担う活動であるかによって性格づけられる。担う活動（機能と受け止めてもよい）は多様で重複しているので、分類という思惟ではないことをことわっておこう。集団・組織には大小があるにもかかわらず、「社会」に条件づけられていることは当然であるが（政治、経済・政策・行政などを想起せよ）逆に「社会」に作用する面はかならずしも理論的には定かではない。

媒介概念としての〈社会機構〉については、グラムシと布施鉄治の見解を発展・整備したものである。グラムシは「社会機構」概念の必要性を提起するにとどまっている。布施鉄治はこの概念を「社会構造」と結節する社会学の基本概念の一つとして措定し一定の展開をしているが、具体的展開では概念が異なる意味で使われるなど曖昧な点が見受けられる。私の〈社会機構〉概念は、これまでの社会学にはほとんど認められなかった重要概念と考え、この二人の見解を継承・発展させたものである。付け加えると、制度と実態の乖離に着目した社会との媒介項、そして集団・組織間関係を結びつける概念を意味する。この概念は「社会」に作用する位層として理論的に措定したものである。

このような物質的（いわゆる唯物論哲学の物質概念とは違う）存在の理論的検討を経て意識と文化についての捉え方へ進む。その場合、意識とは何か、文化とは何か、という問いから始めるのではなく、私の思惟の軸となっている「生活の生産」にもとづいて、意識の生産・文化の生産から始めるという発想の転換がなされる。〈第一部〉ですでに若干は触れているが意識の捉え方（意味論も含む）は多様であり、文化の捉え方も多様に存在する現実態についての論考が多様になされている。そのように多様な意識と文化について、生活の生産からいかにして意識、文化が生産されるかという発想による展開である。

これだけの理論的展開によってようやく「社会構造」、社会変動論を考える「要素」が出揃うのである。そこで理論構成の最後として、社会変動論と直接結び付く社会構造論についてどのように考えるかという課題へと進む。

ここでもまた発想の転換がなされる。一般論としての〈社会構造〉論を採用しないという思惟である。すなわち、「はじめに社会構造ありき」、という発想を採用しないということである。例えば、「はじめに社会システムありき」という見解にも異議を唱えるが、他方、マルクス見解をベースにしているにもかかわらず、マルクス主義系においてほぼ定着しているとも思われる「はじめに経済的社会構成体ありき」という思惟にも異議を唱えるものである。だからといって「構造的」把握の必要性を否定しているわけではない(7)。

構成と構造の違いについて階級を例として考えてみればわかりやすいであろう。階級構成とは、ある社会がどのような階級によって成り立っているかを意味する。他方、階級構造とは、階級間の関係を意味する。前者は静態的であり、後者は動態的であり、その関係は変化の連続と言える。したがって、ある時代・時期の階級構造の把握は可能であるが、いかなる時代・時期にも適用できる一般的な階級構造を措定することはできない。したがって私の社会変動論は、〈構造化〉と〈全体化〉という視角を採用し、前者が変化に、後者が変動に結びつくのである。この〈構造化〉と〈全体化〉はそれぞれの時代や社会によって具体的には異なったかたちで現象する。その場合、それぞれの位層における主体的活動が重要な位置を占めることになる。

終章は一種の「結論」と言えるであろう。ここでは理論的見解の表明ではなく、私自身の現代日本社会の科学的自覚にもとづく課題あるいは方向づけについての表明ということになる。その場合必要なことは、日本社会および日本の社会（科）学の展望に結び付くことである。終章の〈項〉までの目次を示して、若干の補足をしておこう。

終章「日本社会学」の発展のために

一、日本社会と社会学の行方

▼岐路に立つ日本社会　▼社会学の方向について

二、人間の未来のために

▼人間の未来とは　▼民主主義についての科学的自覚を軸に

この展開でおおよその性格はわかるであろうが、基本的な主張は二つある。一つは、社会学の方向はいくつかの理論の競合が続くであろうということである。その背景として本書の〈第一部〉の展開がすでに漠然と念頭にあったことは言うまでもない。その点では三溝信が『社会学的思考とはなにか』で述べた結論的部分の見解と同じである。もう一つは、社会学の方向が人間の未来の展望に結び付く必要があるということである。基本的思惟は普遍的価値としての民主主義と民主的人間像が社会学者に求められるということである。民主主義については自由、平等、友愛をセットにするということであり、この三つのどれか一つが突出しても、反民主になるかどうかはわからないが、非民主にはなるであろう。

本書の〈第二部〉で論考する領域社会学とテーマ研究については、以上のような理論構成から論理的に導き出されるのであるが、次節でやや具体的に述べようと思う。

二、領域社会学とテーマ研究

▼領域社会学、テーマ研究について

第三章では簡単にしか触れなかったが、ここでは次の〈第二部〉の位置づけあるいは性格づけをはっきりさせるという意味、そして私が再三にわたって述べている「発想の転換」について、付け加えておこうと思う。これまでの発想では、日本社会学会の専門分野の分類をはじめとして、各種の講座企画や概論書では基礎理論あるいは原理に加えていろいろな分野が各論的に加わるというスタイルの発想が支配的だったのではないかと思う。しかも、その分野が次第に多くなっていることはほぼ周知のことであろう。あえて言えば、分類し難い「テーマ」であっても

「社会学的論考」とされていることについては、すでに「拡散状況」で述べたことを想起すればよいであろう。そのような分類の発想は諸刃の剣のようなものである。すなわち、各論が基礎理論と関連しているかどうかによって、プラスにもマイナスにも作用するということにほかならない。

「領域社会学」あるいは「社会学の領域」という表現はそれほど多いわけではないが、その意味は理論的にははなはだ曖昧である場合が多いようである。措定の仕方にたいする賛否はともかくとして、富永健一の措定は彼の基礎理論との整合性においてきわめてはっきりしており、明瞭な措定については富永見解以外にはほとんど見あたらないと言えそうである。富永見解における領域の措定はすでに示した表2（一四七頁）によって明らかであり、したがって「拡散」には向かわない例の一つと言えるであろう。しかし、「領域」の措定にはプリンシプルなしの混合がおおむね認められることが多い。例えば、ジェンダーは現実把握において重要な視角には違いないが、なんらかの社会分野でもなければ、それ自体が研究テーマになるわけでもない。社会的逸脱にしても、私見では社会問題・社会病理と同じかあるいはそれらの見方のひとつなのかのいずれかであると思われ、したがって領域とするならば、どのようなプリンシプルによるのかが問われるであろう。視角であったりあるいはトピックス的テーマであったりという似たような例をさらに挙げることができるが、これ以上は言及しない。要するに、現在相対的に多く採用されているような「分類」には拡散状況をさらに促す危険性があるということである。

次にテーマ研究については、視角やトピックス的テーマと混同しないことである。領域とは言えないが、テーマ研究にはこれまでの研究の歴史的展開がある。かならずしも私の言うテーマ研究という意味が意識されてきているとは思えないが、半世紀以上の歴史を考えるならば、これについても視角やトピックス的テーマとは違うかたちで整理する時期にさしかかっているのではないだろうか。大事なことは、先に述べた専門分化と同じように、社会学理論としての基本的思惟の確定（具体的に直接述べるかどうかは問わない）にもとづくことである。そうすれば、領域社会学と同じように社会学においていかなる位置を占めているかがはっきりするのであり、したがって、そのテーマが社会的にどのような位置を占めているかもまた明らかになるであろう。つまり、領域社会学でもテーマ研究でも社会的現実を具体的に取り上げるので、理論と現実の往復が可能になり、社会学理論の発展に資することになるということである。換言すれば、社会学の理論的発展に資する性格も両者に求められることにほかならない。

▼関連する理論問題

理論問題としてもう一つ加えたいのは、新たな発想および理論についてである。新たな着想・視角などによる「理論的主張」に際しておおむね言われることとして、「パラダイム転換」という表現が使われる場合が多い。この「パラダイム転換」という表現が「理論的には」きわめて安易に使われているように思われる。そもそも「パラダイム」という言葉についての厳密な意味の共通理解があるかどうか疑わしい。パラダイムという表現を明確に使っている代表例としてR・K・マートンの見解を挙げることには、おおむね異論がないのではなかろうか。マートンの研究はきわめて多岐にわたっているが、パラダイムという言葉（および思惟）は彼のいわゆる「中範囲の理論」との関連で採用されたものである。マートンは、社会学理論と具体的現実分析との乖離という社会学の状況にたいして、その解決の方向を求めるために新たなパラダイムの必要性を主張した。いわゆるグランドセオリーにたいする「中範囲の理論」の提唱はそのような理論問題に応じようとする性格のものであるが、ここで確認したいのは〈パラダイムとは確かな分析枠組みを意味する〉ということである。パラダイム（転換）という言葉が果たしてこのような意味で使われているのであろうか。もし「パラダイム転換」を主張するならば、これまでのパラダイム（範囲はいろいろであろうが）が自らの具体的現実分析においては「確かな分析枠組み」とはならない、したがって新たな分析枠組みを提示することである。私が強調したいのは、これまでになかった新たな見解（と当人が思っている）の提起に「パラダイム転換」という言葉を安易に使うべきではないということであり、新たな理論的主張にあたっては具体的現実認識との関連で慎重であるべきだということである。

理論的主張にあたってもう一つ付け加えておこう。社会（科）学における理論についてどのように考えるかということである。この問題は古くして新しい問題である。古くは、自然科学が法則定立科学であるのにたいして社会科学（あるいは文化科学）が個性既述科学であるという考えをめぐる論議があった。最近ではそのような論議が乏しくなったようである。おそらく理論そのものへの関心が乏しくなったからかもしれない。としたら、理論構成を提示することにいかなる意味があるのであろうか。私見では、理論構成にはその展開自体に論理整合性が求められるのは当然であるが、それでも確定した理論構成とは言えないと考える。「有力な」社会学（そして社会諸科学も）の理論構成とは「有力な」仮説である。したがってしばしば修正を求められることもあるであろう。修正には二つの場合がある。一つは、当然のこととして理論が未成熟な場合であり、これは理論家自身の問題である。もう一つは、社会的現実の変化に対応する場合であり、理論家自身の問題であることもあるが、どちらかと言えば、過去の「有力な」理論であることが多く、それを継承した者の問題である。仮説的性格の理論的発展をこのように考えるべきであろう。(8)

三、更なる課題

やや長い〈あとがき〉のような性格になるが、私自身の課題――「後期高齢期」の年齢に入ったので実際にどれだけ果たせるかわからない――と日本の社会学の課題（おそらく一定程度は重なるはずである）について簡単に整理しておこうと思う。

今後の課題を整理するに先だって若干の重複も含めて理論問題あるいは社会学のあり方について確認することから始めよう。たとえ仮説であるとしても、大事な理論問題には言及している。私の理論構成には社会構造論がないが、だからといって「構造的把握」を無視しているわけでもなく、できないとしているわけではない。どのような時代・社会にも適用できる「一般論としての社会構造論」がないという意味であり、ある時期・ある社会の社会構成における諸関係・現象の位置づけを示すことが構造的把握にほかならない。私の主著『社会学の理論的挑戦』における「明治維新」をめぐる例はそのことを示しているはずである。

次にことわっておく必要があるのは、注(2)でも若干示唆しているが、私は社会学（の性格）にこだわり続けており、現在でもそうである。そうすると、どうしても他の「社会学的思惟」や「社会学者（と称する）」のなにげない見解表明にも向き合うことにならざるを得ない。そのようなスタンスから、私は二つの批判的な疑念を表明しておこうと思う。

一つは、一つの学問分野としての「社会科学」という思惟にたいする疑義である。具体的に経済学や政治学などの社会諸科学はあるが、それらと並んで社会科学があることには私は賛成できない。私の知る限りではそれを明示している見解はないのではないか。

もう一つは、「社会理論」は可能かという問いである。「○○の社会理論」という表現をしばしば目にするが（社会学者と称する人に多い）、その場合の「社会」とは何であろうか。しかも、私の知る限りでは、マルクスの社会理論とかM・ヴェーバーの社会理論という表現（＝見方）はあるが、ジンメルの社会理論とかデュルケームの社会理論とは言わない。さらには各種の〈講座企画〉には「社会理論」と題する巻がないことも指摘することができる。私見では、一つの学問分野としての「社会科学」があり得るのかという疑義と同じように、「社会理論」があり得るのかという疑義を提起しておきたい(9)。

ここでは社会学の性格問題との関連で理論的（あるいは学問的）疑念を提示したが、この問題は社会学の理論的発展にとっては一般的に大事な課題であり、いずれは解決する必要があると考えている。しかし、私自身にとっては自らの理論構成の不充分な点をどのように修正・発展させるかという課題がある。より豊かにするあるいは理論的位置づけを明確にする必要がある課題について簡単に整理しておこう。整理には「領域社会学」とするか「テーマ」研究とするかということも含まれる。教育（組織）分野を整備するという課題を挙げることができる。教育が集団分化の進展にともなって多数の集団（組織）に担われるようになっている現在、理論的にどのように整備するかという課題である。次に、国家と宗教（組織）については、「端緒範疇」という措定にもかかわらず、理論的にはきわめて不充分な展開をさらに整備するという課題を挙げることができる。

そしてこれまで展開していなかった二つの課題が付け加わる。一つは〈環境〉を領域社会学として措定し可能なかぎり理論的整備を追究することであり、もう一つは、第三章の終わりの方で触れた実践的課題を社会学にどのように組み込むかということである。環境については、私の理論構成においては生活空間としての位置を占めるが、具体的に展開していない。生活空間には身近な居住環境から地球環境までが含まれるという指摘にとどまっている。環境社会学の歴史はそれほど古くはないので、その研究の史的展開の整備を通して、領域社会学として理論化することは日本社会学界の課題でもあるだろう。

もう一つの実践的課題をめぐっては、ある時期からではあるが、社会学について未来志向（あるいは展望）が必要であると言いつつも理論的にはほとんど展開していないことについて考え始めた。具体的には家族、地域、教育、その他の論考などにおいて、主として主体的条件としての民主的人間像の成熟の方向提示というかたちで若干の見解を表明してはいるが、それらの見解は理論的ではなかった。では、どのような理論的課題として考えるか。私の理論構成としては基礎理論、現実認識、そして理論史を含む歴史認識の三部門が措定されており、その中に未来への展望を含むという思惟であったが、さらに補強・修正するという理論的課題として私の中に提起されている。その理論的課題に応える方向として、新たに加えようと考えているのが〈社会学的政策論〉の構想である。一般には「社会政策論」が経済学分野として相対的に長い研究史を持っている。一般に社会政策と言えば経済学の分野として受け止められている（ちなみに社会政策学会は経済学の専門家が圧倒的に多い）。しかし、個別分野の「政策」研究は多様に展開されている。社会学としての論考と言えるかどうかはともかくとして、社会福祉分野では多様に展開されており、また、財政政策、政治政策、家族政策、地域政策、教育政策などの論考が個別的には多様に展開されている。私見では、その場合の政策主体はおおむね国家と自治体であり、それでよいのかという疑問をもつと同時に、社会学における実践的課題に応えるには、経済学で蓄積されてきた「社会政策」とは異なる発想による政策論が必要であると考えている。(10) きわめて抽象的ではあるが、このようなプロセスによって、私が主張する社会学のあり方が新たな体系的性格をもって鮮明になるのではないかと思う。まとめて整理しておこう。以上のような思惟にもとづくならば、これまでの私の見解に仮に〈社会学的政策論〉とネーミングする分野を加えて課題整理をして〈中間論考〉を終えようと思う。

社会学理論については、すでに述べたように、集団分化論の思惟方法に重点をおいたので（集団の端緒範疇がどのように分化するか）、分化した具体的諸集団・組織についてのさらなる理論的整備という課題、そして新たに加える必要がある環境という領域については、生活関係論と同じように生活空間論としての理論展開という課題を挙げることができる。つまり、理論的修正と補強が必要であることにほかならない。

現実認識については、『現代日本社会論』に加えて、アジア社会論、比較社会論へと進めるという課題があるとだけ言っておこう。これは果たせそうもないので、後進の方々に期待して、せめて方向提示程度は出せないだろうかと考えている。社会学史については、欧米の社会学と日本の社会学を統合したものが必要であると考えているが、これまた多分果たせないと思われるので、秋元律郎氏が果たせなかったことを私がこの論考で取り組んでいるように、いずれは後進の方々が取り組むことを期待するだけである。

そして新たに〈社会学的政策論〉が加わることになるが、これまでの〈政策研究〉にたいして新たな発想〈発想の転換〉で構想し始めたので、ここでは新たな発想について若干述べておこうと思う。これまでの政策論における政策主体は主に国家・自治体であったが、それだけでなく諸個人・諸集団・組織などあらゆる位層における存在が政策主体たり得ること、そして政策主体としての活動が必要であるという発想である。したがって、市民運動組織などいろいろな運動にかかわる存在は、反対、要請・要求にとどまらず問題にどのように対処するかという政策主体として位置づけられることになる。そうすると、社会問題、社会運動、政策を統合的に捉える理論が求められることになる。次の〈第二部〉で展開予定の領域社会学、テーマ研究が理論に結び付く方向が課題として浮かび上がるであろう。

最後に私事ではあるが、「日暮れて道遠し」の感を否めない年齢になった。「生涯研究」というスタンスで可能なかぎり追究する旅が続くであろう。

【注】

（1）具体例を挙げるならば、『家族の社会学』（一九七六年）では社会学における人間諸個人を「生産力としての労働主体」としたが『家族社会学の基本問題』（一九八五年）では「生産主体」へと表現・考え方を修正しており、また「集団分化」という視角を鮮明に打ち出したのはやっと『家族と家庭』（一九九四年）においてである。そのような修正的発展をさらにあげることができるが、その連続が理論形成のプロセスだったということである。

（2）そのような環境では、社会学の性格問題が問われ続けていた。〈第一部〉で触れたように、マルクス主義系では人文・社会諸科学において社会学の存在する位置はきわめて乏しかった。いささか誤解を招きそうだが、私が日本福祉大学に在籍していた一九七〇年代には社会学者は私だけであり、社会学者が一人という状態が長い間続いていた。つまり、マルクス主義社会科学という雰囲気が支配的であったということである。そんな環境では同僚に社会学の性格を鮮明にすることが常に迫られていた。立命館大学では「産業社会学」部ではなく「産業社会」学部だという理解が多かったとだけ言っておこう。

（3） テンニースの若き日の主著『ゲマインシャフトとゲゼルシャフト』の書名はよく知られているが、晩年の『社会学序説』は内容も含めてかならずしも知られていない。この間数十年、テンニースは例えば港湾労働者の研究など具体的な現実研究と理論的研究を積み上げている。私はそのプロセスを研究の螺旋的発展過程と見なしている。ここでは詳述しないが、最初の著書（前者）が基礎理論的性格が濃厚であるが、晩年の著書（後者）は体系的性格を備えているだけでなく、二つの基本概念が理論的に豊かにされていることを見て取ることができる。

（4） 社会科学的理性批判とは、社会学だけではなく他の社会諸科学においてもほとんど意識されないで前提となっている思惟への批判を意味する。三つの信仰とは、欧米的思惟方法への信仰、経済（学）への信仰、数字データへの信仰であり、日本だけとは限らないのであり、一言で言えば合理主義への信仰と言えるかもしれない。

（5） 民主主義がほぼ普遍的価値であることについては、思想やイデオロギーといったことではなしに、普段の発言などでも容易に確認することができるはずである。他者を批判（あるいは非難）する場合に、「民主的でない」とか何かの決定にあたっては「民主的に決めよう」という言動がそうである。しかし、民主主義・民主的の意味・内容になるとほとんど合意がないとも言える。したがって、私は抽象的には自由・平等・友愛をセットにすることであり、どれかに傾斜しすぎていては、非民主か反民主になると考える。

（6） マルクス主義の多くは〈労働〉を基軸としている。しかし、人間の諸活動が労働だけでないことは日々の生活活動を考えてみれば容易にうなずけるはずである。具体例を挙げるまでもないとは思うが、家族内での家族員の活動としての家事・子育て、看護・介護など、さらには市民運動、余暇活動、その他いくらでも挙げることができる。このような意味では、マルクスの思惟に大きく依拠している私の見解はある意味では「異議申し立て」の主張の一つであるかもしれない。私見にたいして「批判主義」とみなす人もいる。

（7） マルクス自身には「はじめに経済的構成体ありき」という思惟はない。ここで詳しくは展開しないが、社会構成における諸関係については、「存在が意識を規定する」という表現以外は、社会の他の構成要素の関係については「照応する」、「条件づける」という表現が使われており、経済決定論ではないことは明らかであろう。したがって、ある時期・ある社会の構造的把握は当該社会の構成要素の諸関係を具体的に把握することによって可能となる。

（8）本文で私の家族社会学の例を示したが、家族社会学理論としては新たに理論的見解を出す毎になにほどかの修正をしている。先学の例としては富永理論を想起すればよいであろう。本文でも若干触れてはいるが、彼が『行為と社会システムの理論』に至るまでには、先行研究の批判的検討による理論的修正が続いている。自然科学とは異なる理論としての性格をこのように考えることが肝要ではないだろうか。

（9）もし「社会理論」というものが存在するならば、その基本的性格を示す必要がある。私はそのような文献には接したことがなく、この表現による論考の多くは、取り上げた社会（科）学者が「社会」をどのように考えていたかという論考に過ぎないように思う。とするならば、私自身も若干触れているが、A・スウィンジウッドの「社会学思想」に該当するのではないかと思う（拙著『社会学の理論的挑戦』一八七～一八九頁）。

（10）社会問題（という表現であるかどうかはともかくとして）にたいする対応として、対症療法的ではない思惟としての政策が必要であることは、ここ二〇年ほどの日本の社会問題について考えてみれば、容易にうなずけるはずである（このことは対症療法的対処の必要を否定するものではない）。社会学でのこの分野の研究はかなり個別的になされてきているので、それらを統合するようなプリンシプルを提示するという課題がある。まだ模索の域を出ていないが、さまざまな問題にたいする政策主体を軸にする方向を考えている。そうすると、政策主体、社会問題などのテーマ研究、社会運動、社会政策という主要な要素を理論的にいかに結びつけるかという課題になるであろう。

第二部　個別分野の展開

〈中間論考〉で述べたように、領域社会学については、際限のないようないわゆる連字符社会学とは違って、生活を軸とした領域をきちんと確認する必要があるというのが私の理論的立場である。もしそうでないと「拡散状況」は際限なく広がるであろう。第三章で触れたように、「拡散状況」がすでに進展しているのだが、この〈第二部〉は「拡散状況」に歯止めをかけること、あるいは「拡散状況」をまき散らす見解にたいして具体的展開によって批判すること、という私の意図が込められている。これまでの社会学史の叙述ではほとんど取り上げられていないこの分野の史的展開が必要であると考えており、第四章では領域社会学の論考にあてられる。しかし、社会学の研究には、近代社会成立時のいわゆる初期資本主義社会（あるいは産業社会）の段階から大きく変貌した社会的現実への対応もまた要請されている。したがってすでに述べたように、私の「領域」は人間の生産に直接かかわる生活分野として領域社会学が措定される。具体的には、家族、地域、産業・労働、文化である。ただし、その後の思惟によって、生活空間としての環境を領域社会学とする修正が必要ではないかと考えるようになっているとはいえ、理論的位置づけがまだ明確ではないので、ここでは取り上げないことにしようと思う(1)。

そして第五章ではテーマ研究の論考にあてられる。テーマ研究はすでに示唆しているように、社会学者の関心の数だけあるとも言えよう。しかし、ごく当たり前のことであるが、関心がそのままテーマになるわけではない。注意を促したいのは単なる視点・視角がそのままテーマ研究にはならないことである。社会学の研究分野は社会的現実の変化と複雑化によって社会学者の関心に応じて多数あるが、その場合、論考の対象が社会学において理論的にはいかなる位置を占めるかが問われるであろう。「何でも社会学」という立場は論外として、社会学的研究・論考にはそれぞれの社会学者の社会学についてのプリンシプルがあるはずである。したがって、〈中間論考〉でも触れたように、なんらかのテーマ（領域も）がプリンシプルとどのようにかかわっているかあるいは位置づくかを、すべてにおいて明言しなくてもわかるようにする必要がある。念のため付け加えておくと、例えばジェンダーは視角あるいは視座であってそれ自体がテーマでないことは、現象学的思惟が哲学のテーマにはなってもそれ自体が社会学のテーマではないことと同じである。

第六章のかなりの部分は諸外国の見解の受容をめぐっての論考にあてられる。ある意味ではこれまでの社会学史の多くは諸外国の社会学史であった。それは意味のあることであり、社会学史の最終的あり方は諸外国の社会学史に日本の社会学史を組み込んだものが望ましい。ともあれ、日本の社会学史では諸外国の社会学の受容は避けて通れないであろう。〈第一部〉で取り上げた諸潮流によってもわかるように、日本の社会学の史的展開は欧米諸国の社会学の動向と密接にかかわって進展しており、決定的に作用することもあった。そこで、受容について問われるのは、諸見解を正確に受け止めることは当然として、受容された諸見解が日本の社会学ではどのように活用されるかにあり、ここでの論考もその面に絞り込むことになる。最後に、日本の社会学の行方について論考するが、これまた単なる予測ではなくて、私の理論的立場からやや距離を置いて、可能な方向に言及するであろう。あらかじめ予告しておくと有力な諸見解・諸潮流が競合するであろう、と考えている。ともあれ、〈第一部〉なども含めて最終的な総括と展望によって結ばれるであろう。

第四章

若干の領域社会学

イントロダクション

〈領域社会学〉という表現そのものは富永健一の見解から採用したものであるが、すでに確認したような「拡散状況」のもとでは、社会学の各論を位置づけるには適切な表現であると思う。ただし具体的な分野については、私と富永見解とは違うので、当然異なっている。さらには、社会的現実の激変に応じた多様な社会学的研究に言及するには、領域社会学だけではカバーしきれないので、テーマ研究として次の章で若干取り上げる。

すでに〈中間論考〉で述べたように、また右でも簡単に触れたように、領域社会学は私の理論構成から論理必然的に導き出される社会学の「対象領域」である。繰り返し強調するが、「生活の生産」あるいは「生産活動」から出発して「人間・関係の生産」を社会学の性格の軸に据えるという見解から論理的に導き出されるのが領域社会学である。異論があることを承知で措定すると、領域社会学として具体的には家族、地域（都市・農村）、産業・労働、文化などを挙げることができるが、〈中間論考〉で課題とした国家、宗教（組織）、環境がこれに加わることになる。

これまでの「講座的」企画や日本社会学会の専門分類とは大幅に異なっているが、それらに示されている分野は領域、テーマ、視角などが「分野」という表現で混合していると言えるであろう。

ここで重複を厭わずに、領域社会学についての考え方に簡単に触れておこう。領域社会学は社会学の各論の主要な部分である。領域社会学という表現はまだそれほど多く使われてはいない。また、この表現を使うとすれば社会学のプリンシプル（あるいは性格づけ）がかなりはっきりしていなければならない。賛否はともかくとして、私の知るかぎりではっきりしているのは富永健一の見解だけかもしれない。富永見解は三つの縦軸に四つの横軸の設定によって構成されており、彼の中では理論整合性が認められる(2)。

私自身は自らの社会学の理論構成（原理的思惟）に応じて、家族、地域、産業・労働、文化、そして私の中ではまだはっきりしてない国家、宗教（組織）、環境が領域社会学の位置を占めることになる。なお、宗教組織とは違って宗教そのものは文化に組み込まれると考えている。教育は重要な分野ではあるが、これについての明確な理論化には至っていないので、現段階では課題として残さざるを得ない。私の中で理論的に未成熟な領域などについては、最後に方向提示だけは可能なかぎり示す必要があるが、社会学史に位置づくほどの歴史的蓄積があるかどうかについても言及することになるだろう。

しかし他方では、専門分化が進んでいることに照応して、領域社会学それぞれにおいても専門分化が進んでいる。そのためもあって、右で挙げた領域社会学のすべてについて史的展開を論考することは、何人にもおそらく不可能であろう。したがって、この章の大部分は私の専門分野の一つである家族社会学の展開に当てられることになり、領域社会学の専門分化についても家族社会学の例示にとどまるであろう。他の領域社会学については必要に応じてフォローしてきたにすぎないので、それぞれの領域社会学における史的展開を具体的に論考するならば、これまたこのような論考の仕方があり得るという程度の論述にとどまるであろう。領域社会学（そしてテーマ研究も）は理論プロパーの論考とは違って社会的現実により密着しているので、その関連を考慮した論考の展開になるであろう。

一、家族社会学の展開

家族社会学の展開を考えるにあたって、あらかじめことわっておくことがある。家族社会学と「家族論」とは異なるということである。私は社会学史の分担執筆をした時に〈常識と学問の狭間で〉ということから書き始めた。家族社会学をやさしく書くとほとんど常識になってしまうのである。家族生活の体験・見聞は至るところにあり、家族社会学についてきちんと研究していなくても発言できるが、私見ではおおむね「家族論」であることが多い。したがって、家族社会学と家族論は同じではないという立場で展開するが、最近の家族社会学にも専門分化と拡散状況が進行しており、後者はおおむね拡散状況に結びつくかもしれない家族論である。とは言え、家族論にも家族社会学の発展にとって意義のある見解・視点、問題提起があるので、必要に応じて触れるであろう(3)。

▼歴史的概観

家族社会学は日本の領域社会学ではもっとも早くスタートしたと言ってもよい。日本の家族社会学に外国の諸見解の影響がないわけではないが、日本の家族生活の独自性に照応して展開されているとも言えよう。日本の家族の変化については、「家」→「近代家族」→「現代家族」とおおまかに言えないこともない。しかし、家族と両性関係を全体としてみると、そのような単純な変化ではなく「多様」である。このような変化に照応するような研究動向があり、「イエ・ムラ論」、「核家族論」、「家族多様化論」を挙げることができる。ここでは実際の家族がそうであったかどうかはともかくとして（そこまで踏み込むと膨大な論考になる）、史的展開の目安程度に受け止めればよいであろう。〈第一部〉と同じように、固有名詞がなんらかの潮流を示すことをここでもまたことわっておこう。

(一)　家族社会学の源泉

日本の家族研究は日本独自の捉え方としての「イエ・ムラ論」からはじまったと言ってもそれほど言い過ぎではないであろう。日本の家族社会学の草分け的存在として、いくつかの見解に予備的確認の意味で簡単に触れておこう。

戸田貞三（一八八七～一九五五年）は「イエ・ムラ論」とは異なる独自の見解を展開しており、戦後に直接継承される位置を占めている。戸田は『家族の研究』（一九二六年）で家族についての基本的な見解をすでに述べているが、その後、『家族構成』（一九三七年）において、国勢調査などを駆使した実証研究をも加えて彼の家族社会学が展開されている。戸田によれば、家族とは親族関係のうちでも近親者から構成される小集団である。彼の家族社会学の特徴は、そのような家族の内部的諸側面が重視されていることである。具体的には血縁連鎖としての結合、感情融合という関係の心理的側面、機能面では生活要求の安定、日常生活における共産的関係などという特質を挙げることができる。つまり、家族の内部的諸側面についてほぼ全面的に考えられていることを意味する。しかし他方では、家族構成が歴史的・社会的な諸条件によって規定されている面（例えば地域差）を考慮していることにも留意する必要があることを指摘しておこう。戸田の見解は小山隆などに継承されるが、これについては後で触れるであろう。

有賀喜左衛門（一八九七～一九七九年）は、戸田などとの諸見解とはある意味では対置される位置を占めているとも言えるであろう。有賀は、いわゆる「イエ・ムラ」論との関連で日本の家族の捉え方を展開している。彼においては日本の家族は「家」であり、夫婦家族を軸とする一つの生活共同体であるという捉え方は戸田と同じである。しかし、戸田や類似している他の見解と大きく異なるのは、生活共同体であると捉えることによって、家族の構成員の範囲を親族関係に限定しないことである。生活共同体としての家族生活に参加している者は非血縁であっても家族の構成員とされるのである。彼のこのような見解は主として農村家族の実態調査から導き出されたものである。

日本の家族社会学の草分け的存在として二人に限定して簡単に述べたが、ここで確認しておく必要があるのは、家族の捉え方が異なる両者（二つの流れ）においてともに社会的条件（主として農村、地域）が考慮されていることである。つまり、日本の家族社会学の発端では社会的条件と切り離した家族（の内部）だけの研究ではなかったのである。この種の研究はこれに尽きるわけではないが、より詳細な論述については、日本家族社会学会が二十一世紀に入って取り組み始めているので、今後の整備を期待したい(4)。

(二) 二十世紀後半の流れ

ほぼ半世紀余りの家族社会学の流れと特徴をどのように見るかは論者によって当然異なる。私は「家族論」あるいは単なる「家族研究」と家族社会学は違うという立場から論考するが、家族社会学の発展にとって意味があると思われる「家族論」にも若干は注目しようと思う。そこで、まずは比較の意味で主要な〈講座企画〉の目次を示そう。

『社会学大系　第一巻　家族』（石泉社　一九五三年）

1 家族の構成と機能、2 家族の類型、3 日本の古代家族、4 日本の近代家族、5 家族制度

『講座社会学　四．家族・村落・都市』（東京大学出版会　一九五七年）

1 家族の歴史的発展、2 家族の構造と機能、3 家族と親族、4 家族のイデオロギー、5 家族と社会、6 家族生活の諸問題

『社会学講座　三　家族社会学』（東京大学出版会　一九七二年）

1　家族の定義・家・世帯、2　家族の形態と類型、3　配偶者選択と結婚、4　家族の内部構造、5　家族の生活構造、6　家族と社会、7　家族の変動、8　家族社会学の展開

『講座社会学　二　家族』（東京大学出版会　一九九九年）

1　総論　日本の家族の「近代性」、2　結婚と出生の社会人口学、3　企業主義と家族、4　戦後日本の親子関係、5　愛情装置としての家族、6　現代家族の変動過程と家族ライフスタイルの多様性、7　戦後日本におけるライフコースの変化と特徴

このような〈講座企画〉の内容の変化については説明を加えないが、以下のような流れにほぼ照応していると言えそうである。

〈一九六五年頃まで〉　社会学理論の動向と同じように、この二〇年間ほどは「模索の家族社会学」の時期と言ってよいであろう。「民主化」政策にともなう「家」制度の廃止や経済的貧困など社会的激変に加えてアメリカ社会学の流入などもあり、二つの〈講座企画〉の構成にも示されているように、家族社会学はその性格、行方が定かではなかった。具体的に言えば、「イエ・ムラ」論、制度論、集団論、歴史的見方などの諸見解が混在しており、基本的な（理論的）立場もかならずしもはっきりしていないなかで、次の時期の内部分析の方向が見え隠れしていた。「民主化」課題への取り組み方もやや曖昧であり、経済的貧困についての取り組みはこの時期の家族社会学の著作にはほとんど認められない。

〈一九八〇年頃まで〉　高度経済成長がようやく国民生活に浸透する時期であるが、後半にはその終焉とともに高度経済成長にともなう諸矛盾・問題が国民生活において噴出することになる。この時期の家族社会学の特徴として、

主要な現代的テーマ、研究法がほぼ出揃うことを指摘することができる。支配的趨勢としてはいわゆる「制度論」から「集団論」へ移行して実態調査研究が盛んになるのがこの時期の特徴の一つである。そのような趨勢の下である種の「実証主義」と核家族論が本格的に登場するが、時代が下るにしたがって、家族生活の変化への着目、そして専門分化の進展という動向を挙げることができる。方法としては構造―機能アプローチ、発達アプローチが大きな位置を占めるようになるが、他方では現実的課題への対応として家族問題・病理の研究も増加する。さらには内部分析から外部との関連とりわけ地域との関連がかつての「イエ・ムラ」論とは異なるかたちでクローズアップされるのもこの時期の特徴の一つとして挙げることができる。

〈一九八〇年以降〉一九七〇年代後半からすでに新たな進展が始まるのだが、いわゆる核家族論、構造―機能分析が支配的であった状況から新たな諸見解が出現し始める。フェミニズム的思惟、ジェンダー視点、女性学的思惟などが導入されることによって、二十一世紀に続く百花繚乱の現出という動向へ進むことになる。なお、多様な家族論が並存している中で、家族の変化に応じる家族社会学の理論的整備が提起されているが、『リーディングス 日本の社会学』に一言触れておこう。〈3. 伝統家族〉と〈4. 現代家族〉の二冊に分けられており、前者では「家」、親族組織、家族における伝統文化などの論考が収録されているが、多くは一九八〇年以前のものである。後者については目次を挙げておこう。

第1部 現代家族の変動、第2部 家族と外部システム、第3部 家族の内部構造、第4部 家族危機

これらの論考は、前の時期とは異なる現実（家族の変化）に応じようとするものであり、特に〈第4部〉などによって、家族のあり方が問われるようになってきたことがわかるであろう。そこで、このような流れの中で、どのような見解に注目するか、どのような理論や視角を継承・発展させるか、あるいは家族論の問題提起をどのようにうけとめるかが家族の変化という現実とのかかわりで大事になってきている[(5)]。

▼注目する必要がある家族社会学

ここでもまた〈第一部〉の論考と同じように、固有名詞は潮流的あるいは代表的見解の一つであることを、ことわっておこう。例えば、核家族論の理解についてはかならずしも一様ではないが、ここでは一応は核家族論的立場という潮流として受け止めればよい。

山根常男は核家族論の立場とみなすか非核家族論の立場と見なすかは簡単には断定しがたい。このことは山根の家族についての基本的な見方に示されている。彼の理論的特徴として二つの点を指摘することができる。一つは、親族に一定の境界を設けて家族とするとしつつも家族を明確に定義していないことである。その代わり、関係、集団、生活様式、制度、システムおよび機関として家族を捉えるという六つの視点を提示している。これにはおそらく彼のキブツ（イスラエルの一種の農村共同体）研究が背後にあると推察される。もう一つは、「家族力動論」という主張である。フロイトの精神分析学の影響（活用）が若干あると思われるが、家族的要素の相互作用とそれらの変化を全体的に捉える彼独自の視角として措定されている。このような基本的立場から、山根は家族問題・病理についても独自の見解を展開しているが、これについては後の項で触れるであろう。

森岡清美は独自の核家族論の立場に発達アプローチを導入した理論構成をしている日本における核家族論の代表的存在といってよいが、〈コラム〉でもわかるように、外国の核家族論をそのまま採用したものではなく、核家族を理念型として措定するという独自性を指摘することができる。森岡の家族社会学研究は、一定の実証的調査研究にもとづいて家族のほぼ全域にわたっており、必要に応じて外国の諸見解も活用されている。とりわけ家族社会学の理論面においてはほぼ全面的に論及されているが、そのすべてについて具体的に言及すると〈森岡清美〉論を必要とするので、とりわけ注目する必要があると同時にどのように継承するかが問われる見解として、家族周期論と家族変動論を挙げておこう。家族周期論は最近の家族の多様な変化に対応して、現実との関連でどのように発展させるかが問われるものである。家族変動論は社会・家族・人間のあり方の変化を考慮して総合的に展開されているが、例えば家族構成員における「変化導入者」といった視点などは彼独自の発想として具体的に継承・発展が望まれる。なお、森岡は『発展する家族社会学　継承・摂取・創造』（有斐閣　二〇〇五年）では彼の生きた学史としての展開を示すとともに、彼への批判にたいする反批判には丁寧に言及している(6)。

ここではやや異なると考えられる二つの見解のみを取り上げたが、家族社会学の理論的主張・研究がこれに尽きるものではないことは言うまでもないであろう。これらの諸見解に加えて、ほぼ類似の潮流としては理論と実態分析について右の両者と前後する世代を多数挙げることができる。一九八〇年頃までの展開については、拙著『家族社会学の基本問題』でおおよその整理をしており、また、望月嵩は『リーディングス　日本の社会学　4　現代家族』で彼以外の整理にも触れながらかなりの整理をしている。そこであまり屋上屋を重ねることを避けて、継承・摂取の必要性を喚起する意味で簡単に触れておこう。

すでに触れた小山隆編『現代家族の研究』は実証も含めた家族研究の一つのあり方として戦後の家族研究の出発点的位置を占めている。喜多野清一に代表される親族組織に重点を置く研究も過去のものとして忘れ去ってはいけないであろう。核家族論が本格的に登場したことによって、内部分析的研究も小山の流れとして進展した。『現代家族の役割構造―夫婦・親子の期待と現実―』（培風館　一九六七年）を代表的なものとして挙げておこう。一九七〇年代後半以降には、家族の「現代化」の進行のもとでの家族の新たな変化と家族危機の兆しが出てくる現実に照応して、内部分析にとどまらない研究が飛躍的に多くなる。基本的には同じ潮流であると一応は言えるが、二十一世紀を迎えようとしている頃に多数現れる「異議申し立て」的見解については、家族の現実認識との関連で、どれだけ対置された見解になっているかが問われるであろう。一九八〇年代までの諸研究には大同小異の研究もあるので、特徴のあるものには一通り当たっておくことが、継承、摂取にとって大事であろう(7)。

▼エンゲルスから出発した諸見解

これまでに言及した諸見解が〈第一部〉における「近代主義系」的性格であるとするならば、他方でのマルクス主義系における見解にも触れておこう。ここで取り上げる四人は世代的違いが少ないので、「展開」とはならないと思われる。あらかじめ言っておくが、〈第一部〉で「マルクス主義系」とした潮流に三つの立場を示したが、領域社会学（家族だけでなく）でも似たような動向を指摘することが一応はできる。しかし、マルクス主義社会科学という思惟は背後にあるかもしれないが、やや曖昧な場合が多い。

山手茂は『現代日本の家族問題』（亜紀書房　一九七二年）などで家族をめぐる現実的問題性を鮮明に打ち出している。ここではその具体的内容を詳述しないで、山手見解の二つの特徴に触れておこう。一つは、家族を社会的変化との関連で捉えるという注目してよい特徴があるが、家族の規定（あるいは定義）も家族を捉える理論的性格も必ずしも明瞭ではない。もう一つは、価値選択を背後仮説的にしないで「日本国憲法」に依拠して明確に打ち出していることである。しかし、「マルクス主義社会科学」の多くがそうであるように、七〇年代後半頃からは、家族社会学（理論）から離れて社会福祉的研究へと移行しており、家族社会学としては断片的な論考が認められるだけである。

家族生活の実証研究を軸としているものとして、鎌田とし子と布施晶子を挙げることができる。鎌田とし子は主として実証研究によって、労働者家族の生活に詳細に迫っていることを指摘することができる。鎌田の代表作としては『社会諸階層と現代家族』（お茶の水書房　一九八三年　鎌田哲宏と共著）、編著『貧困と家族崩壊』（ミネルヴァ書房　一九九九年）を挙げることができる。前者は労働者家族の生活を階層別に詳細に実証・分析したものであり、「生活がイデオロギーに優先すること」を現実理解の根底に据えると明言していることを指摘しておこう。後者はひとり暮らしに焦点を当てた論考であり、低所得層の三世代にまで論考が及んでいる。鎌田においては、理論化作業よりも貧困層問題と社会のあり方との関連を家族生活の実態として明確にしていくことが問われ続けている。

布施晶子は理論、実証両面においていくつかの著作・編著を公表しているが、ここでは夫婦（関係）に注目する方がベターであると思われる。清水民子・橋本宏子との共編による〈双書　現代家族の危機と再生〉という三冊本が示しているように、布施においては家族における問題・危機を打開していくことが主要に追求されている。その場合、彼女が具体的に論考したのは結婚、家族、夫婦関係とりわけ両性関係であり、『結婚と家族』（岩波書店　一九九三年）、『新しい家族の創造』（青木書店　一九九四年）はその代表作である。布施見解の特徴としては、共働き夫婦に注目しつつ、性支配・性別役割分業という現実に抗して多様な家族生活スタイルが望ましいという主張にあり、現在もその意義を失っていない。

飯田哲也の研究は一定の現実認識（いわゆる実証研究が全くないわけではないが）にもとづく家族社会学の理論構築が主要な性格であると言える。飯田の家族社会学はF・エンゲルスを出発点としながらも、エンゲルスの不充分さを発展させる試みを行っている。「起源問題」についての「論争」の検討から家族起源の新たな見解表明、そして史的唯物論の「生産力」、「生産関係」に、「集団分化」という「第三の視角」を提示して理論化を試みている。「社会学としての立場」が鮮明な飯田は、『家族の社会学』（ミネルヴァ書房　一九七六年）で基本視角をうちだし、『家族社会学の基本問題』（ミネルヴァ書房　一九八五年）で理論化の方向を示し、三部作の最後の『家族と家庭』（学文社　一九九四年）で飯田の社会学理論の端緒となる理論構成を展開している。

二、家族社会学における専門分化

▼高齢者問題

家族生活の変貌、多様な家族問題の噴出という現実に照応して、家族社会学の多様な専門分化の進展は必然であった。以下で取り上げる諸見解はほんの一端にすぎない。家族についての見解がいかなるものであろうとも、その中軸には夫婦関係と親子関係があることはほとんど否定できない事実であると考えられる。家族生活が一定程度の多様化を示し、そして家族意識（研究者の意識も含む）の多様化などの進行にともなう新たなテーマも多様になる。ここでは高齢者問題と家族問題・病理の二つに絞って取り上げる。

新たな社会的現実問題としての少子高齢化問題があることは常識になっているとも言えそうであるが、少子化についてはまとまった見解が少ないので、ここでは高齢者（あるいは高齢化）について取り上げよう。家族問題としても独自な史的展開をみせているが、生活科学研究会『老後問題の研究』（ドメス出版　一九六一年）は「老人問題」をいちはやく総合的に捉えようとする試みである。主要な対象が老人ではあるが、「生まれてから死ぬまでの人間を私たちの社会がどう生かさなければならないか」という視点から老後問題が論じられており、この見方は現在でもその意義を失ってはいないであろう。その後は、高齢化の進展と問題性に応じて、老人社会学、高齢者（福祉）政策、精神分析、医学などからいろいろな論議が続いているが、トータル性を継承しているものは乏しいようである。

家族社会学こそが（我田引水かもしれないが）トータル性を持ち得る性格と考えられるので、二人の見解に絞って述べる。青井和夫は一九七〇年代には早くも高齢者問題に注目しており、その後の実態調査や政府の高齢化政策および青井の社会学理論にもとづいて『長寿社会論』（流通経済大学出版会　一九九二年）でほぼトータルに述べている。青井は単に高齢者のみを視野に収めないで、人口学的な少産少子という社会的変化、それにともなう家族のライフサイクルの変化などにも関連させて長寿社会についての彼の見方を展開している。加うるに少子高齢化問題への対策としての「福祉コミュニティ」の提起など、彼の社会学理論における独自の死生観にもとづく応用的論及などは興味深く、高齢者問題について継承・発展が望まれる多くの視点や課題を投げかけている。

相対的に新しい論考として、両性関係とりわけ女性の老後に着目している袖井孝子に言及しておきたい。袖井もかなり早い時期（一九七〇年代中頃）から家族と高齢者問題に取り組んでおり、主に家族と女性（あるいは両性関係）を軸にして多様な現実認識と方向について展開している。彼女の論述ではさらりと指摘されていることが多いが、諸個人や家族関係だけではなく制度・政策や社会のあり方にまで射程が及んでいる（だから取り上げた）。高齢者問題を考えるにあたって必要と思われる視点はほぼ出揃っており、それらの視点をどのように発展させるかが（袖井自身も含めて）、超高齢化社会にさしかかっている現在、ますます重要になっている。具体的には二つの見解に絞り込んで述べたが、今後の継承・発展にとっては、高齢者問題が家族と高齢者だけの問題ではないこと、身体や精神への対症療法の必要性もさることながら、社会的諸条件の具体的動向を射程に入れたトータルな把握と対応を追求することが問われることになろう。(8)

▼家族問題・病理

家族問題・病理についての研究は専門分化というよりは、家族社会学の当初から重要な「テーマ研究」としての位置を占めている。高度経済成長以前にも家族問題がなかったわけではないが、主に経済的貧困と「家」に発する問題にとどまっていた。しかし、高度経済成長にともなう「新しい社会問題」の進展に照応して家族問題も独立範疇化する。具体的にはそれ以前の貧困問題だけでは解明できないような家族独自の問題を意味するのであり、家族社会学にとっては不可欠の分野となる。

さて、この項の題にもあるように、家族社会学では家族問題という捉え方と家族病理という捉え方が並存している。私自身は家族問題という捉え方を採用しているが、家族病理という見方を全面的に否定しているわけではない。この二つの捉え方の賛否をここでは問題としないで論考するが、両者の違いがかならずしもはっきりしていない。

家族病理という見方についてはまず光川晴之の見解を挙げよう。光川の基本的見解は正常、異常という思惟によって家族病理を捉えるものとして性格づけられる。光川によれば、「不安定な異常な家族」が病理家族であるとされている。夫婦と未婚の子女からなる家族で、家族内の人間関係がスムーズで固定した葛藤・緊張がなく、外社会によく適応していることが、正常、異常の基準である。つまり、高度経済成長期に多数を占めたと見なされている核家族形態と社会への適応を重視する見解として性格づけられる。

山根常男は家族病理現象を制度次元と集団次元に分けて捉えるという独自の見解を表明している。つまり、現存の制度と集団を基準とするということにほかならない。具体的には前者に重点があると解されるが、非家族的現象と非家族化現象に分けられており、制度との関連では、制度の犠牲としての現象、制度の補完としての現象、制度にたいする挑戦としての現象という三つのパターンが挙げられている。この見方は後者についてもある程度は適用可能であり、それらを社会システムと関連させて捉える必要性があるというのが山根の見解の特徴である。

湯沢雍彦は豊富な具体的データを用いて家族の変化と現実に多様な面から論考しているが、家族問題についても独自な見方をしている。湯沢によれば、家族問題とは「家族に因果関係をもって発生し、庶民一般に関心を一時的または長期的に呼んだ社会問題」であるとされている。そして、時事問題としての家族問題、大勢変動としての家族問題、継続的家族病理問題、病理事例研究対象としての家族問題という四つの分類が示されている。家族問題の規定と分類については疑問もあるが、ここでは湯沢見解の紹介にとどめる。

山手茂は既出の『現代日本の家族問題』をはじめ家族問題についてのいくつかの論考があるが、山手は家族病理学的アプローチにたいする批判として、家族問題という把握を主張する。資本主義社会そのもののなかに矛盾が深まっており、すべての家族にその矛盾が浸透しているので、矛盾をかかえた家族という見方を基本として理論を再構成する必要があること、そして価値判断を取り入れることを彼は主張する。価値判断の基準を基本的人権さしあたっては日本国憲法第二十四条および第二十五条にもとめることを主張し、そのような立場から家族問題の歴史的現実を分析している。

飯田哲也は独自の社会学的思惟にもとづいて、上のような代表的な諸見解について検討を加えて、実際に現れる現象としての家族問題・病理の把握・解明が必要であることもさることながら、家族問題と社会のあり方との関連を視野に入れながら、将来の可能性としての「休火山的家族問題」状況という見方を示す。つまり、現在は具体的な問題が生じていない「普通の家族」においてもいつ家族問題が生じる（＝噴火する）かわからない状況を意味する。それは人々のなんらかのエネルギーの「問題的噴火」なので、そのようなエネルギーを問題解決の方向に向けることが大事であるというのが飯田の主張である。

家族問題・病理への対応は家族社会学にとっては避けて通れない課題なので、対症療法も必要ではあるが、以上のような諸見解を理論・実証・実践といった多面的な活用と対応がこれからの課題として提起されている(9)。

▼百花繚乱とも見える状況—特徴と課題—

日本社会の激変に応じて社会学そのものが大きく変貌してきたことについては、〈第一部〉の展開によっても明らかであろう。領域社会学においてもほぼ似たような状況を見いだすことができる。すなわち、すでに述べたようにいわゆる「異議申し立て」にも似て、それまでの主要な流れとは異なる見解が現れるのが一九八〇年代に入ってからである。しかしながら、社会学理論における「異議申し立て」とは性格・様相を異にしており、その点に着目することが家族社会学においてはきわめて重要である。

価値観の多元的多様化にともなう家族意識の多様化の進行に照応して、家族論を含む家族社会学における考え方と現実認識もまた多様な様相を示している。家族生活の変化をめぐっては、いわゆる近代家族のゆらぎあるいは終焉という論述、個人化する家族という見方、家族多様化論、さらには一時期のフェミニズムに代わるジェンダー視角を重視する家族論、家族単位ではなくて個人単位で考える政策提起などなど、挙げればきりがないほど多様に論じられており、家族論は百花繚乱の観がある。それらの多様な見解にはうなずける見解もあれば疑問に思われる見解もある。そのような状況を簡単に特徴づけることはほとんど不可能ではないかと思われる。だから、新たな特徴を一言で言うならば、家族社会学というよりは多様な「家族論」が咲き乱れているということである。

新たな動向のどれが一つの潮流になるかどうかについては現段階ではまだ明言できない。したがって、継承に結び付くようなポイントをめぐって、課題提起的にこれからの方向について述べておくことにしよう。まず確認あるいは整理しておく必要があるのは、家族生活の変化動向に、最初に示した「家」→「近代家族」→「現代家族」という傾向が認められるにしても、現実の家族の諸側面すべてがそのように変化したかどうかということである。異なる視点から変化と問題性を見るならば、その立場によって家族社会学（あるいは家族論）のあり方が違ってくるであろう。若干触れるならば、「家」的な側面がかたちを変えて存続しているのではないだろうか。家の墓問題、親族関係を巡る問題など。個人化や多様化についてもその動向が全面的には進行していないのではないだろうか。例えば、価値観の多様化に応じた家族意識の多様化が進行しているにしても、実際の家族構成、家族関係、その他家族に関わる諸活動が家族意識の多様化ほどには多様化しているわけではない。夫婦別姓問題が公式に提起されてから二十年近くが経過しているにもかかわらず法制化にはいたっていない。家族構成にしても多様化傾向が全く見られないわけではないが、夫婦家族は日本では相対的に多数を占めており、性役割意識が過去への回帰すら見せている。つまり、多様化が具体的にはどの面で進んでいるのか、画一化の方はどうか、さらにはこのような現実的実態に応え得るような思惟方法が求められている。

家族生活の激変と残存ー具体的には「家」、近代家族、「現代家族」がその要素も含めて並存していることーという状況のもとで、これまでに論考してきたような多様な家族社会学的研究と家族論が花盛りというのが、二十世紀末から二十一世紀にかけての状況である。敗戦後に家族研究のあり方が模索期であったように、現在は〈第二の模索期〉ではないだろうか。日本家族社会学会で研究史の検討が始まったのはその一つの現れであろう。研究者の意識の多様化の下ではいくつかの新たな方向があり得ると考えられるが、社会学全体がそうであるように、いくつかの方向が競合することになるであろう。やや繰り返しになるが、家族および家族社会学研究の歴史的展開のトータルな把握にもとづき（これのないものは論外である）、家族および家族社会学研究の現在の認識にしたがって、家族問題の解決と家族の未来を展望できるような家族社会学の発展が望まれる。その場合、理念が必要であるとともに「理念倒れ」にならないことが肝要であろう。

三、いくつかの領域社会学

家族社会学以外の領域社会学としては、地域（あるいは都市・農村）社会学、産業・労働社会学、そして文化の社会学などが措定されるが、それらの社会学の史的展開すべてについて論考することは、ひとりではおそらく不可能であろう。いずれはそれぞれの専門分野の方々による「学史」を期待するという意味を込めて若干言及するのみである。家族社会学は私自身の整序であるが、以下ではそれぞれの専門分野における論考を参考にしながら、このような展開の捉え方があり得るということを示すに過ぎない。これに加えて、かならずしも専門としていないが、私の社会学理論の立場からそれぞれの領域社会学にたいして若干の理論的問題提起をすることになるであろう。

▼地域社会学

領域社会学の一つとしての地域社会学の史的展開を整序することはきわめて困難である。地域を研究する学会には、村落研究会、都市社会学会、地域社会学会の三つが並存していることがそのことを象徴している。

地域については、地域社会学それ自体として論じられことはきわめて少ない。〈講座企画〉でも、地域ではなくて農村、都市というかたちで別々に取り上げられている。つまり、農村（あるいは村落）、都市として論じられることが圧倒的に多いということである。さらには「地域社会」論、コミュニティ論などとして論じられることが加わる。しかもフォローしきれないほど膨大な調査研究がある。ここでは、『リーディングス　日本の社会学』および他の文献を若干参考にして主要問題について展開するが、私独自の論考というよりはこれまでの論考のやや独断的な整序という性格が強い。したがって、地域社会学の研究史を本格的に展開するならば（地域を専門とする者の責務であろう）、このような性格になるだろうという私の組み立てと課題提起をするに過ぎない。

具体的な展開の整理としては、やや古いが、地域社会研究会編『地域社会研究の現段階的課題』（時潮社　一九七九年）を挙げることができる。地域研究の性格と進展についての一定の展開があるが、一九七〇年代頃の（マルクス主義的思惟による）社会学の動向を反映して、地域の「社会科学」という性格が濃厚である。

蓮見音彦編著『地域社会学』（サイエンス社　一九九一年）は、都市社会学、農村社会学ではないかたちで地域を論じている数少ない例である。注目点を二つ指摘することができる。一つは、地域を地域として、地域社会学を地域社会学として真正面から問うていることである。かならずしも明確な見解表明ではないにしても、地域、地域社会学についての基本的な問いはここから出発するのが妥当ではないかと思われる。もう一つは、地域社会研究をめぐる見解表明である。資本主義経済の進展にともなう地域の重層性という認識を背後において、地域生活そのもの（住民生活）と生活条件を分けて論じていることである。それぞれの具体的様相の個別的論考は膨大な実態調査を含めて多数あるが、理論問題に直結する蓮見見解がどのように活用されているのであろうか。

次に、高橋勇悦『都市社会論の展開』（学文社　一九九三年）は、二十世紀後半の都市研究の展開を整備した論考である。ほぼ五分の一ほどがアメリカ都市学説にあてられているが、日本の都市研究史を概観するには避けて通れない論考として性格づけられる。これまたどのように活用するかが大事であろう。

このような諸論考を参考にしながら、日本の地域研究の展開を若干見てみると、調査研究が圧倒的に多く、しかも産業と密接にかかわっているものが多いように思われる。都市研究については高橋勇悦が整備しているように、単にある都市の実態や変化を論じるだけでなく、国際化、情報化、新たな環境問題などが進行する下で、社会的変化とどのように関連させて捉えるかが重要になっていると思われる。他方、理論的論考については、どちらかと言えば諸外国とりわけアメリカ社会学の都市理論の「受容」が多いように思われる。〈第六章〉で触れることと若干重複するが、欧米の諸見解の検討がかなり正確かつ緻密に行われているように思われる。問題は、そのような摂取から、欧米とは異なる性格の日本の都市（地域）研究に検討者がどのように活用・発展させるかにある。

農村研究の史的展開については、『リーディングス　日本の社会学　6．農村』で簡単な整理がなされていること、および収録されている諸論考からある程度は垣間見ることができるであろうが、高橋勇悦の都市研究の整備に類する論考はないようである。『リーディングス』の発行が一九八六年であるために、社会学の展開が大きく変化していく一九八〇―九〇年代の研究の整備が大事になっているので、専門の方々に期待するのみである。(10)

地域、都市、農村（漁村も含む）の研究については、簡単には整序できないような史的展開と膨大な理論的視点と実態調査がある。そこで今後の課題については理論問題だけに絞って私見を述べておきたい。地域研究の展開は理論的論考であろうと実態分析的研究であろうと、大部分は農村（あるいは村落）研究、都市研究としてなされており、地域研究あるいは地域社会論という論題であっても、農村と都市の両方が射程に入っているものは稀である。このような史的展開をどのように考えたらよいのであろうか。

地域の歴史的進展について考えてみると、日本の家族が家→近代家族→現代家族という変化を見せながらも、そのようにそのまま移行するのではなく、現代家族がそれ以前の家族の性格を残していることにも似て、日本の地域は村落共同体→近代都市→現代都市という変化を見せながらも、家族以上に以前の地域の性格を残しているのではないか、とりわけ農村ではそうであろうと思われる。とするならば、農村と都市の両方を射程に入れた統合的な地域の捉え方が求められるのではないだろうか。非専門からの岡目八目かもしれないが、「地域研究」と称しながらも「地域」概念がかならずしも明瞭ではないように思われる。私の狭い知見の範囲であるにすぎないが、地域研究の史的展開において「地域」概念が曖昧にされていることに示されているように、いくつかの基本的な理論的問題を少しずつ明確にしていくこと（複数の見解があってもよい）が必要ではないだろうか。

そこで、地域社会学の今後の発展にとって不可欠だと考えられる基本的課題を提起しておきたい。ずばり言って、「地域」概念を明確にすることおよび都市と農村との関係を理論化することという課題である。前者については、私自身は「相互活動としての地域」と「条件としての地域」という措定をすでに表明しており（飯田哲也・遠藤晃編『家族政策と地域政策』多賀出版　一九九〇年）、このような思惟を採用している者が少しだけ認められる。地域研究ではなんらかのかたちで「地域」概念に言及すべきであろう。後者については、私見ではマルクスは『ドイツ・イデオロギー』において都市と農村の関係についての基本的な見方を簡単に述べている。都市と農村の関係についての基本的な見方をはっきりさせることが地域社会学にとっては不可欠ではないかと思う。地域研究の史的展開はそのような課題への対応を軸として論考・整序される必要があるのではないだろうか。

「産業・労働」社会学

地域については若干の論考を発表しており、私なりの見方を不充分ながらも示したことがある。しかし、「産業・労働」についてはいくつかの編著で分担執筆者と一緒に考える必要性から関連する文献に接しているにすぎない。したがって、地域研究以上に非専門である私にとっては、この項では専門研究に依拠して若干の提起をするにすぎない。しかし、逆に非専門であるがゆえの素朴な疑問を提起できるのではないかと考えている。

「産業・労働」という表現を使ったことにこの領域の展開の性格が示されているのではないだろうか。つまり、この領域が「産業社会学」なのか「労働社会学」なのかという問題を孕んでいることを意味する。そこで、〈第一部〉で取り上げた〈講座企画〉でどのように扱われているかを見ることから考えてみよう。

一九五七年の『講座社会学』では「階級と組合」という直接的な表現なしで、曖昧な設定になっている。一九七三年の『社会学講座』では「産業社会学」になっており、『リーディングス　日本の社会学』では「産業・労働」になっており、一九九九年の『講座社会学』では「産業」と「労働」がそれぞれ一つの巻になっている。そこで、『リーディングス　日本の社会学』を手がかりとして考えることから始めよう。「はしがき」には収録する論考の消去法的基準が示されており、「職業的」産業社会学者向けのことわり文であろう。注目する必要がある（問題点も含めて）と思われるのは、稲上毅による〈序論〉の論述であろう。簡単に言えば、尾高邦雄の「職業社会学」（産業社会学の意も？）にたいして松島静雄が「労働社会学」構築の試みを提起する。ここでは職業概念と労働概念のいずれを軸とするかという対置がなされている。この違いを念頭におきながら両者についての論考を考えてみると、方法の違いなのか研究対象の違いなのかかならずしも定かではないように思われる。産業社会学でも労働（労働者）が取り上げられており、労働社会学でも産業関連が無視されているわけではなく、両者ともに多様な「分化的」テーマが取り上げられている。産業・労働についての分析・論考は、時代によって焦点が移動しており、どちらかに移行しているようにも見えるのである。

そのような動向が続く下で、労働社会学については、河西宏祐『日本の労働社会学』（早稲田大学出版部 二〇〇一年）は労働社会学の史的展開を整序した領域社会学では数少ない書であり、注目に値すると思われる。すでに疑問的に提起している領域社会学の一つとしての労働社会学が「経営社会学」、「産業社会学」、「労働経済学」とは異なる独自の性格を有することを、河西は鮮明に示している（同書 八〇～八二頁）。

では、産業社会学はどうであろうか。先の稲上の論述にもあるような一種の「分化」があるとはいえ、一九七三年の『社会学講座』では欧米の動向が紹介されているが、一九七〇年頃までであり、産業社会学の史的展開が整理して示されてはいないようである。一九九〇年代における「産業界」の新たな動向に照応して、「産業」研究が新たな展開を示しており、尾高邦雄によって提唱された職業社会学あるいは産業社会学からの展開というよりは、「産業」の新たな特徴やそれにともなう諸問題が軸になっているように思われる。

史的展開あるいは概観にもなっていない非専門の見方を簡単に若干述べたに過ぎないが、今後の課題というよりは、非専門からの暴論に近い提起をしたいと思う。〈労働社会学〉については、先に触れた河西宏祐の整序にあるように、労働社会学としての研究史が認められるが、産業社会学の方は社会学者による「産業」研究として存在しているにしても、社会学としての独自な性格が定かではないのではないだろうか。とするならば、産業あるいは経営については、労働・労働者に主軸をおく労働社会学のなかに「背景」（あまり好ましい表現ではないが）あるいは外的条件として位置づけるといったかたちで、労働社会学に一本化するという方向が考えられるのではないだろうか。「条件としての」産業および経営については経済学や経営学の成果を活用すればよいであろう（独自に研究・検討することをむろん否定するものではない）。河西が挙げている労働社会学の今後の研究課題への取り組みなどもそのような方向での研究が望ましいと思われる。(11)

▼文化の社会学の性格

ほとんど周知の様に、文化の多義性・多様性に応じて、文化領域とされるものはきわめて複雑・多様である。文化についても〈講座企画〉での取り上げ方から考えてみよう。一九五七年の『講座社会学』では文化が社会学理論の基礎の位置を占めており、その上で「文化の現実的諸形態」という取り上げ方がなされている。一九七〇年代前半の『社会学講座』では、教育社会学、知識社会学、社会意識論と分けられており、文化として一括しては取り上げられてはいない。『リーディングス　日本の社会学』では、「文化と社会意識」という巻がある。そして二〇〇〇年の『講座社会学』では、「文化」と題する巻があり、「社会情報」と題する巻も設けられている。それぞれの具体的な内容（主として現実的諸形態）には立ち入らないが、領域社会学としての文化は多様な分野に分化されて論じられているとともに、時代の現実を鋭く反映している。一例を挙げると、井上俊編『新版　現代文化を学ぶ人のために』（世界思想社　一九九八年）では、現代文化の捉え方、シンボルの世界、日常の文化の三部構成になっており、取り上げられているテーマを若干例示すると、ジャーナリズム、文学、ポピュラー音楽、旅行、スポーツ、現代医療など、現実反映という性格と多様性を垣間見ることができるであろう。それぞれが意味のある文化研究ではあろうが、私見では、文化があらゆる生活分野に浸透しているという意味で、文化の研究を複雑にしているように思われる。そのように分化された文化領域をどのように整序したらよいのであろうか。

文化と言われているものはきわめて多様であり、ある意味では人間生活に物質的・精神的にかかわるものはすべて文化であると言えないこともないであろう。文化の多様性・多義性に応じて多様に論じられているが、きわめて包括的に広義に考えられていたり、ある特定の分野として狭義に考えられたりしている。さらには若者文化とか大正文化とかといった「連字符的文化論」として論じられてもいる。「文化とは何か」ということについては、文化人類学における文化研究が社会学では相対的に多く利用されているようだ。

文化へのこのような多様なアプローチの状況（あるいは研究の展開）の下で、研究史を整序することはきわめて困難であろう。しかも、文化についての研究・論考の多くは「現代文化」を取り上げているように思われる。社会の変化にともなって時代に応じた文化現象に変化したり、新たな文化現象が出現することは確かであろう。しかし、音楽を例として考えてみると、新たな音楽が時代に応じて断続的に出現するが、他方ではかなりの「古い音楽」が残存しており、このことは大部分の芸術・芸能にもあてはまると思われる。とするならば流行にも似た「現代文化」という捉え方だけでよいのであろうか。

専門とは言えない立場から、私は文化の一分野としての〈芸能〉に簡単に触れたことがある。私の社会学の理論構成から触れざるを得なかったのである（芸能だけでなくスポーツなど文化の現実的諸形態という触れ方である）。そのために関連する文献などにあたったが、能とか落語とかといった個別芸能についてはいろいろと論じられているが、芸能という一般的（あるいは基本的）論考を寡聞にして見いだすことができなかった。そのような検討から、単に芸能だけではなく文化を考える原理あるいは基本視角の必要性を感じたが、非専門である私の誤り（あるいは見落とし）であろうか。

文化の社会学の問題性は、文化領域における個別分野の研究が独自に進展してきていることにあると考えられる。それぞれの個別分野の研究の蓄積はあるが──例えばマスメディア論など──、その史的展開がかならずしも整序されないままで、情報論が出てくるという進展ではないだろうか。そして、新しい文化的現実が現代文化として研究対象になる。その大事さをむろんいささかも否定するものではないが。

文化の社会学について、非専門の立場からやや大胆に批判的見解を述べたが、文化の社会学のそのような進展と現状を以上のように見なすならば、今後の課題は大きくは二つあると思われる。文化の社会学はそもそもはじめから分化している観があるので、分化している各分野それぞれにおいて、継承する必要があると考えられる知的遺産の史的展開を整序することである。もう一つは、その整序との関連で文化を捉える原理あるいは基本視角の必要性を挙げておきたい。私自身はほとんど展開していなく、また今後果たせそうにもないが、文化がいかにして生産され、いかにして消費されるか、そしてその関連でいかにして存続するか、なぜ変化・衰退・消滅するかを軸にしてはどうかと考えている(12)。

四、領域社会学の課題

領域社会学では、若干は外国の諸見解の導入があるとはいえ、日本の社会的現実が各領域で直接取り上げられるので、日本独自の見解や理論展開が認められる(森岡清美の核家族論などを想起せよ)。しかし他方では、日本社会における実態調査研究が多いことが理論的にはプラス、マイナス両面に作用しているようにも思われる。実態調査は何らかの理由で一定範囲の家族、地域、企業(そして意識)などを選んで企画されるのが普通である(稀には複数の範囲の調査や全国家族調査などのように広範囲のものもある)。社会調査は社会学の重要な構成部分とみなされているようであり、事実としても社会学における調査研究は膨大な量に上っており、調査結果の適切な選択によって、日本社会の現実を捉えることに資する意義があるというプラス面を指摘できる。しかし、調査によって何らかの事実を示すことだけで社会学的「研究」そのものとされるというマイナス面もある。

図3　科学の四つの区分

出所）安田三郎編『社会学講座17　数理社会学』（東京大学出版　1973年）

領域社会学の各分野では具体的には触れなかったが、膨大な調査研究の知的遺産をきちんと整序することがきわめて重要な課題である。社会調査史についての一定の整序がなされているものとして、石川淳志・橋本和孝・浜谷正晴編著『社会調査―歴史と視点』（ミネルヴァ書房　一九九四年）を挙げることができる。欧米も含めて代表的な調査研究についていくつかの領域を取り上げて論じられており、調査研究をする者にとっては必読書としての性格をもっている。これまた門外漢から一つだけ問題を提起すると、今後の課題がきわめて抽象的に簡単にしか述べられていないことである。したがって、このような整序がほとんどないなかでは、そこが出発点になるのかもしれない。領域社会学にとっては調査が重要な位置を占めているが、単にそこにとどまっているだけでは不充分であることは、右の書の論考全体が物語っている。

この章で言及したそれぞれの領域社会学については、それぞれの課題をすでに簡単に述べているので、調査を含む領域社会学の課題というよりは考えられ得る今後の方向をやや一般的に提起してこの章を結ぼうと思う。若干の重複を厭わずに言えば、〈第一部〉で取り上げた社会学理論と比べるならば、整序できるような論考が乏しいという意味で研究史への取り組みが必要である（労働社会学の「河西整序」以外はほとんどなされていないようだ）。そうすると、すでになされている膨大な調査から意義のあるものを選択して新たな整序が求められるであろう。その場合に大事なことは、単に事実をなんらかのかたちで整理して示すことではないはずである。実態調査と理論との関連というよりは結び付きをきちんと自覚する必要がある。私は両者の発展のために日本家族社会学会編『家族社会学研究』第二一巻第二号（二〇〇九年）で、理論、調査、応用についての安田三郎見解を示したことがある。一九七〇年代前半ではあるが、図3を示してそれぞれの研究が結び付かない状況が指摘されている。基礎領域では理論体系の整備のみをいそぎ、応用領域では単に〈社会学的見方〉と〈具体的社会調査〉だけをふりかざすという批判的指摘である。(14)私は家族社会学の発展のために書いたのであるが、このような状況は現在でも存続しており、領域社会学すべてにもあてはまる警鐘ではないかと思う。(13)このような状況を打破する方向として理論と現実の「往復」の重要性を強調したい。これまでの優れた理論や現実認識はそのようにして発展してきたはずである。

次に、領域社会学の研究が一つの領域にとどまらず、複数の領域を関連させる方向が求められると考えられる。具体的には触れなかったが、調査研究を含めてそのような試みは多少はなされている。例えば、家族と地域を結びつけて捉える試み、産業・労働では地域とセットにした調査研究がかなり多数認められる。しかし、それらの相互関連が理論的にはかならずしも整備されていないように思われる。安田三郎の指摘にあるように、相互関連は社会学理論と結び付いて追求されるものである。したがって、このような方向の追求は領域社会学における研究を豊かに発展させるとともに、社会学理論をも単なる「理論倒れ」にならないかたちでの発展に資することになるであろう。

〈コラム〉「山室―森岡」論争

家族社会学における論争であるが、近代社会の位相とも関連して〈理論と現実〉という重要な論点があるので簡単に取り上げたい。山室周平はいわゆる核家族論の全盛期に、次のように核家族論批判を展開する。山室は日本の家族の実態から近親婚、核家族の自立性、相続の形態、家族構成の四点にわたって批判するとともに、「近代家族を永遠の相に固定することなく、その推移を注意深く見まもる必要がある」と歴史的視点の必要性を含意した見解を表明している。これにたいして森岡は、核家族論の有用性というかたちで述べている。森岡自身の核家族論とは、諸外国の核家族の原義とは違うかもしれないとことわって（違ってもよいのではないか……飯田）、核家族を日本の家族を捉えるための理念型とすることを基本性格としていることである。そのような核家族論の立場から家族結合や家族構成の捉え方が論じられている。人がどのような立場にあろうとも、森岡が述べている理論的意味およびそれにもとづく現実認識を具体的に示すことが大事であることをここでは強調しておきたい。※なお論争の評価の詳細は拙著『家族社会学の基本問題』を参照。

【注】

（1）鈴木幸壽編著『新版　社会学史』（学文社　一九九五年）は〈第二部　特殊社会学論〉として、農村社会学、都市社会学、家族社会学、産業社会学、文化社会学、マスコミ論を取り上げている数少ない社会学史の書である。歴史的蓄積のある「各論」を選んだと思われる。早川洋行編『よくわかる社会学史』（ミネルヴァ書房　二〇一一年）も各論を盛り込んでいる数少ない社会学史の書であるが、各論部分ではベクトルとして「領域」が措定されている。早川自身が「何を選択するかということについては、企画の段階で大いに悩んだ」と述べていることに示されているように、領域の性格が曖昧である。一例だけあげると、ジェンダーは重要な視角ではあるが研究史が浅く、領域についての基準が見えないように思われる。社会学史というかたちで社会学理論の一種の体系性を目指した試みと思われるが、いわゆる「異議申し立て」とは異なる主張なので、原理論としての〈早川社会学理論〉がいずれは示されることを期待したい。

（2）富永健一の領域社会学の措定については、すでに〈第一部〉で示しているので、（一四七頁）の表2を見ればよい。私の見解と大きく違うのは、政治、経済、法が措定されていることである。私はそれらの分野を社会学の領域とはしないで生活の生産の外的条件としている。政治社会学については〈第一部〉ですでに示唆しているが、そのような領域社会学があり得るならば、政治学、経済学、法学との違いを鮮明にする必要がある。

（3）例えば、フェミニズム、ジェンダー視点、女性学などが一定の寄与をしている。この点をめぐっては、早川洋行編『よくわかる社会学史』「Ⅲ　家族」（八六頁）でも若干触れているが、示唆を与える家族論の例については拙著『現代日本家族論』（学文社　一九九六年）で批判的ではあるがかなり詳しく述べている。

（4） 源泉的存在として二人に絞ったが、ある意味では核家族論と非核家族論の二つの流れとも言えよう。その他の研究文献を若干挙げる。鈴木榮太郎（一八九四―一九六六年）には家族にとどまらずムラから国民社会までの論考があり、『鈴木榮太郎著作集』全八冊（未来社　一九六八―七五年）ではとりわけⅢに注目のこと。喜多野清一（一九〇〇―八二年）には主として家、親族についての論考が多いが、『家と同族の基礎理論』（未来社　一九七六年）を挙げておこう。小山隆（一九〇〇―八三年）は研究者の組織化に力を入れていたと思われる。すでに触れている『現代家族の研究』をはじめとして、実態調査研究にもとづいて家族の内部分析の枠組みを追求しており、文献としては『現代家族の役割構造―夫婦・親子の期待と現実―』を挙げておこう。

（5） 本文で触れた森岡見解に〈継承・摂取・発展〉とあることは、研究における学史的展開の重要性を端的に表現している。つまり、継承・摂取があってはじめて発展があるというのが私の考えである。以下に示す諸見解はそれぞれ継承・摂取の要素を備えているというのが私の解釈であり、調べればさらに発見があるだろう。どの見解をどのように摂取・継承するかは各自に委ねられることになろう。

（6） 山根常男の著作としては、比較的早期に基本的見解を示した『家族の論理』（垣内出版　一九七二年）、そして『家族と人格　家族の力動理論を目ざして』（家政教育社　一九八六年）、『家族と結婚　脱家父制理論を目ざして』（家政教育社　一九九〇年）、『家族と社会　家族の力動社会生態学の理論を目ざして』（家政教育社　一九九八年）という大著の三部作を挙げることができる。森岡清美の著作としては、『家族周期論』（培風館　一九七三年）、『現代家族変動論』（ミネルヴァ書房　一九九三年）、そして家族研究以外に『新宗教運動の展開過程』（創文社　一九八九年）、『決死の世代と遺書』（新地書房　一九九一年）を挙げておこう。

（7） 文献についてはあまりにも多いので、日本家族社会学会編『家族社会学研究』第一〇号（一九九八年）を参照。会員の業績一覧であるが、ほぼ網羅されている。一九九〇―九六年なので、それ以前のものとしては、青井和夫・増田光吉編『家族変動の社会学』（培風館　一九七三年）、上子武次『家族役割の研究』（ミネルヴァ書房　一九七九年）、望月嵩・本村汎編『現代家族の危機』（有斐閣　一九八〇年）を挙げておこう。

（8） 袖井の著作として、『家族・第三の転換期』（亜紀書房　一九八五年）、『女の活路　男の末路　老いの時代を生き抜くチカラ』（中央法規出版　二〇〇八年）、『高齢者は社会的弱者なのか　今こそ求められる「老いのプラン」』（ミネルヴァ書房　二〇〇九年）を挙げておこう。袖井見解で興味深いのは、老後を考える「３Ｋ」＝健康・家庭経済・心という主張であるが、とりわけ単に「経済」としないで「家庭経済」としているところにその特徴が表されている。

(9) 文献として、光川晴之『家族病理学』(ミネルヴァ書房　一九七二年)、山根常男がこのような見解を示しているものとして「社会階層と家族病理」(那須宗一他編『家族病理学』家族病理学講座第1巻 誠信書房　一九八〇年)があり、湯沢雍彦は『家族問題の社会学』(サイエンス社　一九八一年)で彼の見解を全面的に展開している。飯田哲也『家族社会学の基本問題』ではじめて述べられ、その後も必要に応じて主張している。なお、那須宗一・上子武次編『家族病理の社会学』(培風館　一九八〇年)を加えておこう。数少ない例であろう。

(10) 「村落研究会」では一定の整序がなされているのかもしれないが、この研究会は社会学の専門だけで構成されているわけではないので、社会学における農村研究の展開の整序が必要であろう。都市と結びつける必要もあるが、二〇〇七年の『講座社会学3　村落と地域』(東京大学出版会)における鯵坂学「現代日本の都市—農村関係の諸位相」は数少ない例であろう。

(11) いささか「無いものねだり」的注文ではあるが、河西は課題として実証研究の不足(あるいは不充分)を挙げているが、それでも膨大な調査研究の蓄積があるこの分野では、新たな実証研究の必要性に加えて、分化している分野の関連が問われると思われる。

(12) 社会学における文化の研究についても、非専門の立場から若干の私見を補足をしておこう。まず、どちらかと言えば「現代」文化の特徴という論考が多く、捉え方とされていても、あらかじめ特徴を措定してそれらを着眼点とする論述を意味するので、捉え方と特徴との関連が定かでないきらいがある。次に文化研究と称しながらも文化とは異なる論述も散見される。さらには社会意識と一緒に論じられるケースがあるが、両者の関連がさだかではないようだ。発展の具体的方向として一つだけ例示しておこう。情報(化)が重要になってきているが、その場合、かなりの研究史をもつマス・コミ論を踏まえた論考が大事だと思うが、どうであろうか。

(13) 図を含む安田見解は安田三郎編『社会学講座十七　数理社会学』(東京大学出版会　一九七三年)一~一四頁。

第五章

若干のテーマ研究について

イントロダクション

領域社会学とは異なる性格として、私が〈テーマ研究〉を独自に措定することについてはすでに述べた。しかし、〈テーマ研究〉はきわめて多く（社会学者は「自由に」措定する）、極言すれば社会学者の数だけテーマ研究があるかもしれない。それでは社会学史における「テーマ研究」の措定にはならない。では具体的にどのように措定したらよいのであろうか。「テーマ研究の現在」とするならばおそらく際限がないほど多いであろう。しかし、社会学史で取り上げるとすれば、ある程度の措定は可能である（論者によって措定されるテーマには異同があるだろう）。そこで具体的に措定するにあたっては、二つの点に注意をうながしたい。一つは、社会学理論の研究においても、個別の領域研究においても、重要な位置を占めていることであり、これまでに取り上げた諸見解にも重要なテーマを多く見いだすことができる。また、「重要」ということについては論者によって異なるであろう。しかし、これは理論、領域社会学にも言えることであり、テーマ研究の措定に際しては、もう一つとして歴史的に一定の蓄積があることである。前者については、論者によって重要度が異なるだろうが、後者についてはトピック的テーマではないという意味で措定できるはずである。そこでまずは、これまでの〈講座企画〉および社会学の概説書に盛り込まれている「各論」から領域社会学を除いてピックアップすると、

〈講座企画〉から

階級・階層論、現代社会論、社会変動論、社会体制、集団・組織、民族と国家、階級と組合、大衆社会（論）、社会体制と会変動、体制、組織、人間形成、疎外（論）、社会問題（論）、政治、経済、法、社会開発論、社会福祉論、社会病理学、生活構造（論）、社会階層、社会移動、社会運動、社会病理、福祉と医療、発展途上国、宗教

これらの〈テーマ〉については、研究の蓄積がある程度は認められるという意味で私の言う〈テーマ〉として社会学史で取り上げ得ると考えられる。そこでさらに絞り込む意味で、次に、いわゆる概説書においてはどうであるかを見てみよう。ここでは書名を挙げないが、一九六〇年代から各年代で二—三冊ばかりピックアップして挙げようと思う。

概説書から

一九六〇年代　・日本の現代社会　・現代社会の変動と病理　・社会成層—階級と階層—　・アジア社会論
　・社会の変動　・社会問題

一九七〇年代　・組織と人間　・階級と人間　・福祉と人間　・組織社会としての現代

一九八〇年代

・成層構造と社会移動　・大衆社会　・逸脱行動と集合行動　・日本的自我とその形成
・青少年集団と自立性の形成　・組織変革と人間変革　・現代社会と青少年指導
・大衆社会論　・社会病理論　・社会福祉論　・社会調査
・階級と階層　・犯罪と非行　・社会問題と社会福祉　・現代の社会問題
・高齢化社会と老人問題　・戦後日本社会論　・階級と体制　・逸脱と統制
・テクノロジーと人間組織　・対人関係の病理　・自己啓発　・自己と他者の社会学
・情報化社会　・保険と医療　・価値と規範

このように見てみるだけでも、テーマ研究がきわめて多いことがわかるであろう。そして一九八〇年前後からは新たなテーマが概説書にも次々に現れ、さらに細分化された専門分化が進んでいるので、極端に言えば大部分の「研究」が専門分化したテーマ研究であると言えないこともない。しかし、テーマによっては専門に研究を継続している者がきわめて少なかったり、歴史が浅かったりというケースが多い。一九六〇年頃から四十年ばかりの『社会学評論』を見ると、発展させる意義があると思われる論考が数多くあるが、トピック的テーマでなくてもかなりの論考および論者が立ち消えになっている。(1)

〈テーマ研究〉の展開・推移について考えてみると、歴史的蓄積が一定程度あるテーマ、トピック的で歴史的蓄積がほとんどないテーマ、相対的に新しく（二十年前後）今後の前進的発展が望まれるテーマ、という大別ができると思われる。そこで右記の〈講座企画〉と概説書から私なりに社会学史としてのテーマを整理すると、次のようになる。

階級・階層論、現代（日本）社会論、集団・組織論、社会変動論、社会問題・病理（逸脱論を含む）、社会福祉論（医療・保険を含む）、人間形成論（自我論などを含む）

※〈講座企画〉や概説書から立ち消えとまでは言わないが、重要性が継続していてもほとんど断片的・部分的にしか取り上げられなくなったテーマがかなり多い。

九〇年代を含めて社会的現実の変化に照応して、新たなテーマが多数論じられるようになるが、それらのトピック的とも思われるテーマは社会学史としての蓄積によって発展するかどうかは今後の二―三〇年の展開を待たねばならないであろう。(2)

以上のような検討によって、この章では具体的には〈階級・階層（論）〉、〈社会問題・病理（論）〉、の二つのテーマに絞って取り上げることにする。選択にあたっては私の立場が反映してはいるが、社会学史なので歴史的蓄積があることを考慮し、これからも重要なテーマとして継続するであろうことをも考慮した。前者はともかくとして、後者については以下の展開で示されることになるであろう。なお、私の選択はあくまでも一つの試みであり、他の選択や追加があり得ることは当然であろう。

前章における家族社会学以外の領域社会学については、非専門としてこのような展開の仕方があり得ることおよび課題と今後の方向提起という性格によって言及した。テーマ研究についても、現代日本社会（論）は重要なテーマであるが、現代日本認識の（自称）三部作として『現代日本家族論』、『現代日本生活論』、『現代日本社会論』という私の著書があるので取り上げない。二つのテーマについては折に触れて若干言及しているが、専門とは言えない。そこでこの二つについても、階級・階層論および社会問題論・社会病理学の史的展開に全面的に言及するのではなく、非専門の領域社会学についての前章と同じように、このような展開があり得ること、そして日本社会の現実的変化とのかかわりで、若干の課題と方向を提起するにとどまる。私自身の階級・階層の見方や社会問題・病理についての考え方が背後にあることは言うまでもないが、私の独自な見解としては、〈第一部〉ですでに述べているように、実践的課題にも言及することになるであろう。

一、階級・階層

▼なぜ、階級・階層か

階級・階層についての論考は歴史も古く、きわめて多いだけでなく、加えて階級消滅論が一時期大きく論じられるようになり、現在でも継続して論じられている。テーマ研究のなかで〈階級・階層〉をとりあげるのは、以下のように人々の生活に深くかかわっているからである。まず、諸個人（および家族）の生活を大きく規制していることを指摘することができる。階級・階層は（どちらの概念による見方であっても）経済的要素が軸になっているが、それのみにとどまらずほとんどの生活条件に不可分にかかわっている。ほぼ周知のことであろうが、諸個人のそのような経済的条件によって他の生活分野も大きく制約されることになるので、若干の生活分野について簡単に確認しておこう。

まずは教育を挙げることができる。いわゆる学歴が大きな意味を持っている現代日本社会では、親もその子どももできるだけ高学歴を志向するのが一般的であるが、高学歴＝「一流大学」に入学すること、を得る（通過する）競争がかならずしも平等な条件のもとになされているわけではなく、その階級・階層によってかなり左右されることはこれまた周知のことであろう（階級・階層にもとづく経済的に不利な条件でもむろん競争はできる）。

次には人間関係における違いを挙げることができる。制度的には民主主義社会である日本では人間関係は対等平等のはずである。しかし、右の学歴ともかかわってかならずしもそのような実態にはない。顕著な例を一つだけ挙げておこう。ある弁護士がテレビ出演にかかわった時に、はじめは「○○先生」と呼ばれていたが、彼がある私立大学出身だとわかると「○○さん」となり、それまでの丁寧な言葉使いが変わったそうである。つまり出身大学による階層差が人間関係にまで波及するということである。さらには夫の階層差が妻（とりわけ専業主婦）にも波及することによって、妻あるいは母親同士の人間関係にも階級・階層の差が現れることなどは例を挙げるまでもないであろう。

文化的享受の面でもかなりの制約がある。文化の分野はきわめて多様であり、どのような文化を享受するかはそれぞれの好みの問題であると言えばそれまでであり、さらには高級な文化、低俗な文化という見方にも問題があるかもしれない。しかし、私の生活論では生活文化が生活経済、生活関係、生活時間、生活空間のすべてにかかわっており、それらが階級・階層の位置によって異なることは言うまでもないであろう。

次に、当該社会の性格をほぼ決定づけていること、および階級・階層についての見解の違いによって当該社会の性格付けが異なることを指摘することができる。あとでやや具体的に考えるが、当該社会における階級構成や階級関係をどのように認識するかによって、あるいは階層の現状をどのように認識するかによって、歴史・社会、その社会の問題性の有無・性格、そして未来への予測や展望が異なってくる。そのような意味で、階級・階層をどのように見るかは、社会学にとってはきわめて重要である。

とりわけ二十一世紀に入ってからの日本社会では「格差社会」という表現がクローズアップされていることに示されているように、一時期には「一億総中流」という雰囲気も手伝って階級の消滅とまでは言わなくても、階級の存在が理論、現実認識においてあまり重視されなくなっていた。しかし、いわゆるバブル経済崩壊と不況の続くなかで、経済的格差の拡大にともない階級への注目が顕著になっているようでもある。つまり両極分解が進んでいるかどうかが問われていることを意味する。

階級・階層は人間生活・社会にとってこのように重要な位置を占めているが、階級・階層という表現そのものにも示されているように、その見方、論じ方は一様ではない。すぐあとで述べるように、階級・階層は現実の認識にとっても重要であるとともに、現実の変化に対応し得るような理論的見解が求められているのである。

▼予備的確認―古典的見解―

階級というテーマの論考にあっては、古典的見解としてK・マルクスとM・ヴェーバーが取り上げられることが多く、ある意味では（賛否いずれにしろ）その確認は大事であると考える。そこでまずマルクスの見解とそれを継承したレーニンの見解を確認することから始めよう。マルクスは基本的には生産手段の所有・非所有による生産関係にもとづいて階級を捉えているが、階級をめぐっていくつかの見解を表明している。現実認識と密接に結び付く見解として、階級対立を含む階級関係（および階級構造）、歴史的傾向としての階級の両極分解、階級闘争、そして未来における階級の消滅などを挙げることができる。しかし、その後の歴史的進展はマルクスが述べたように単純化できない様相をみせており、そのような現実（認識）の変化に応じて多様に論じられているが、これについてはやや後で若干考えることにして、マルクス見解を継承したV・I・レーニンの定義を示しておこう。レーニンは「階級とよばれるのは、社会的生活の歴史的に規定された体系のなかで占める地位の点で、生活手段に対する関係の点で、労働の社会的組織における役割の点で、したがって意のままにできる社会的富の分け前を受け取る方法と分け前の大きさの点で、互いに区別される大きな人間の集団である。階級とは社会経済の一定の体系のなかで占める地位の相違するおかげで、その一方が他方の労働をわがものにすることのできる人間の集団である」(3)と規定している。マルクスは階級についての基本的な見解にもとづいて、階級をめぐる諸問題を多様に論じているが、ここではレーニンの定義にしたがって、階級とは、意識の問題でもなければ、無条件に階級闘争に直結するものでもなく、原理論レベルとしての人々の社会的位置、社会構成のあり方を意味することを確認しておこう。

古典的見解としては、ヴェーバーの見解をも確認しておく必要がある。ヴェーバーの見解はマルクスの見解を批判的に補足修正して多元的であり、マルクス、レーニンより広義の階級概念というよりは階層的な概念として提示しているとも解される。加わったキーワードは「身分」と「党派」である。階級は経済的分野に、身分は社会的分野に、そして党派は政治的分野にかかわる概念であり、それぞれが独自の基準で動く（あるいは人々の地位を規定する）性格として措定されている。少しばかり付け加えると、階級は、マルクスなどの見解を受け継ぎながらも、「階級状況」における財産所有や財貨獲得のチャンスによるという見方が重視されている。身分については、近代以前ではほぼ固定的な社会的地位による威信や特権に結び付いていたが、近代社会では職業上の地位、その他の威信、名誉に結び付くものとして措定されている。党派については、政治的利害や権力闘争に結び付く概念であり、そのような組織・団体における地位（とりわけ利害の重視）として措定されている。ヴェーバーの「階層論」は、彼のいろいろな学問分野における理解（解釈）が多様であることと同じように、やはり多様に解釈されているが、ここでは、階級・身分・党派という三つの点によることの確認でよいであろう。

その後の展開をめぐっても簡単に触れておこう。階級・階層についての諸見解は社会のあり方の変化とその具体的な現実認識と不可分に結び付いている。欧米では、S・エンジェルは、ネオ・マルクス主義とネオ・ヴェーバー主義というかたちで、ライトとゴールドソープについて論及している。また日本では、山本登が「社会成層」概念を軸に新たな展開を試みている。このような展開の例を挙げるならば膨大な論考になるので、ここでは、上の二人の古典的見解が階級・階層論の理論的および現実認識における出発点になることを確認しておけばよいであろう。(4)

▼日本における階級・階層論

日本における階級・階層論は日本社会の現実との関連で多様に論じられている。しかし奇妙なことには階級について論じている場合は比較的はっきりしているが、「階層」という表現で論じている場合はかなり曖昧なように思われる。これまでの論考でも日本での展開の好材料として〈講座企画〉の検討から始めることが多かったが、ここでは二つの例に絞って具体的に指摘しようと思う。

『リーディングス　日本の社会学』では「社会階層・社会移動」と題されている。社会移動はともかくとして、採用されている諸論考では、階級・階層（概念、構造、意識）とされていながらも、ほとんどが階級に焦点があてられている。編者は論争の多いこのテーマについては経験的な研究を選択したとしている。しかし、論争的テーマであっても、「階層」と題しながらもなぜ「階級・階層」なのかの説明があってもよいのではないか。それがなされていないことに、階級・階層論の複雑さが出ていると考えられる。

二〇〇八年の『講座社会学』では「階層」と題されている。これについてもその内容と性格について簡単に見てみよう。ここでもまた階級・階層の両方に加えて社会移動が取り上げられているが、どちらかと言えば階層に焦点が当てられている。一九九〇年前後からの実態調査の重視という日本の社会学界の支配的動向に照応して、このテーマにかかわる階層、社会移動、格差の実態、意識などが具体的に論じられている。つまり、日本社会の現実認識が重視されていることを意味する。

階級・階層についての論じ方の例はこれにつきるものではないが、ここでは別々に代表的と思われる見解について述べる。階級についての論考はかなり多数認められるが、部分的論考が多いので、階級論としては、大橋隆憲、八木正、浜島朗、橋本健二に絞って取り上げる。大橋隆憲『日本の階級構成』（岩波新書　一九七一年）では、「所得分配の部面ではなく、物的生産の部面に階級区分の基準を求める。……（中略……）その場合、生産手段の所有・非所有を第一次区分指標として採用する」(5)と述べられているように、基本的にはレーニンの見解が踏襲されている。この本は彼の階級構成の見解にもとづいて、日本の階級の変化と現実について具体的に分析しているものである。ここではその基準だけを簡単に示しておこう。近代日本の階級構成の変化については、支配層、中間層、被支配階級に大別し、この指標によって近代日本社会の史的推移について論考している。それに続く現代日本の階級構成の変化については、労働力人口構成を指標として、A 資本家階級、B 軍人・警官・保安サービス員、C 自営業者層、D 労働者階級に大別し、この指標にもとづいて現代日本社会の支配・被支配関係の展開について論考している。

八木正『社会学的階級論の構造』(恒星社厚生閣　一九八七年)は彼の階級論に関する既発表の諸論文を収録したものである。彼の論考は、当時としては相対的に新しいダーレンドルフやヴェイユの見解をも盛り込んで、重要と考えられる階級論に言及している。取り上げられている見解は、生産関係説、勢力説、選良説、階層説、集団説、意識説として整理できる。主要な見解がほぼ含まれているが、若干の現実分析があるとはいえ、階級を軸とする生活研究への方向提示というのがこの本の性格である。

浜島朗『現代社会と階級』(東京大学出版会　一九九一年)は既発表論文に新たな論考も加えて、階級論をほぼ全面的に展開したものである。この本は、Ⅰ 産業化と階級・階層問題　Ⅱ 現代社会の階級分析　Ⅲ 階級意識の動向　の三部構成になっている。ⅠとⅡは、アダム・スミスからはじまる多様な階級論の史的展開について、社会の歴史的変化との関連で主として欧米の諸見解の論考である(日本の諸見解がないわけではない)。その意味では、浜島の論考そのものが階級・階層論の研究史として性格づけられるので、その内容には立ち入らない。Ⅲは高度経済成長期における労働者意識、生活意識、中流意識についての論考である。「階級・階層問題を分析するさいの基本的視座やその意味と意義をある程度はっきりさせる」ことを目的とする、と浜島自身が述べており、その目的はほぼ果たされていると言えよう。しかし、未発表論文がせっかく加わっているのだから、Ⅰ、ⅡとⅢを統合するあるいは全体をまとめる論考を要望するのは「ないものねだり」だろうか。

橋本健二『階級社会 日本』（青木書店二〇〇一年）は、階級消滅論、平準化論、階層論などの論調が支配的になる動向の下で、公表されたものである。彼はこれまでのマルクス主義理論に対置して自らの立場をマルクシアンと表明し、マルクス主義理論を「普通の社会理論」に転換させることを主張して階級論を展開している。橋本の階級論の基本的見解は下図に明瞭に示されており、ほとんど説明を必要としないであろうが、一言だけ加えておこう。橋本自身も述べているように、最も基本的には先に取り上げた大橋隆憲の見解が継承されており、そこに現代日

図４　資本主義社会の階級構造（橋本のネーミング）

	生産手段に対する効果的統制力	資本主義的搾取	経営体の資本量	生産手段による部門間搾取
資本家階級	＋	搾取	＋	搾取
新中間階級	＋～ min.	軽度の被搾取 or 搾取	＋	
労働者階級	0	被搾取	＋	
旧中間階級	＋	無関係	min.	被搾取

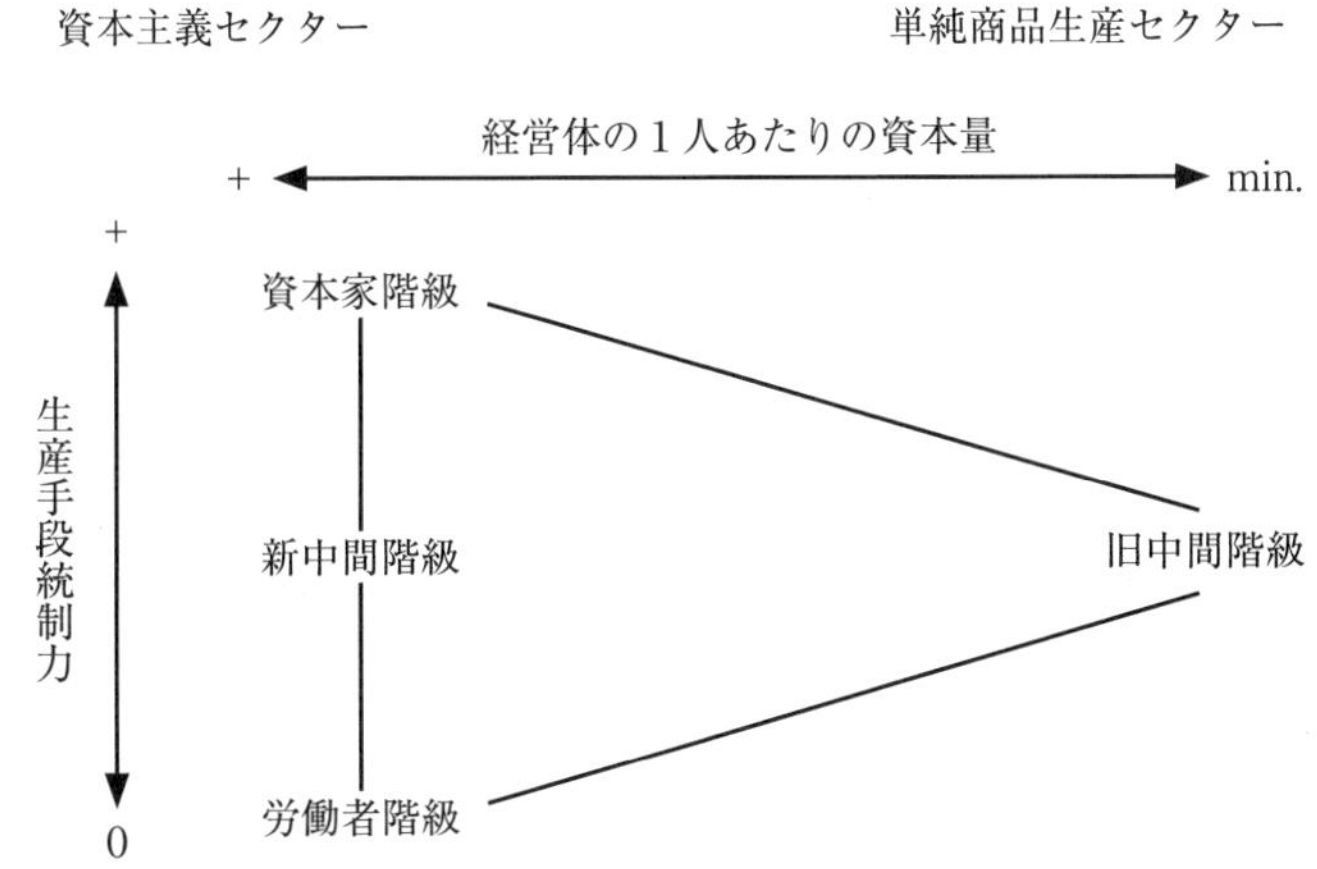

出所）　橋本健二『階級社会 日本』88 頁

本社会の変容についての橋本自身の認識が加わって、彼の階級構成・階級構造を捉える理論枠組みが提示されており、新たに四つの階級として整理されている。橋本は現代的に「マルクシアン」と称することでもわかるように、具体的現実の認識を重視しており、学史としては詳述しないが、これまでの見解の継承と理論と現実との往復作業を繰り返している点は注目してよいであろう。(6)

階級論に比して階層論を独自に展開している論考はあまり多くなく、明言するかどうかはともかくとして、おおむね現実分析で採用されているとも言えよう。ここではその代表的なものとして、富永健一編『日本の階層構造』（東京大学出版会　一九七九年）を取り上げる。階級論について述べたことによってもわかるであろうが、階級・階層論は理論的にどのような概念として措定するかも大事だが、より重要なことはそのことによってどのような現実認識がなされるかということである。この本は、一般に「ＳＳＭ 全国調査」として知られている十年毎の調査の第三回（一九七五年）の調査をまとめたものである。

「社会階層（social stratification）というのは、全体社会において社会的資源ならびにその獲得機会が、人びとのあいだに不平等に分配（distribute）されている社会構造状態を表示する、整序概念である」という冒頭の文章に階層の意味と見方がほぼ集約されている。そこにはヴェーバーの見解がほぼ踏襲されており、社会移動は社会階層の移動として措定されているが、ここでは理論的には「整序概念」という表現に注意しておく必要がある。その後の十年毎の「ＳＳＭ 全国調査」でもその概念は基本的には変更がなく、また階層概念を採用している各種の実態調査でも富永見解におおむね依拠されており、階層概念は分配に着目する概念として理解してよいであろう。誤解を避けるためにことわっておくと、分配における獲得機会・獲得の仕方が無視されているわけではない。したがって、階級か階層かという問題は、社会移動も含めての現実認識とその変化動向の見方との関連で問われることになる。

▼論点と展望

これまでの論考と比べてやや異例ではあるが、階級・階層論における論点を鮮明にする素材として、中国社会学における階級・階層論について考えることからはじめよう。中国では資本主義経済の導入以降（中国では「市場経済」と言う）、階級の生成・分化が明らかに進行しており、一九九〇年代後半からこのテーマ研究が多くなっている。代表的な例として陸学芸編『現代中国における階層移動』に簡単に触れる。この本では、五つの階層に大別され、さらに十三の層に細分されており、階層移動については上層移動が少なくて移動なしと下層移動があるとされている。問題はどのような指標によって階層区分がされているかにある。採用されている指標は、分業、権威等級、生産関係、制度分類、主要資源であるが、私はこの指標に階級・階層論の論点がほぼ含まれていると考える。生産関係と主要資源は明らかにマルクス主義系の階級指標であるが、これに階層的指標が加わっている。現代中国における階級・階層研究はいくつかの異なる見解があるが、どのような見解にしろ、どのような指標によって概念化するかという問題を投げかけている。(7)

古典的見解を含むすべての見解に示されているのだが、階級論と階層論のいずれの立場（あるいは見方）であろうとも、現代社会と生活をトータルに捉えることに結びつくという意味で、三つの論点を提起して今後の方向を提示したい。その場合に大事なことは、経済面で生産と分配のいずれを基本視角としているかという前提的性格の確認である。

第一には、階級と階層の関係を概念的・理論的に明確にするという論点である。具体的には、階級、階層をともに採用するならば、どちらが上位概念か下位概念かということであり、その関係を明確にすることである。もう一つは、仮に片方のみを採用するならば、右の基本視角からはずれる生産あるいは分配についての位置づけを示すことである。

第二には、言うまでもなくそれぞれの指標をどのように措定するかということである。これについては、古典的見解、前の節で取り上げた諸見解、そしてやや混乱している中国社会学における諸見解（注7を参照）などを考えれば、説明の必要がないであろう。

第三には自らの階級・階層の捉え方にもとづいて日本社会を分析・説明し、さらには未来への展望を示すことが重要である。階級を軸とするか階層を軸とするかという異なる見解についての有効性については、現実が示してくれるはずである。蛇足的に加えると、その場合、きわめて短期間さらには一時点（調査報告にはしばしばある）の現実ではなく、変化・変容を射程に入れた長期間の現実が取り上げられる必要がある。そしてこのことが最後に、論点というよりは方向提示に結び付くので、簡単に提起しておこう。

橋本がマルクシアンを表明したのには、マルクスの思想と政治信条を継承しないことが含意されている。しかし、彼は最後に〈新しい「平等社会」へ〉と題する章を設けており、マルクス、レーニンの主張した社会主義に替えて「新しい社会主義」を主張している。そこにある橋本の思想、政治信条がマルクスのそれと果たして無関係なのであろうかという疑問があるとだけ言っておこう。そのような疑問はともかくとして、むしろ未来を展望していることに意義がある。階級・階層論からの現実認識では、現在の資本主義経済の下では格差、不平等が見いだされるはずであり、単なる説明や告発だけでは済まされないという問題が突きつけられるはずである。したがってその対応としての未来への方向提示では、どのような社会のあり方を目指すか、その実現のプロセスと主体的条件の形成という三点が重要な論点となる。

二、社会問題・病理

▼社会問題論の重要性

社会問題論は当初は経済学から始まった（経済学ではむろん現在も存続している）。社会学における社会問題を考えるに先立って、簡単になぞっておこう。社会問題研究は近代日本の経済的貧困の状態（実態）研究から始まった。経済的貧困は個人レベルの問題ではなくて社会問題として性格づけられ、原因論と状態論の二つの点から理論化が追究され、その対応としては社会政策や社会変革が主に経済学分野で論じられていた。その基本的思惟は資本主義的生産関係に原因を求めるものであり、根本的にはそうであったとしても、後に「基底還元主義」でよいのかという疑問も出ている。

高度経済成長期からの日本社会の激変と新たに噴出してきた社会的諸問題については、右のような経済学的思惟だけでは済まされない新たな状況の出現であり、社会学分野からの社会問題論、社会病理研究が登場する。そこで両者について若干の確認をしよう。私自身は、これまでに取り上げた領域社会学やテーマ研究と同じように、社会問題という見方での若干の論考があるとはいえ、社会問題研究を専門とはしていないし、ましてや社会病理研究については全くの門外漢である。したがって、ここでもまたかならずしも継承されているとは言えない見解について、注意をうながす意味で若干言及するにすぎない。

社会学における社会問題研究については、経済学とは異なり理論的な論考よりは実態研究が相対的に多数を占めている。理論化を追求した代表的見解としては真田是を挙げることができる。階層論における富永健一にも似て理論面では真田見解にほぼ集約されているとも言えよう（ただしかならずしも十分に活用されてはいないきらいがある）。

真田の見解がもっとも鮮明に示されているのが『社会問題と資本主義社会』（汐文社　一九七二年）であると考えられるので、ここでその特徴について簡単に触れることにする。それまでのマルクス主義系での社会問題研究は、右で確認したように主に経済学における労働問題・貧困問題の研究として展開されていた。しかし、高度経済成長にともなう日本社会の激変は、そのような経済的貧困のみでは捉えられない「新しい社会問題」を産み出した。真田はこの「新しい社会問題」に理論的にも現実分析でも開拓的な取り組みを行っている。ここではその具体的内容を詳述する場ではないので簡単に指摘すると、「新しい社会問題」については、それまでの資本主義的生産関係に加えて生活そのものに着目するのが真田見解の大きな特徴である。彼が、〈行為としての社会問題〉と〈状態としての社会問題〉という捉え方を提示したことは、生活（のあり方）に認められる社会問題を具体的に捉える社会学的思惟（方法）による見解として性格づけられると言えよう。そして真田は、〈行為〉と〈状態〉の二つが別々の性格の問題であるかに見えることから、異なる理論が必要かどうかということにたいして、両者を一つの社会問題理論で対応できるとしている。

次の項で取り上げる社会病理研究に比べて、一九八〇年代以降では社会学における社会問題研究が少なくなっている傾向にあった。そのような事情をどのように考えたらよいのであろうか。これについても真田は『社会問題の変容』（法律文化社　一九九三年）でかなり明確に述べている。労働問題、貧困問題、部落問題といった「伝統的社会問題」に加えて、生活問題と社会病理についても論及されている。社会問題は緩和されたわけではなく拡大・深化していることが多面的に述べられているが、ここでは真田の見解を典型的に示している貧困問題についての文を引用しておこう。「貧困問題にみられた変化は、日本について言えば、貧困を解決・解消するための生産力的条件が大きく前進し整えられてきたが、これを生かしきる社会的な体制や力がなお未成熟である」と。(8)

▼社会病理研究

前の節における階級という見方と階層という見方の違いにも似て、問題性が認められる現象については、社会問題という見方と社会病理という見方がある。相対的に早期にまとまって展開されている中本博通編『社会病理と社会問題』（亜紀書房　一九七四年）について考えてみることから始めよう。編者の中本は「両者の相違点の明確化と統一的理解を提示することを本書は試みた」と〈はしがき〉で述べている。その意図を念頭においてこの書について考えてみよう。この本は、序章　社会病理と社会問題との関係、Ⅰ　社会病理、社会問題と社会体制、Ⅱ　社会病理と社会問題、Ⅲ　社会病理研究の諸分野、Ⅳ　社会問題各論、Ⅴ　社会病理、社会問題への対応策という構成になっている。それぞれの章の具体的内容には触れないが、「病理」を「問題」としてもほとんど問題がないようであり、その逆もかなり可能なように思われる。したがって、最初に提起されている「統一的理解」が見えてこなく、そのような理論問題を残したままで終わっている。

もう一つの例として仲村祥一編『社会病理学を学ぶ人のために』（世界思想社　一九八六年）にも簡単に触れておこう。いわゆる入門書ではあるが、Ⅰ　社会病理学とは何か、Ⅱ　現代社会の諸問題という二部構成になっている。〈第二章　社会病理学の過去と現在〉を除いては、それぞれの章での論考は「社会問題」（あるいは問題）という表現と見方が多く、これまた「病理」、「問題」のどちらを使ってもほとんど問題がないようにも思われる。

これまでも取り上げている『リーディングス　日本の社会学』では、『11　社会問題』と『13　社会病理』の二冊に分けられている。前者の「概説」では日本の社会問題研究の歴史的概観が示されたあとに、理論、各論に相当する論考が収録されている。後者の「概説」ではどちらかと言えば社会病理研究の仕方が論じられており、性格は基本的には右で触れた二つの例と大同小異と言ってもよいであろう。

一九八五年に日本社会病理学会が設立され、学会の機関誌として『現代の社会病理』（垣内出版）を一九八六年から毎年継続して公刊しており（他の学会機関誌と異なって編著というかたち）、そこに社会病理（学）についての性格がある程度は示されている。そのすべてに目を通してはいないが、ここでも右の例とほぼ同じような性格が認められる。『現代の社会病理 I』は創刊号に相応しく「社会病理学」の必要性とその方向などについてほぼ全面的に論じられている。とりわけ注目する必要があるのは、社会学から出てきた「社会病理学」が、「青は藍より出でて藍よりも青し」の如く、既存の社会学理論の限界を明らかにして社会学以上の方向を目指すという主張である。ここではそのような壮大なヴィジョンから出発したという指摘にとどめ、以後の展開については専門家に委ねざるを得ないが、私の乏しい知見では、いわゆる逸脱論に若干の展開が認められる程度ではないだろうか。

そこで逸脱論について、宝月誠の論考に簡単に触れておこう。宝月誠『逸脱論の研究』（恒星社厚生閣 一九九〇年）は一応は社会病理論的論考となるが、逸脱という発想に着目して、主にレイベリング論について批判的に論考されている。しかし、残念ながら宝月の既発表論文を整理した構成になっており、考える必要のある素材は豊富に盛り込まれているが、彼自身の見解と方向はかならずしも明瞭でないきらいがある。

ある意味では階級・階層論にも似て、社会問題（論）と社会病理（学）のテーマ研究としては現実分析が相対的に多数を占めており、きちんとした研究にはそれぞれ一定の意義が認められる。したがって、両者のいずれを採用するかをめぐっては、これまた現実認識と社会的諸問題への対応が問われると言えるであろう。

▼課題をめぐって

社会問題論については、真田是がその性格と基本的な見方をきわめて明瞭に述べているが、社会病理論については、真田が『社会問題の変容』でいみじくも指摘しているように、彼の「行為としての社会問題」に相当すると言えないこともない。しかし、社会病理研究においては、社会への射程の必要性あるいはその方向を求めるという見解が次第に多くなってきているようであり、「行為としての社会問題」に相当するとは単純には言えないと思われる。そこで私の狭い知見のかぎりではあるが、論点的な課題を提起しようと思う。

課題の措定については、私の持論である現実的課題、理論的課題、そして新しくは実践的課題の三点から簡単に提起しよう。現実的課題については多くを言う必要はないであろう。社会問題であろうと社会病理現象であろうと、それぞれの研究においては具体的な社会的諸問題についての現実が豊富に論考されている。したがって、現実的課題としては大きくは二つ指摘しておこう。一つは、問題現象の分析・説明にとどまらず、ミクロレベルからマクロレベルまで（私が位層と表現）それぞれにおいてそのあり方が問われるという課題である。私の社会学的思惟によって具体的に言えば、各位層つまり生活関係、集団・組織、社会機構、全体社会それぞれのあり方が問われることを意味する。具体的には、家族関係・地域関係、学校現場（運営の実質）のあり方、それらを条件づける制度・政策、それらへの影響が大きいと考えられるマスメディアなどのあり方を挙げることができる。もう一つは、当たり前のことかもしれないが、歴史的変化をきちんとフォローして、具体的な現象としての社会問題・社会病理の現局面を性格づけることから導き出される課題である。一般的にしか言えないが、対症療法の必要性やより範囲の広い対応の必要性などを解明することが現実的課題として浮かび上がってくるであろう。

理論的課題についてもそれほど多く言う必要はないと思う。理論的課題は言うまでもなく現実的課題の解明、そして社会問題・病理では特にその対応が導き出されるような理論や視角が要請される。右では私自身の理論的思惟によって、各位層のあり方を問う必要があると指摘したが、「行為としての社会問題」（病理）からはじまって、社会への射程をも方向づけるとするならば、それらを関連づける理論が要請される。付け加えるならば、既存の社会学理論の活用による理論的豊かさを追究するのか、あるいは新たな理論構築を目指すのかといった課題にほかならない。

社会問題・病理というテーマ研究にとってとりわけ大事なのは、実践的課題にどのような対応するかということである。行為としての社会問題あるいは個人レベルで現れる病理現象は近年ますます広範化・深刻化している。と同時に「状態としての社会問題」も依然として存続している。社会問題にしろ社会病理にしろ、その問題性・変容と対応については指摘され続けている。にもかかわらず解決・解消にはあまり進んでいないことはおおかたの認めるところであろう。とするならばそのための実践的課題は以前にも増して重要になってきている。したがって、私見では問題・病理、政策、運動を統合的に捉える新たな思惟が必要であると考えているが、これをめぐってはこの章の終わりで触れる。

三、必要なテーマ研究について

▼テーマ研究における「分化」と「統合」

前章の家族社会学についての論考で若干は触れているが、領域社会学でもそれぞれの領域で専門分化が進んでいる動向の下で、専門分化が順調に発展するには分化のままでは好ましくないというのが私の考え方である。この章で取り上げた二つのテーマには、実は〈分化〉と〈統合〉について考えるにあたっては重要な位置を占めているという私の意図が込められており、簡単に触れておこうと思う。階級・階層論は移動と意識も含めて多様に論考されている。かならずしも詳しくは触れなかったが、階級・階層については現在の歴史的位相を考えるならば、現実認識としての〈分化〉の研究がより望ましいのではないかと思われる。例えば、前の章での労働社会学については、巨大企業と下請け企業の関連という問題提起をしたが、現代日本の産業・労働界はいわゆる「二重構造」では済まされない多様化・複雑化が進んでいると考えられる。先には「隙間産業」の存在の指摘だけをしたが、さらには派遺会社の叢生、経済のグローバル化にともなう企業の海外進出と外国人労働者の増加など、専門分化として解明を迫られている労働者階級内部の階層の変化と現実を明確にしていく必要がある。

他方、社会問題・病理については、〈分化から統合へ〉という時期にさしかかっているのではないかと思われる。現象としての社会問題・病理の実態については多様な論考がかなり蓄積されている。先の項で若干は示唆したが、全体としての捉え方と対応についてはかならずしも一定の見通し（複数の見解が並存・競合していてもよい）がはっきりしているとは思えない。したがって、この分野における専門分化している蓄積をいかに統合するかによって、問題性の解決に少しでも前進することが大事になっている。

二つの例は、それぞれの研究の現局面にたいする私の見方から、分化をさらに推し進めて深めるか、あるいは統合の方向を推し進めるかというテーマ研究のあり方の典型例としても性格づけられる。次の項では、現在、重要と考えられるテーマについて簡単に触れて今後の研究の発展の方向をやや一般的に提起するが、そこでもまた、研究の歴史的展開と社会的変化との関連において、分化としての研究をさらに豊かにしていくか、統合の方向に進むかが問われ続けるであろう。

▼重要なテーマと発展を求めて

テーマ研究の具体展開については、階級・階層論、社会問題・病理論の二つを簡単に取り上げたにすぎないが、重要と考えられるテーマ研究はこれに尽きるわけではなく、さらに多数挙げることができる。その場合、一般的に「重要なテーマ」についてどのように考えて措定するかがきわめて大事である。この章の〈イントロダクション〉でこれまでの〈講座企画〉と概説書からピックアップしたテーマはそれぞれ一定の意義があるが、テーマ研究を具体的に示すという意味合いが強かった。現時点では、基本的には二つの着眼点によることが望ましい、と私は考えている。一つは、社会のグローバル的変化と専門分化の進展にともなう重要なテーマに着眼することである。これについては研究の歴史が浅いので、日本の社会学史としての蓄積はあまりないが、社会学の概論書には一九九〇年代から少しずつ取り上げられるようになってきている。表現の仕方はいくつかあるが、具体的テーマとしては〈情報化〉、〈国際化〉、〈NPO〉などを挙げることができる。〈情報化〉については大きくは文化領域に属するが、それを踏まえながらも相対的独自性をもって研究の発展を目指すことが望まれる。〈国際化〉については言葉だけが進行しているきらいがあるが、諸外国そのものの多様な研究と日本社会との関連が問われることになるでだろう。そして〈NPO〉という新しいテーマについては、実態としては多様に論じられているが、とりわけ社会問題論や運動論との関連でどのような方向へ進むのかはかならずしも定かではないので、分化と統合の並行した追求が必要になっているのではないだろうか。

もう一つは、領域社会学（および若干のテーマ研究）を横断していると考えられるテーマへの着眼である。この章で具体的に取り上げた二つのテーマ研究はこれに該当するが、重要テーマと考えられるものについて若干言及しておこう。〈現代日本社会論〉は様々な社会分野の現実認識（とりわけ調査研究）の分化からの統合そのものであろう。私自身は社会学研究における主要な柱の一つとしてずばり『現代日本社会論』を公表しているが、それぞれの社会学研究者が自らの現実認識の研究の蓄積にもとづく多様なチャレンジが望まれる。その場合大事なことは、未来を射程にいれた日本社会の現局面あるいは歴史的位相を鮮明に打ち出すことであろう。横断的なテーマ研究としては、〈疎外論〉や〈集団・組織論〉を挙げておこう。前者についての論考は最近は少なくなっているが、労働現場だけにとどまらない疎外状況や関連する疎外感にはもっと注目してよいであろう。後者についての論考には一般論としての論考と具体的な現実態としての集団・組織の論考の蓄積があり、研究のさらなる発展が望まれる。[9]

テーマ研究は領域社会学と並んで日本の社会的現実認識とりわけ変化を捉えるにはきわめて重要な位置を占めて

いる。と同時に社会学理論の発展にとっても不可欠な存在であると言えよう。これまでも時々は指摘したが、理論は現実認識との往復によって発展する性格が強い。そのことを前提として考えるならば、テーマ研究にとって望ましいのは、これまでも若干述べている三つの課題をそれぞれのテーマ研究に応じて追究することである。

現実認識についての課題についてはすでに若干は触れているが、なんらかのテーマにとって〈分化〉と〈統合〉の二つの方向が考えられる。その場合大事なことは、社会的現実との関連でそのテーマがどちらの方向がベターであるかという研究の現段階を自覚すること、そして〈分化〉に関しては〈統合〉にとってどのような不充分性があるかを常に考慮することである（先の労働社会学についての指摘を想起）。

理論的課題については、〈分化〉と〈統合〉のいずれの方向へ進む場合でも、前章の領域社会学に述べたこと（一三三頁）での安田三郎見解が、テーマ研究においてもまた重視される必要がある。これに加えて大事なことは、社会学理論および領域社会学との関連で、それぞれのテーマ研究の位置づけを明確にしていくことである。

最後に、実践的課題について新たな思惟による方向（＝課題）を述べてこの章を終えようと思う。この章で取り上げた階級・階層論と社会問題・社会病理というテーマ（むろんそれだけではないが）とりわけ後者は、実践的課題を鋭く提起する性格を有している。すなわち、いわゆる問題告発や原因論にとどまる段階はもはや過ぎ去っており、どのようなかたちであれ、実践的な対応が求められているのが時代の要請である。やや詳しくは本書の最後に再び述べるが、社会問題・社会病理への対応には、ミクロレベルの対症療法からマクロレベルの政策にいたるまで、多様な対応を想定することができる。ここで新たな思惟・発想とは、〈政策〉を国家および地方自治体レベルにとどまらず、運動論とも結び付いた新たな〈政策論〉を構築するという方向を意味する。社会的諸問題への対応をめぐってはいろいろな実行が大事であることを考えると、主体的条件を重視する発想によることが、社会的現実の問題性への対応（＝問題、政策、運動の統合）として実践的課題に応え得る方向ではないかと思う。

【注】

(1) 代表的な概説書と思われるものを若干挙げておこう一九六〇年代では、松原治郎他編『現代日本の社会学』(時潮社　一九六七年)、綿貫穣治・松原治郎編『社会学研究入門』(東京大学出版会　一九六八年)、日本社会学会編『教養講座　社会学』(有斐閣　一九六七年)、一九七〇年代では、居安正・間場寿一編『現代社会学―資料と解説―』(アカデミア出版会　一九七八年)、杉之原寿一・真田是編『社会学と現代社会』(文理閣　一九七八年)、一九八〇年代では、横飛信昭編『現代社会学の視点』(法律文化社　一九八六年)、倉橋重史・丸山哲央編『社会学の視点―行為から構造へ』(ミネルヴァ書房　一九八七年)など多数あるが、トピック的な論題はほとんどない。

(2) 一九九〇年代に入ってからは、日本の社会的現実の変化にも照応して、トピック的テーマが多くなっている。玉水俊哲・矢澤修次郎編著『社会学のよろこび』(八千代出版)はその特徴を示す典型的な例である。ジェンダー、マニュアル化、異文化などきわめて現在的なテーマが盛り込まれており、その行方が注目される。二十一世紀に入ってからの概説書は学生を意識したものが多くなっており、「学び方」にも言及されている。例として、大梶俊夫・杉山由紀男・船津衛・山崎純一編著『現代の社会学　21世紀へ』(北樹出版　二〇〇四年、坪井健編著『新しい社会学を学ぶ』(学文社　二〇一〇年)を挙げておく。

(3) V・I・レーニン「偉大なる創意」『レーニン全集　第二九巻』(マルクス＝レーニン主義研究所　レーニン全集刊行委員会訳　大月書店　一九五八年)四二五頁。

(4) 相対的に新しい階級論として、ジョン・スコット／渡辺雅男『階級論の現在　イギリスと日本』(青木書店　一九九八年)、スティーヴン・エンジェル『階級とは何か』(橋本健二訳　青木書店　二〇〇二年)を挙げておこう。論点など参考になる論述である。なお、「階層論」とも関連するので、かならずしも多くは使われていない「社会成層」という表現(あるいは見方)について若干付け加えておこう。この方向を提示しているものとしては、山本登『社会階級と社会成層』明石書店　一九八四年)があるが、階層と異なるのか、あるいは単に訳語の問題なのかは、かならずしもはっきりしていない。

(5) 大橋隆憲『日本の階級構成』(岩波新書　一九七一年)八頁。

(6) 橋本健二はその後、『「格差」の戦後史　階級社会　日本の履歴書』(河出書房新社　二〇〇九年)で、書名にあるように戦後日本の階級社会の推移について具体的に論考している。橋本によれば、政策論の必要性を認めつつも政策論にたいして禁欲したとされている。前の著書では彼なりの未来の展望に言及されているので、階級を軸とする現実認識と未来の展望を射程に入れた政策論を期待したい。

（7）中国における階層・階級をめぐる諸論考は、階級・階層論における理論問題を具体的に示していると考えられる。やや具体的に言えば、階層を階級の上位概念とする立場、逆に階級を階層の上位概念とする立場、そして両者の違いを考えない立場があるのが中国社会学の現状であるが、これに加えて指標をどのように措定するかという問題は中国にかぎらず、一般的な理論問題と言えよう。なお中国の階級・階層論については、飯田哲也・坪井健編『現代中国の生活変動』（時潮社　二〇〇七年）一五―一八頁を参照。

（8）真田是『社会問題の変容』一一五頁。すでに〈第一部〉で指摘したように、一九八〇年以降の真田は、研究の重点を社会福祉分野へと以降させている。しかし、そこには彼の社会学的思惟、社会問題にたいする考え方が継続して認められる。したがって、やや蛇足的（この章の範囲を越えているという意味）になるが、真田の社会問題論、社会福祉論、そしてベースにある社会学的思惟をどのように継承するかが大事であろう。

（9）疎外論についての論考が最近は少なくなっているが、欧米の理論の活用および問題提起という性格で私見を公表している。飯田哲也・早川洋行編著『現代社会学のすすめ』（学文社　二〇〇六年）「第一章　マルクスと人間疎外―生活分野への疎外の拡大―」参照。集団・組織論については、多くの概論書には盛り込まれているが、まとまった論考は最近ではきわめて乏しく、統合の方向が求められる。

第六章

日本社会学の発展のために

イントロダクション

日本の社会学が欧米の諸説の輸入からはじまったことはほぼ周知のことであり、社会学理論の研究にはその後の展開においてもそのような性格が濃いことは、あらためて言うまでもないであろう。それが顕著に現れていることについては、〈第一部〉における展開によってもおおよそ肯けるのではないかと思う。私自身の社会学理論の構築においてもそうであることは、〈中間論考〉で示されているはずである。つまり、欧米諸国からの受容についてはこれまでの論述でかなり示されているということである。これまでの展開ではどちらかと言えばプラスに活用することを軸として論考したが、この章ではもう少しトータルに考えてみることから始めようと思う。言うまでもないが、日本社会学は欧米の諸見解の「受容」と社会的現実の変化に応じて進展してきたと考えられるからである。「受容」という表現にしたが、私見では受容の仕方にはいろいろあると考える。もっとも広く考えるならば、外国の見解の単なる紹介も「受容」の一種と言えるであろう。しかし、紹介がかならずしも無意味だとはかぎらないが、レベルの高い紹介であっても、そこにとどまってよいのかという疑問が残る。具体的には後で若干触れるが、理論研究と言えば外国の学説「研究」であるという時期がかなり長い間続いているだけでなく、現在でも理論「研究」にはそのような性格がまだまだ多いようである。

受容が理論「研究」と密接に結び付いていることは、日本における「社会学史」と題する本からもこれまた容易にうなずけるであろう。これまでの社会学史的論考の多くは、欧米の社会学の史的展開についての論考であるか、あるいは重要と考えられる（あるいは論者の関心を惹く）個別の理論についての論考だったように思われる。私はそのような研究の意義をいささかも否定するものではないが、日本社会学の発展にとっては〈受容という観点〉からの検討が必要ではないかと考える(1)。

この最後の章は言うまでもなく日本社会学の発展的展望に結び付く論考という性格が必要であり、そうでないならば何のための社会学史かということになるであろう。本書の構想段階では、「受容」についての論考を一つの章にする予定であったが、そのような論考だけには問題点があると考えるようになった。「受容」の史的展開についてフォローするならば、おそらく本書の〈第一部〉よりも膨大な量になることを考慮したが、より大事なことは、「受容」の史的展開を具体的にフォローすることではなく、「受容」と日本の社会学との関連において、その特徴と活用について考えることである。その意味では単にいわゆる社会学理論だけの問題にとどまらず、私の言う領域社会学およびテーマ研究にも密接にかかわってくることは明らかであろう。

この章は、「受容」問題を考えることからはじめて、これまでの論考では示唆ないしは簡単な指摘にとどまっている思惟をやや具体的に展開することによって、本書の論考全体としての一つの結論的な方向を導きだす性格のものである。それは、日本社会学の発展的方向を探るという性格ではあるが、私自身の立場による方向だけでなく、複数の立場の競合的発展の展望となるであろう。

一、「受容」の概観

一九六〇年頃まで

欧米諸国の社会学の受容は日本の社会学の発端からはじまる。このことは相対的に早期の社会学史の文献および〈第一部〉の論考でもおおよそなづけるところであろう。したがってこの節では、〈第一部〉と若干重複することになろう。欧米の社会学の導入は明治期に遡るが、現代日本の社会学を考えるに当たってはそこまで遡る必要はないであろう。よく知られている社会有機体説として性格づけられる初期綜合社会学から、いわゆる「第二世代」と言われるドイツの社会学の導入から日本における本格的な「受容」がはじまったと言える。そのような展開については、『講座社会学　第九巻　社会学の歴史と方法』（東京大学出版会　一九五八年）の〈第一章　第一節　社会学の発展〉にほぼ整理して示されている。その展開の大筋は社会学（史）ではほとんど周知のことであり、また屋上屋を架する必要はないと思われるので、ここでは簡単になぞるにとどめる。

「資本主義社会の科学的自覚」から始まった社会学は、若干の前史的過程を経て社会有機体説という性格を持つ初期綜合社会学から「本格的」にスタートすることはよく知られているところであろう。その後、若干の「心理学的」性格を経ていわゆる「形式社会学」の主張が現れることもまたよく知られていることである。この形式社会学の「現実遊離」的性格の批判として、新たな「綜合化」として「文化社会学」が出現する。第二次世界大戦以前までの社会学の展開は大雑把にはそのように受け止められていたと一応は言えそうであるが、それほど単純ではないことは言うまでもない。

初期綜合社会学の批判的検討から生まれたのが「社会学の第二世代」とも言われている人たちであり、いわゆる形式社会学として一括できない性格の流れであろう。主としてドイツ社会学の展開として語られることが多いが、F・テンニース、G・ジンメル、M・ヴェーバーなどの理論的主張を考えるならば、違いは明らかであろう。当時活躍したA・F・フィアカントやL・von・ヴィーゼなどもまた独自の見解を表明している。その後、新たな性格の（綜合的）社会学として、K・マンハイム、A・ヴェーバー、さらにはH・フライヤーなどが現れることもほぼ周知のことであろう。簡単に指摘したように、とりわけ戦前まではドイツ社会学の導入が相対的に多数を占めていたということであり、日本の社会学でも主としてそれらに依拠した論議がなされていたが、フランス社会学、その他もまた導入されていた(2)。

一九四五年の敗戦後、アメリカ軍の占領下ではいわゆるアメリカ文化が堰を切ったように日本社会に流入するが、社会学においてもまたアメリカ社会学の導入がドイツ社会学に取って代わった感があったことは否めないであろう。一九三〇年代から一九五〇年代にかけては、現在もしばしば言及されるアメリカ社会学の労作が多数公表されている。人名だけを若干挙げるならば、G・H・メーヨー、F・ズナニエツキー、G・H・ミード、E・フロム、H・マルクーゼ、R・K・マートン、G・C・ホマンズ、D・リースマン、T・パーソンズ、P・M・ブラウ、C・W・ミルズ、D・ベルなど。しかし、これらがすべて直ちに「受容」されたわけではなく、日本語訳の出版とも照応して「受容」が本格化するのは次の時期に入ってからである。そして、アメリカにおける社会調査の隆盛に照応して領域社会学でもその紹介・導入が始まるのである。

私のやや独断的な見解であることを承知で言えば、この時期に旧帝国大学を軸に日本の社会学の「アカディミズム」の形成が進み始めると見なすことができると思う。そのようなことをあえてここで言及するのは、「受容」が密接にかかわっていると考えるからである。「受容」の仕方についての私見を加えると、欧米の諸見解においても玉石混淆が認められるとともに、すべての見解が日本における社会学の発展に資するとは限らないことは当然であろう。したがって、数多くの文献に当たることは当人の自由であるが、自らの研究に資する見解を選択することが望ましい、つまり本書で一貫して主張している継承に値するかどうかという問題であると思う。戦前の受容にはおおむねそのようなスタンスが認められることは、〈第一部〉ですでに触れている。(3)

▼六〇年代、七〇年代

この時期は、日本社会の現実にほぼ照応したかたちでの「受容」であるとともに、日本の社会学におけるこの時期の潮流にほぼ照応しており、〈第一部〉での論考がそのことを示しているはずである。若干重複するが簡単に述べておこう。

戦前ともっとも大きく異なるのはマルクス主義系の「受容」が嵐のように進んだことであり、それがいくつかの見解の違いとして進展することになる。社会学にかぎらず、思想界でも人文・社会科学界でもマルクス主義を含む「社会主義的」諸見解が、あたかもそれのみが「科学的」立場であるという論調も多数認められたことは否めない事実であろう。加えて、この潮流における「受容」にはいわゆる「スターリン批判」以前のソ連の人文・社会科学の影響がきわめて強かった。さらに時期が下ると東欧の社会学（東ドイツ、チェコ、ポーランドなど）の紹介・検討も加わるのである。すでに〈第一部〉でも若干触れているが、明確に「マルクス主義社会学」を目指す少数の立場を除いては、「社会学」にたいする思想的・イデオロギー的対立による批判が多く認められ、社会学との「不幸な関係」が続くことになる。したがって、「社会学におけるマルクス主義」は理論的にはどのような方向に進むかが問われていたと言えよう。

しかし他方では、高度経済成長にともなう日本社会の変化に照応して、近代主義系の「受容」もまた進展することになった。それまでの主要な「受容」であったドイツ社会学からアメリカ社会学へと「移行」する観があった。

支配的な「受容」としては、理論面ではパーソンズに代表される構造＝機能分析だと言ってもよいであろう。思惟方法としてはいわゆる「近代化」を軸とするものであり、パーソンズが影響を受けたと考えられるヨーロッパの諸見解（とりわけM・ヴェーバー、E・デュルケーム、V・パレートなど）にも目配りがされている。そして、研究手法としてはアメリカにおける社会調査研究の隆盛を反映して、実証と「客観性」が結び付くという性格の「受容」がかなり多く認められるようになった。

しかし、ドイツ社会学やフランス社会学などの「受容」が消えたわけではなく、存続する「受容」と新たな「受容」が混在しながら進展したと言ってよいであろう。かならずしも多くはなく散発的ではあり、一つの潮流になるという性格の「受容」ではなかった。そして〈注1〉でもわかるように、社会学史としてまとまった文献は相対的に少なく、新たな性格の「受容」は次の時期に再び盛んになると言えそうである。その意味では、功罪いずれにせよ、この時期の「受容」における二つの潮流についてきちんと総括する課題が投げかけられることになる。したがって、次の時期の新たな「受容」については、そのような課題との関連で考える必要があるであろう[4]。

▼八〇年代、九〇年代

この時期には世界情況（日本社会の情況も）の新たな変化に照応するかのように、欧米諸国に新たな見解が当然現れるのであるが、新たな「受容」の性格も若干の変化を見せることになる。六〇年代から七〇年代にかけては、マルクス主義系の潮流と近代主義系の潮流が「受容」においても支配的であったが、そして両者がともあれ存続している中で、そのいずれとも言い難い新たな「受容」が進むことになる。なんらかの潮流を形成するとは言えないので、ここでは個人名によって簡単に触れようと思う。周知のことかもしれないが、相対的に多く論じられている見解としては、A・シュッツ、E・ゴフマン、N・ルーマン、J・ハーバーマス、P・ブルデュー、A・ギデンズなどである。

私自身も拙著『社会学の理論的挑戦』で社会学史としてではなく「社会学論」として若干言及しているが、私自身の理論構築にとっての活用可能性に着目する論考である（だからこそ社会学史的論考ではない）。そのような観点から考えるならば、この時期における新たな「受容」についての評価は時期尚早なのかもしれないが、今後の発展を期待していくつかの点に簡単に触れておこうと思う。

この時期だけでなくその前後の時期を含めて、一応は「受容」に含まれると思われるが、欧米の諸見解の膨大な再検討あるいは「新検討」がなされている。次の節の素材として簡単に指摘しておこう。すでに度々言及している『リーディングス 日本の社会学2 社会学思想』では、文献として九〇頁以上が割かれている。取り上げられている欧米の社会学論考としては、パーソンズ、マルクス、ヴェーバー、デュルケーム、ジンメルといった「古典的見解」に加えて、ルーマン、ハーバーマス、ミード、シュッツ、ギデンズ、ブルデューである。つまり、この本の編集者の立場が若干あるとはいえ、これらが現代日本において重視されている外国の諸見解ということを意味する。「異議申し立て」の中では、この時期にはシュッツへの着目とミードの再評価（掘り起こし）という特徴が出てきている段階と言えそうである。

次に、〈第一部　第三章〉で取り上げたものを省いて若干追加するということになるが（二十一世紀にもかすかに踏み込む）、ある程度まとまりないしはトータル性があるものに絞り込む。すでに〈第一部〉で触れているように、この時期には理論問題として「異議申し立て」が次々に現れて現在まで継続しているが、日本社会の変化もさることながら受容と密接に結びついている。シュッツに発する現象学的社会学についてはすでに言及したが、その他の「異議申し立て」については新たな（有益な）展開の可能性を宿しているのであろうか。この時期の新たな動向を考えるには、次の項で簡単に触れる哲学の流れを念頭においた方がよいのではないかと思う。私見では、哲学（あるいは思想も）には社会の変化を先取りしている見解が多いのにたいして、社会学では社会の変化を後追いしている場合が多いように思われる。したがって、哲学、社会の変化、社会学の出現がそれぞれ時期的にはズレているのではないかと思われる。「異議申し立て」と関連しているヴィトゲンシュタイン、ラカン、フーコー、デリダなどはほぼ二十世紀中葉に活躍したことを想起すればうなずけるのではないだろうか。上で示した諸見解は、その解釈がかならずしも同じではないにしても、受容にとって意義があることはおおよそ確定しており、今後も発展的活用が望まれるが、それ以外については十年から二十年はその行方を見守ることであろう。

二、「受容」の性格と特徴

▼多様性と高水準

「受容」の性格としてまず指摘できるのは多様性ということである。前節で概観したような流れであると一応は言えるが、その場合留意する必要があるのは、そのように変化したのではないということである。若干指摘するならば、次々に「受容」された諸見解が数を増して並存していることである。例えば、先に指摘した「第二世代」に当たるジンメル、ヴェーバー、デュルケームは現在でも一定利用されているとともに、「ヴェーバー研究」が継続してなされていることや、一種の「ジンメル・ルネッサンス」を目指す試みなどにそのことが典型的に示されていると言えるであろう。独自の社会学史研究あるいは学説研究としては、そのような研究を私は否定するものではない。

しかし、そのような多様性は近代における研究とはいささか様相を異にしている。例えば〈第一部〉で簡単に触れているように、なんらかの見解を受容しても、異なる見解との対比あるいは目配りがなされていた。しかし、新たな多様性のすべてではないが、採用した見解と異なる見解とはいかなる関連があるのか不明の場合が多く、したがって、社会学史上にどのように位置づけているのか（受容、継承にとっては不可欠）がかならずしも定かでない多様性が多く認められる。

やや社会学とずれているように思われるかもしれないが、哲学史の流れと類似していると言えるかもしれない。社会学（他の社会諸科学も）は哲学から分岐して独立科学になったが、それでも哲学の臍の緒を残していると思われる。だから、有力な社会学の理論的見解には何らかの哲学的思惟（存在論か認識論か両方か）が背後にあることがほぼ認められる。哲学史の流れでは当初（主にギリシャ哲学）では世界とは何かが主題であったが、ベーコン、デカルトにはじまる近代哲学では〈主観―客観〉問題という存在と認識が主題となる。やがて実存主義の見解を契機として人間存在が主役を演じるようになり、人間、意識、言語など多様な見解が乱れ咲いて現在にいたっている。社会学におけるいわゆる「客観性」問題は哲学における認識問題と照応し、哲学の多様な見解に照応するかのように多様な時期にきているが（意味論、ゲーム理論などを想起）、哲学と異なるのは関係にかかわらせていることであろう。その意味で社会学の理論研究の行方が問われている。(5)

次に指摘できるのは、高水準ということである。多様性についてやや皮肉っぽく言えば、玉石混淆の状況として進展してきているが、石の方は（あまりにも多いので）無視することにして、玉の方に注目する必要がある。日本社会学の行方にとって重要な意味をもつと考えられるからであるが、行方とのかかわりでいくつかに触れるにすぎない。

鈴木広・秋元律郎編著『社会学群像〈外国編①〉』（アカデミア出版　一九八五年）はコントから始まってミルズまでの十七人の群像が取り上げられている。社会学と市民社会、世紀末の転換、旧世界から新世界へ、現代への視点、という四部構成として展開されていることにこの本の論考の性格が示されている。すなわち、私がしばしば述べているように、全体としては「当該社会の科学的自覚」したがって当該社会と切れたところで論じられているのではないということであり、多様性の下でもこのことが求められるであろう。北川隆吉・宮島喬編『20世紀社会学理論の検証』(有信堂　一九九六年)は書名にあるように、代表的なものの一つである。この本の性格あるいは狙いについては、編者の言として〈はしがき〉で示されている文を若干ピックアップすればよいであろう。代表的著作としたようにある意味では一般性を備えた性格と言えよう。思想性と論理整合性は当然として、「現実の、具体的事象の分析にとってどれほどの有効性があるか」「従来の理論、先行研究を十分にふまえ、それにどれほど新しいものをつけ加え、新しい現実に対応できる新しさ＝有効性をもっているか」「現実的な政策、……現実の問題解決にとって有益・有効なノウ・ハウを生みだしえているか」というのが「検証」にあたっての基本である。

堀田泉編『「近代」と社会の理論』(有信堂　一九九六年)は、〈第一部「近代」総体への認識に向かって〉、〈第二部「近代」の自己展開をめぐって〉、〈第三部「近代」以降を射程に収めて〉という構成で、ヴェーバーからポストモダンまでの長期にわたる諸理論について論考されている。これまた諸理論の単なる説明・解説ではなく、「近代」を軸とする視角からそれぞれの諸理論に迫るというものとして性格づけられる。最近の「受容」を考えるにあたっては、これらの思惟抜きには考えないことが求められる(6)。

▼最近の受容をめぐって

本書の措定した範囲を(年代)を越えており、また二十一世紀に入ってからの「受容」の性格について見定めるには時期尚早であるが、日本社会学の今後の展望を考えるにあたって念頭に置いた方がよいというかぎりにおいて、簡単に触れておこう。その場合、留意する必要があるのは、次節の日本社会学の可能性(あるいは展望)と不可分に結び付くのだが、活用と発展ということを念頭に置くことである。

すでに前の項で言及したように、「多様性」と「高水準」をどのように生かすかが問われていると言えよう。「多様性」については、私見では先に触れた哲学の流れとは異なる受容の仕方を探る必要があると考える。哲学者からは異論が出るであろうが、存在論と認識論を軸とする近代的思惟への異議申し立てが、キルケゴール以降の乱立する新たな思惟であるが、社会学における異議申し立ては哲学とは性格を異にする。先の三冊の本を例として取り上げたこと自体に、当該社会との関連および継承を重視するという私見の表明にほかならず、これからの多様性の対応の方向を示すものである。

諸外国の有力と受け止められる理論的見解の受容に限定して、まとめて置こう。三題噺的表現ではあるが、いかに受容し、いかに活用し、いかに発展させるか、という三つの道筋が導き出されると考える。一つには、受容そのものをより豊かにするという道筋である。すなわち、〈第一部〉で言及したマルクス研究、ヴェーバー研究、パーソンズ研究そして前項で触れた高水準の例などに認められるように、個別理論の研究を豊かにすることによって活用にとって意義のある道筋を示すことになるであろう。その場合大事なことは、些末調査主義などにあるような重箱の底をつつくよう単純な「新発見」や「新解釈」であることではなく、具体的に言及しないにしても、トータルな受容だということである。二つには、諸外国の諸見解をいかに活用するかという道筋である。これまでも若干は述べているが、有力と考えられる個別理論の「受容」にとどまらないことが求められる。どのような見解であろうとも、それを自らの理論構築のベースとして位置づけるのか、思惟方法・着眼点・視角・課題などとして受容するのか、を意識して発展的に活用するという道筋である。そして三つには、日本社会の現実の変化との関連で新たな発展を追求するという道筋である。当たり前のことであるが、諸外国の有力な理論的見解はそれぞれの国の社会的現実が背後にある、あるいはそれぞれの時代・社会の現実的問題性が意識されている。したがって、その活用的適用としての日本社会の認識においてはそのままの活用というわけにいはいかない。とりわけ家族や地域といった領域社会学においてはそうである。まとめて言えば、諸外国の諸見解の単なる紹介・解説（解読）にとどまってよいのかということにほかならない。そのような意味で日本の社会学における「受容」は新たな段階にさしかかっていると考えられる。「多様性」はそのような意味で新たな方向の芽を宿す性格として、より詳細かつ緻密な検討が必要であろう。(7)

三、日本社会と日本社会学の可能性

▼岐路に立つ日本社会と社会学

これまでも一貫して述べているように、社会学が当該社会の科学的自覚であるならば、最終的には、二十一世紀に入ってからの日本社会の現局面と社会学の性格が問われることになると考えられる。世界的な情勢の変化とのかかわりで、日本社会の現局面は経済・政治の動向も含めて複雑な様相を示しているかに見える。なにしろ短期的には早急に対応する必要がある現実的課題が山積しており、長期的には日本社会のあり方の行方が問われている。政治面では賛否いずれにしろ当面の方向だけはある程度打ち出されている。流行語にもなった「想定外」は地震・津波・大雨といった自然災害や原発問題だけではないように思われる。そして、社会・生活分野においても当事者にとっては「想定外」の出来事が頻発している。つまり、自然と社会両面で「想定外」をも想定した根本的な対応が必要な時期にあることを意味する。

社会学は日本社会のそのような問題性あるいは現実的課題とは決して無縁ではない。そしてやや長期的に考えるならば、対応を迫られている生活・社会分野は相互に関連していることは明らかであろう。抽象的に言えば多面的かつ総合的な思惟とアプローチが求められていることにほかならない。「異議申し立て」の出現に一定の意義があるだろうが、社会をトータルに捉えるといった社会学の性格が存続する下で、近代主義もマルクス主義も反省ないしは再検討が迫られているこんにち、「異議申し立て」の諸見解（問題提起）をも念頭においた自らの再検討ということが必要である。私見では、すでに述べた〈マクロ―ミッドル―ミクロ〉リンクの具体化が問われていると考える。これまでの論考とかなり重複することを承知で、これまでの展開で不充分だった課題や総括を補いつつ、右の問いに応えるにあたっての要点を整理したいと思う。

社会学理論においては、先にすでに指摘している。とりわけマルクス主義で不充分だったミクロとミッドルに理論的な再検討が求められるであろう。領域社会学とテーマ研究においては、個別領域や個別テーマについて、すでに言及した労働社会学におけるような研究史の整序と課題の具体的提起と方向提示が求められている。日本社会の現局面との関連で、社会学は研究史の整序を含めて全面的な再検討が必要な段階にさしかかっているのではないだろうか。先に受容における多様性に簡単に触れたが、受容だけでなく現在の日本社会学の多様性はプラスとマイナスの両面を宿している。プラス面についてはそれをいかに活用・発展させるかということに尽きるであろう。マイナス面については、すでに再三指摘しているように拡散状況をさらに進めるおそれがあるということに尽きる。したがって、社会学としての性格がかならずしも明確ではない多様な論考にたいしては、きちんとしたプリンシプルの提示にもとづいて批判し、活用可能性があるならばどのように取り入れるかを理論的位置づけを含めてこれまた指摘することが大事である。

▼総括の素描?

戦後半世紀以上の日本の社会学を本格的に総括するとなると、〈社会学の現在と方向〉というかたちで一冊の本になるであろう。本書の叙述そのものが一種の総括を念頭においてはいるが、具体的展開としては全面的総括の素材を提供するという域を大きく越えているものではない。半世紀あまりの日本社会学をきちんと総括するには、複数（あるいは多数）の専門家による論議にもとづくことが必要であろう。私自身が総括できるとは全く思っていないし、本書の叙述もそのためのかなり独断的な試みという性格ではないかと考えている。したがって、項の題に〈?・〉を付けたのは、総括の素描というよりは総括にとっての留意点を軸にして若干の私見を述べるにすぎないという思いの表現である。

重複を厭わずに全体としての動向について言うならば、マクロ的性格が濃厚だった「大きな潮流」への「異議申し立て」へと展開し、ミクロ的性格が多様に前面に出てくるというのが二十世紀末の状況であった。しかし、そのように変化したのではなく、多様な諸見解が並存していると言えよう。したがって、それぞれがそれぞれの立場からの独自の総括の必要に迫られているのではないだろうか。やや具体的に指摘するならば、大事なことは主要な潮流についての発展と停滞（さらには衰退・消滅）を重視することである。「大きな潮流」について言えば、マルクス主義系については消滅とまでは言わないが、なぜ停滞しているかをめぐって、理論問題と現実問題を関連させて整序・総括が必要である。近代主義系についてはこれまたいささか停滞傾向にあるが、近代を前提としないかたちで「近代」の見直しを根源的に問い直すことが必要である。[8]

総括にあたっての留意点については、これまでに関連箇所で（総括ではないが）すでに述べているので、再確認という意味を込めて三点にまとめておきたい。一つには、拡散状況への対応である。社会学の性格が認められないものについては論外であろうが、論者によって社会学の性格づけそのものが異なるではあろうが、社会学の基本性格を宿しているのかどうか、「新たな」視点や対象が歴史的展開も含めてどのような理論的位置を占めているかが問われるのであり、批判もまたそのようなかたちでなされる必要がある。二つには、批判的検討の重視ということである。批判ということにははじめの方で私見を示しているが、評論的批判や「ないものねだり」的批判はぜひとも避けなければならないこと、すなわち、自らの見解（理論・課題提起など多様であろう）を対置することによって、論争可能なフェアな批判になるということを意味する。三つには、研究内容というよりは研究のスタンスについてである。これについては、先に挙げた北川隆吉・宮島喬編『20世紀社会学理論の検証』の〈はしがき〉の指摘に過不足なく示されているが、具体的な現実分析（とりわけ社会調査）における研究スタンスも加えておこう。留意点としては、単に「珍しい」事実を調べる、あるいは単純に「新しい」知見を加えることにとどまらないことを挙げておこう（学会報告にはかなり散見されるし、またいわゆる「調査報告」の公表の場合は調査にもとづくさらなる論文執筆が求められるであろう）。

▼社会学の方向について

私の社会学（史）の旅はこれで終わったわけではない。私自身は今後それほど長く旅を続けることはできないだろうが、このような旅を更に続ける人が現れることを期待して、いくつかの道筋があり得ることを示して、ひとまずは本書の論考を終えようと思う。

〈第一部〉とこの章で述べたことにすでにある程度は示されているのだが、重複を承知でいくつかの点（課題）を強調したい。諸外国の新たな見解はこれからも次々に現れるであろう。その場合「受容」よりも「活用」をということを強調したい。付け加えるならば、理論的課題であれ現実的課題であれ、社会学に提起されている課題への対応としては「活用」こそが発展に結び付くということにほかならない。

全体としての方向についてはすぐ後で述べるが、〈中間論考〉で述べたように、多面的かつトータルな課題設定が日本社会学の発展を方向づけるであろう。理論面での発展的方向と相まって、日本社会学の発展的方向にからんでくるのが「サブ理論」問題、領域社会学および新たなテーマ研究である。そのような点での課題について、これまでに取り上げなかったことも加えて若干触れてから現段階での結論部分に進もうと思う。

「サブ理論」についてはいろいろな表現や考え方があるが、社会学理論の構成要素であり、領域社会学やテーマ研究を横断し得る理論を意味する。私流儀で例を挙げるならば、関係論、集団・組織論、階級・階層論、社会意識論などを具体的に挙げることができるが、社会の変化に応じてより豊かな理論追求が課題である。領域社会学やテーマ研究についてはきわめて不充分にしか触れることができなかったが、この不充分さは私だけではなく、それぞれの領域やテーマを専門とする者にも当てはまるのではないだろうか。つまり、多様な生活・社会分野においてより豊かな理論的整備が要請されるであろう。具体的な現実はそのような課題に結び付く素材を豊富に示しているはずである。

蛇足的に付け加えるが、領域社会学としては、環境社会学、国家社会学、民族社会学などはまとまってはほとんど取り組まれてはいなく、今後の取り組み・発展を期待するだけである。生活・社会の激変や情報機器の普及などによって社会問題・病理としての新たなテーマが現れている。また、国際化の進展のもとでの異文化交流とはこれまた単純には言えないようなテーマなどが挙げられる。そのような課題は、すでに言及している実践的課題を否応なしに社会学に突きつける性格を持っている。そのような諸課題は私自身の課題をも意味するが、残念ながら「日暮れて道遠し」としか言えない。

右のような整理によって、日本の社会学の行方・可能性が見えてくるのではないだろうか。展開において盛衰とも言えるプロセスがあったが、「拡散状況」に該当する研究を除くならば（そこにも活用可能な論考が全くないわけではない）、日本の社会学の発展にとって、理論的にも現実認識においても「豊かな方向」に進んでいると言えるのではないだろうか。いかなる意味で「豊かな方向」と言えるか。理論研究における「多様性」は量的に豊かになっていることを意味し、「高水準」は質的に豊かになったことを意味するが、多様性についてはプラス面とマイナス面の両方を含んで進展している。これについては多くを語る必要はないであろう。諸外国や日本の社会学の発展的継承・活用と結びつくならば、多様性は「豊かな方向」に進むであろう。その場合に大事なのは、現実認識において社会的現実の具体的認識と問題性を易出する方向が望ましいことは言うまでもない。

このような方向に思いを馳せるならば、未来が当然に視野に入らざるを得ないであろうが、私はただちに未来について直接論じようと言うのではない。理論がかならずしも直接に現実問題を解明するとはかぎらないのと同じように、未来についても直接論じなくてもその展望への可能性を宿していることが望まれる。若干の社会計画論などによる未来志向あるいは実践的課題の提起が現れていることはすでに触れた。そのような端緒的試みに資する方向が求められるということである。しかし、現実認識にしても未来志向にしても、思想や価値観は一様ではない。したがって、〈人間の未来のために〉という方向を掲げても、その方向を否定することも含めて、複数の理論が共存的競争として継続するというのが、これまでの論考によって私が辿りついた日本社会学の方向である。

最後に確認したいのは、社会学研究は何のためになされているかということである。コントの「予見せんがために見る」という思考そのままではないが、社会学はその発端から人間社会の未来志向という性格を宿していた。私はこれまで執筆したものには大抵触れられているが、ここで強調しておきたい。歴史認識を背後においた民主主義についての科学的自覚を！　継承、発展、創造という私のスタンスが集約されているマルクス「ルイ・ボナパルトのブリュメール18日」にある文によって本書を結ぼう。

「人間は、自分で自分の歴史をつくる。しかし、人間は、自由自在に、自分で勝手に選んだ事情のもとで歴史をつくるのではなくて、あるがままの、与えられた、過去から受け継いだ事情のもとでつくるのである」

【注】

（1）年代別に社会学史の文献を若干挙げよう。阿閉吉男・内藤莞爾編『社会学史概論』（勁草書房　一九五七年）、岩井弘融『社会学史概説』（芦書房　一九六一年）、安田三郎編『原典による社会学の歩み』（講談社　一九七四年）、青井和夫監修／宮島喬編集『社会学の歴史的展開』（サイエンス社　一九八六年）、佐久間孝正編著『現代の社会学史』（創風社　一九九〇年）、児玉幹夫編著『社会学史の展開』（学文社　一九九三年）山岸健・船津衛編著『社会学史の展開』（北樹出版　一九九三年）、鈴木幸壽編著『新版 社会学史』（学文社　一九九五年）などがある。それぞれに特徴があるが、日本についてては近代までである。しかし、一九九〇年代に入れば、半世紀ばかりが経過しており、諸外国に肩を並べる見解についてては言及してもよいのではないだろうか。

（2）〈第一部〉でも当時の日本の社会学に言及しているように、そのような流れを単純に「受容」するのではなく、立場の異なる見解の検討も含めた受容によって、自らの見解の確立が目指されていた。ドイツ社会学についての論考が相対的に多かったとはいえ、加えて、フランスにおけるデュルケーム学派やアメリカにおけるシカゴ学派などもまたすでに注目されていた。

（3）私見では、日本の社会学から〈日本社会学〉へという創造的発展が望ましいと考えており、戦前には不充分ながらも目指されていたと言える。しかし、最近の（とりわけ若い世代の）論考や学会報告に接すると、判でおしたようにともあれ「先行研究」が入っている。欧米の諸研究も多様化しているので、問題は受容するにしても継承・活用に値する受容なのかどうか、そしてどのような評価にもとづいてどのように受容するかにある。

（4）まとまって論じられている文献として、野口隆『ギュルヴィッチ社会学の研究』（関書院　一九六一年）、小関藤一郎『デュルケームと近代社会』（法政大学出版局　一九七八年）、阿閉吉男『ジンメル社会学の方法』（御茶の水書房　一九七九年）を挙げておこう。

（5）具体的に挙げるならば、自我、アイデンティティ、他者、知、言語、セクシュアリティなど。これらはテーマになり得る可能性があるが、問題は拡散にならない方向で、テーマ研究としてどのように性格づけるかにある。

（6）追加的な問題提起をしておこう。このような流れの中で注目する必要があるのはポストモダンではないかと思う。これは私がネーミングしている近代主義系と関連するのであるが、近代主義は一定の現実的背景に依拠して論じられているが、ポストモダンはそのような現実（近代が終焉したという現実）的背景がまだないのである。つまり、意識レベルにとどまっている意識のみの現実ということになる。したがって、そのような問題にどのように対応するかが問われるであろう。

（7）マルクスやM・ヴェーバーは論考し尽くされていると思われるので、もし新たに論考するとしたら活用に焦点を当てた新たな研究が求められるであろう。個別の社会学者の研究としてはいくつも現れているので若干文献を挙げておこう。船津衛『ミード自我論の研究』（恒星社厚生閣　一九八九年）、浜口晴彦『社会学者の肖像　甦るエミール・デュルケム』（勁草書房　一九八九年）、飯田哲也『テンニース研究』（ミネルヴァ書房　一九九一年）、油井清光『主意主義的行為理論』（恒星社厚生閣　一九九五年）、馬場靖雄『ルーマンの社会理論』（勁草書房　二〇〇一年）、早川洋行『ジンメルの社会学理論』（世界思想社　二〇〇三年）。

（8）「近代を前提としないかたちで『近代』の見直し」ということについて、若干の説明を加えておこう。これは先のポストモダンという思考とも関連するのであるが、近代主義には〈近代社会〉が歴史の通過点という思惟が希薄なのではないかと思われる。したがって、近代社会の矛盾への対応が不充分になる論理を宿していることを意味する。蛇足として、マルクス主義系においても「社会主義」を前提としない思惟が必要ではないかと思う。これが私が考えている総括と反省の大事な視点である。

著者紹介

飯田哲也（いいだ・てつや）

一九三六年　富山県生まれ

一九六九年　法政大学大学院社会科学研究科社会学専攻博士課程満期退学

現　在　文学博士　京都舩岡塾塾長　中国人民大学客員教授

著　書　『家族の社会学』ミネルヴァ書房　一九七六年

『家族社会学の基本問題』ミネルヴァ書房　一九八五年

『家族と家庭』学文社　一九九四年

『現代日本家族論』学文社　一九九六年

『現代日本生活論』学文社　一九九九年

『現代日本社会論』学文社　二〇〇八年

『テンニース研究』ミネルヴァ書房　一九九一年

『社会学の理論的挑戦』学文社　二〇〇四年

『中国放浪記』学文社　一九九七年

『キャリアの羅針盤』学文社　二〇一一年

編　著　『都市化と家族の社会学』ミネルヴァ書房　一九八六年

『思春期と道徳教育』法律文化社　一九九〇年

『家族政策と地域政策』多賀出版　一九九〇年

『新・人間性の危機と再生』法律文化社　二〇〇一年

『「基礎社会学」講義』学文社　二〇〇二年

『現代社会学のすすめ』学文社　二〇〇六年

『現代中国の生活変動』時潮社　二〇〇七年

『公共性と市民』学文社　二〇〇九年

『保育の社会学』学文社　二〇一四年

◉検印省略

現代日本の社会学史

二〇一四年五月一四日　第一版第一刷発行

著　者　飯　田　哲　也

発行者　田中千津子

発行所　株式会社　学文社

〒一五三－〇〇六四　東京都目黒区下目黒三－六－一

電　話　〇三（三七一五）一五〇一（代）

ＦＡＸ　〇三（三七一五）二〇一二

http://www.gakubunsha.com

印刷　東光整版印刷株式会社

乱丁・落丁の場合は本社でお取替します。

定価はカバー・売上カードに表示してあります。

ISBN978-4-7620-2460-3